电子商务专业校企双元育人系列教材

网店运营推广

主　编　干冀春　肖　静
副主编　王翠敏　袁修月　周智敏
编　委　（按姓氏笔画排序）
　　　　干冀春　河北化工医药职业技术学院
　　　　王子建　河北化工医药职业技术学院
　　　　王　颖　河北商贸学校
　　　　王翠敏　河北化工医药职业技术学院
　　　　李梦娇　河北化工医药职业技术学院
　　　　肖　静　河北化工医药职业技术学院
　　　　杨　晶　唐山职业技术学院
　　　　周智敏　河北化工医药职业技术学院
　　　　赵连明　中教畅享（北京）科技有限公司
　　　　袁修月　河北化工医药职业技术学院

复旦大学出版社

内容提要

网店运营推广是网店运营的核心工作内容，本教材针对电子商务企业网店运营岗位实际工作设计内容，同时对接1+X证书——《网店运营推广职业技能等级标准》《电子商务数据分析职业技能等级标准》的要求，旨在培养读者网店运营推广的实操能力。

本教材系统、全面地介绍了网店运营过程中的相关知识，包括网店规划、商品规划、网店优化、网店推广、营销转化和复盘提升6个项目23个任务，内容新颖、讲解透彻，可作为职业院校电子商务、市场营销等相关专业的教材，也可作为网店运营研究人员与从业人员学习和参考用书。

本教材配有相关教学课件，欢迎教师完整填写学校信息来函免费获取，邮箱：xdxtzfudan@163.com。

前　言

进入数字新零售时代以来,电子商务行业流量红利不再,电商平台的获客成本持续增高。面对流量获取问题,各大电商平台积极探索新型的电子商务发展模式,重视营销社交化布局,以图文、短视频、直播为主的内容营销越来越受到电商平台的重视,这就意味着运营人员在网店运营上需要掌握更多的新技能。

2019年,国务院印发《国家职业教育改革实施方案》,明确提出启动1+X(学历证书+职业技能等级证书)制度试点,培养高素质复合型技能人才,满足企业真实用人需求。基于电子商务企业对网店运营人才技能的新需求,对标1+X证书——《网店运营推广职业技能等级标准》与《电子商务数据分析职业技能等级标准》,以"项目教学、任务驱动、突出实践"为导向,我们结合多年的电子商务企业一线网店运营推广工作经验与电商企业真实案例,编写了本教材。

一、本书编写特色

1. **按工作流程组织内容,思路清晰,逻辑性强**　本书以网店运营的实际操作流程为主线,系统、全面地介绍了网店运营过程中的相关知识,内容涵盖网店运营的完整工作流程,包括网店规划、商品规划、网店优化、网店推广、营销转化和复盘提升。

2. **以工作过程为主线,体现工学结合、任务驱动、项目导向的教学设计思想**　本书抛弃了以知识体系为线索的传统编写模式,采用了以工作过程为主线,体现工学结合、任务驱动、项目教学的编写模式。该模式以学生为主体、以培养职业能力为核心目标,融"教、学、做、考"为一体,强调对网店运营操作的训练,紧紧围绕完成工作任务的需要阐释理论知识。

3. **案例主导,活页式设计,注重实践**　本书广泛取材于近年来各主流电子商务平台的实际案例,融入编者多年的网店运营推广经验,是电子商务专业校企双元育人系列教材之一。采用活页式设计,注重对实操能力的培养,在一定的理论深度和广度的基础上,通过任务驱动,学训结合,培养读者的网店运营实操能力。

二、本书编写组织

本书由河北化工医药职业技术学院干冀春、肖静任主编,王翠敏、袁修月、周智敏任副主编。干冀春负责整体设计策划,肖静、王翠敏负责统稿。具体编写情况如下:肖静负责项目一中的任务一、项目三,以及项目六中的任务五的编写;王颖负责项目一中的任务二、任务三和任务四的编写;袁修月、赵连明负责项目二的编写;王子建负责项目四的编写;杨晶负责项目五的编写;李梦娇负责项目六中任务一、任务二的编写;周智敏负责项目六中的任务三、任务四的编写。

尽管我们在编写过程中力求准确、完善,但由于网店运营涉及的内容具有较强的时效性,加之编者水平有限,书中难免有疏漏之处,恳请广大读者批评指正,在此深表谢意!

说明:本教材与相关应用的网络平台均无利益关系。

编 者

2023 年 9 月

目 录

项目一　网店规划 ·· 1-1

任务一　网店运营推广认知 ····································· 1-2
任务二　网店市场分析 ··· 1-6
任务三　竞争对手及消费人群分析 ······························ 1-12
任务四　网店定位 ·· 1-17

项目二　商品规划 ·· 2-1

任务一　商品选择 ··· 2-2
任务二　商品采购 ·· 2-10
任务三　商品发布 ·· 2-20

项目三　网店优化 ·· 3-1

任务一　搜索引擎优化 ··· 3-2
任务二　商品标题优化 ·· 3-11
任务三　商品主图与详情页优化 ································ 3-22
任务四　网店购物路径规划 ···································· 3-29

项目四　网店推广 ·· 4-1

任务一　搜索类推广——直通车 ································· 4-2
任务二　展示类推广——引力魔方 ······························ 4-13
任务三　互动类推广——超级互动城 ···························· 4-34
任务四　一站式智投推广——万相台 ···························· 4-53

项目五　营销转化 ·· 5-1

　　任务一　视觉营销 ·· 5-2
　　任务二　店铺服务 ·· 5-16
　　任务三　活动促销 ·· 5-27

项目六　复盘提升 ·· 6-1

　　任务一　销售数据分析 ····································· 6-2
　　任务二　财务报表分析 ····································· 6-14
　　任务三　竞争数据分析 ····································· 6-22
　　任务四　供应链数据分析 ··································· 6-34
　　任务五　运营分析报告 ····································· 6-43

参考文献 ·· 001

附录一　课程标准 ··· 002
附录二　职业技能证书考核试题精选 ··························· 010

项目一　网店规划

项目说明

网店创业有着良好的前景,门槛低,网购市场需求较大,这为众多资金实力不强的在校学生提供了理想的创业方式。但开网店的创业者越来越多,导致网店竞争越来越激烈,网店创业也并非像大家想象的那么简单。磨刀不误砍柴工,在开设网店之前做好充分的规划十分重要。要想成功地迈出第一步,需要做好充分的思想准备,例如,了解自己的优势,对哪个领域比较熟悉,该领域有哪些竞争对手,这样无论是货源供应上还是与客户洽谈中,都会如鱼得水、挥洒自如。

本项目将分别以网店运营推广认知、网店市场分析、竞争对手及消费人群分析以及网店定位为例,系统地讲解网店规划的流程与方法。

本项目学习导航

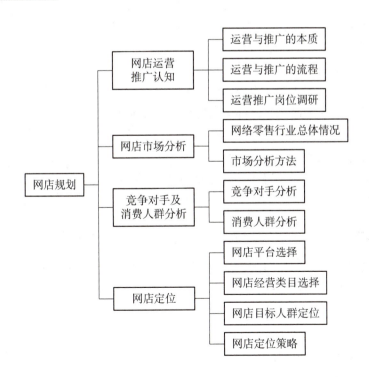

网店运营推广

任务一 网店运营推广认知

学习目标

1. 了解网店运营推广的概念；熟悉网店运营推广的目标。
2. 掌握网店运营推广的基本流程。
3. 具备做电子商务与懂得规则重要性的工作意识，具备爱岗敬业的职业精神。

任务描述

小张是电子商务专业的学生，对网店运营与网店推广比较感兴趣，希望提前了解关于网店运营和网店推广岗位的工作内容及要求，提前做好相关知识和技能的储备，因此需要对网店运营推广岗位展开调研。

通过本任务的训练，了解卖家招聘网店运营推广岗位相关的工作内容及要求，提前为今后的就业和创业做好准备，同时为今后网店运营推广的继续学习奠定基础。

任务分析

网店经营成功离不开其精准的产品定位，同时与团队强大的运营推广能力息息相关。多渠道的运营推广战略和爆品策略都为其带来了巨大的流量。一个互联网品牌的成功需要其团队强大的运营推广能力，特别是在今天流量渠道多元化的背景下，对运营推广人员的综合专业能力提出了更高的要求。

了解网店运营推广流程，以及岗位相关的工作内容与技能要求，能为后续学习网店运营推广技能做好铺垫。

任务准备

为保证实操任务的顺利完成，需要准备相关资源：智联招聘网站、前程无忧网站、BOSS直聘网站。同时保证网络畅通，计算机设备等正常运行。

任务实施

一、运营推广的本质

当提到网店运营推广工作时，多数人会将网店运营与推广工作分开而论，实际上两者相辅相成,密不可分,推广也是网店运营当中非常重要的一部分。

1. 网店运营的概念 从广义上来说,运营就是对运营过程的计划、组织、实施和控制,是与产品生产和服务创造密切相关的各项管理工作的总称。从另一个角度来讲,运营管理也可以指对生产和提供公司主要的产品和服务的系统进行设计、运行、评价和改进的管理工作。一切围绕着网站产品进行的人工干预都叫运营。网店运营是指基于网上店铺的运营工作,主要包括市场调研、网上开店、网店基础运营、运营优化、营销推广、数据分析、会员营销、会员体系建设与维护等工作。

简单来说网店运营可以分成基础性、推广性和优化性的店铺工作。基础性的店铺工作主要包括店铺开设、店铺装修、商品上架、店铺日常维护等工作。推广性的店铺工作以获取流量、提升转化为目的,为店铺展开的包含付费与免费的推广工作。优化性的店铺工作基于店铺的数据分析,展开一系列的优化工作。

2. 网店推广的概念 所谓推广是指商家为扩大产品市场份额,提高产品销量和知名度,而将有关产品或服务的信息传递给目标客户,激发和强化其购买动机,并促使这种购买动机转化为实际购买行为而采取的一系列措施。而网店推广为网店获取更多的流量,使商品能够让更多的客户看到,进而使其购买商品所采取的一系列推广工作,包括站内和站外的渠道,免费与付费的方式。这是运营工作当中非常重要的一部分。

3. 运营推广的目标 流量红利时代已经过去,电子商务发展进入了新阶段,精细化运营推广已经到来。用户越来越追求商品的品质、服务和售后体验。精细化运营推广需整合传统媒体和新媒体资源转化流量和用户行为数据,以用户为中心,通过用户分析与洞察,进行精准的网店运营推广,提升运营与推广的目标。

网店运营推广的目标有3个:提升流量、提高转化和增强用户黏性。

(1) 提升流量:流量对于网店的重要性毋庸置疑。在移动互联网时代的大背景下,流量红利逐步消失,用户时间碎片化,获取信息渠道多元化,消费场景无处不在,随时随地都可以产生消费行为,这对于网店运营推广来说提出了更高的要求。网店需要通过各种推广渠道,将商品推到用户面前,获取更多的流量进店。

(2) 提高转化:如何实现流量变现、促进流量转化,是网店需要思考的问题。通过做好网店和产品的定位,确立精准的目标客户群体,做好拉新、促活、留存工作,提升用户转化变现。网店在获取流量的同时要以提高转化率为目的。

(3) 增强用户黏性:粉丝经济时代,如何提高用户黏性非常关键。网店通过运营推广手段,建立健全会员体系,维护好新老客户,提升用户黏合度,增强用户的重复购买率,使其成为网店的忠实客户。

二、运营推广的流程

要了解网店运营推广的流程,运营人员首先要对客户的购物路径非常了解,针对客户购物的每一环节采取相应的运营推广手段。网店客户的购物路径比较清晰,一般是浏览搜索—选购—下单—支付—复购。对于网店来说,最主要的目的是促进客户下单支付转化,因此支付转化率是衡量客户购买流程的重要指标。为了提升支付转化率,运营人员可以根据

AARRR漏斗模型(图1-1-1),整理出买家购物路径中各个环节的数据,考虑客户流失的因素,采取相应的运营推广手段,进行对应的网店优化与推广。

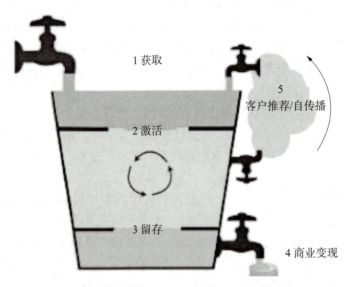

图1-1-1 AARRR漏斗模型

AARRR漏斗模型是2007年由Dave McClure提出的一种业务增长模式,包括5个阶段:获取(Acquisition)、激活(Activation)、留存(Retention)、商业变现(Revenue)、客户推荐/自传播(Referral)。这是在产品运营当中比较常见的一个模型。这个模型同样适用于网店运营推广的过程,根据不同的阶段,获取不同的数据指标,采取相应的运营推广策略。

1. **客户获取阶段** 在完成市场调研分析及网店定位,确立好网店目标客户群体之后,需要将网店商品通过不同的渠道方式推送给客户,让客户发现商品、点击商品,引客入店,使其从认知商品到成为网店的客户,即在客户浏览搜索环节采取相应的运营推广策略。

2. **客户激活阶段** 在客户反复浏览、犹豫不决的选购阶段,如何让客户发现商品价值。可以通过网店的页面信息的传达,商品头图、短视频、商品详情页的具体信息,商品卖点的呈现,其他客户购买的评价,让客户发现商品价值,激发其购买欲望。

3. **客户留存阶段** 刺激客户下单,通过运营推广营销活动策略,给予客户活动时间上的紧迫感;商品价格上优惠的刺激,可以产生活动利益,从而防止客户流失,提升客户下单率。

4. **商业变现阶段** 此阶段也称支付转化变现阶段。在这个阶段,运营推广需要考虑的是如何给客户带来较好完整的购物体验,获取客户进一步的信任。

5. **客户推荐/自传播阶段** 此阶段也称客户复购、口碑、自我推荐阶段。在网店运营当中,该阶段重要的指标是复购率或老客户占比,要采取相应的提升客户黏性的策略。

对客户的购物行为路径进行分析之后,网店运营与推广的流程得到了进一步的明确,根据客户的购买行为的环节,通过数据指标的分析,采取相应的运营推广策略,比如网店开设、网店优化、网店推广、活动营销等。

三、运营推广岗位调研

步骤一,组建网店运营与推广小组。

步骤二,打开招聘相关网站首页,搜索网店运营与推广相关的岗位。

步骤三,筛选出符合条件的岗位,了解岗位工作内容及岗位能力要求。

步骤四,整理网店运营岗位的工作内容以及能力要求,完成网店运营推广岗位的调研报告。

步骤五,按照下面3个方面记录实训成果。

(1) 填写任务记录单,如表1-1-1所示。

表1-1-1 任务记录单

实训时间	
实训地点	
小组成员姓名	

(2) 浏览招聘相关平台,收集6个网店运营推广岗位的信息,填入表1-1-2。

表1-1-2 岗位信息登记表

岗位名称	工作内容	能力要求	其他要求

(3) 归纳总结网店运营推广岗位的工作内容及能力要求,要求在自我认知的基础上进行小组讨论,用精简的文字概括,填写表1-1-3、表1-1-4。

表1-1-3 网店运营推广助理岗位调研结论表

调研内容	归纳总结
工作内容	
能力要求	

表1-1-4 网店推广岗位调研结论表

调研内容	归纳总结
工作内容	
能力要求	

网店 运营推广

任务评价

通过完成本任务的操作,请检查自己是否掌握了本任务的主要技能,如表1-1-5所示。根据评价表对学习效果进行检查与评估。

表1-1-5 学生自评和教师评价表

评价内容	分值	学生自评	教师评价
能够完成网店运营推广岗位信息收集	20		
调研报告内容的完整性和格式规范程度	20		
调研报告质量	30		
信息收集、分析、总结提炼能力	15		
团队成员之间合作,共同完成任务	15		
总分	100		

能力拓展

1. 请结合网店运营基础知识,将AARRR漏斗模型运用到网店运营推广中,分析各个阶段客户流失的原因可能有哪些?
2. 案例学习(扫描二维码学习)。

案例学习

任务二

网店市场分析

学习目标

1. 了解网络零售行业总体情况。
2. 掌握市场需求分析方法,整理获取信息,能够独立完成操作;掌握市场供给分析方法,整理相关信息,能够独立完成操作;掌握网络零售市场消费趋势分析方法。
3. 树立正确的网店运营观,合理进行市场分析,掌握真实数据,做出恰当的趋势分析。

任务描述

本任务将从网络零售的特点、网络零售给传统零售业带来的影响等方面进行中国网络零售市场的规模分析,通过网络零售市场需求分析、供给分析等,对用户数据进行分析与应用,掌握网络零售市场消费趋势的分析方法。

任务分析

要想做好网店运营,首先要创建店铺,而店铺选择所经营销售的产品又是至关重要的。主营业务是什么,怎样在激烈的竞争环境下吸引消费者,这些都需要做好详细的市场分析。利用市场营销、网络营销的相关工具展开市场调研,分析网络零售市场信息,预期消费趋势走向,为规划网店运营做好前期准备。

本任务将通过网络市场分析方法,学习市场需求分析、市场供给分析的各种方法,掌握网络零售市场消费趋势的分析方法。

任务准备

为了达到更好的实训效果,熟悉市场营销、网络营销相关的市场调研工具,保障网络市场分析准确,需要准备淘系平台、京东平台账户各1个。

任务实施

一、网络零售行业总体情况

1. 网络零售的特点

(1) 价格更低:传统企业每年的运营成本,如场地租金、人员工资等逐年提高;实体店的客流量和销售业绩同比下滑,所以整体运营利润下滑。而网店既不需要租赁场地和众多的销售员工,也不需要仓管和物流等复杂的中间环节,可以省去很大一笔费用,商家可把这些节省的成本用于回馈给消费者,商品价格自然就降下来了,所以价格具有竞争优势。

(2) 提高了购物效率,省时省力:以前消费者购物要去超市或商场,再去其他商店进行比价,买完才能返回住所,而现在不需来回路程的时间消耗,连比价也可以在网上一键操作,简单高效、省时省力。

(3) 打破地域和时间限制:传统购物要发生在顾客能到达的地理区域,有地域限制,而网上购物可以采购其他地区的商品,远近皆宜。传统的购物消费一般都需要一段时间,而网购时间则更灵活,消费者可以利用碎片化的时间,更加随心所欲。

2. 网络零售给传统零售业带来的影响

(1) 网络零售推动了传统零售企业的自我创新变革:网络零售的诸多优势引发了传统零售业的创新变革。网购的兴起改变了消费者的消费习惯,很多消费者在传统商店对商品进行体验后,用手机在网上直接购买,而传统商店的销售功能不断弱化。城市中的大型连锁店开始实行线上与线下融合的O2O模式,线上下单购买,线下体验拿货或享受服务,用线上与线下统一价格管理等方式来抵御电商的冲击。

电商逐步渗入农村,农村原有的传统小型商家也积极触网,不再受限于门店面积小、出样少的限制,纷纷开设小型网店,不仅在品类和品牌上迅速扩张,在宣传上也体会到了网店宣传的高效性,拥有更广阔的空间。

最初,百货店的商品销售是顾客隔着柜台和售货员进行交易。后来撤掉了柜台,顾客直接在超市内自由行走自己选购；同时连锁百货店的出现，消费者在不同的地点都可以享受到同样的商品和服务。现在，只需要轻点鼠标或用指尖轻点手机屏幕就可以让商品送货上门。一系列的销售模式的变革逐步消除了中间环节，形成了极致简洁的网购模式，这是一场零售业态的全新革命。

（2）网络零售改变了传统零售业以往的运营模式：传统企业接触互联网后，原来运营商品的模式逐步向运营顾客的模式转变。传统零售企业会根据产品的占比和存货对指标做分解，如果有主推商品，就会对顾客选购的品牌进行洗牌，并往商家想要主推的商品上引导。一般在销售过后会对销售数据进行分析，分析销售数据和品类占比以及品牌占比。

而网络零售业的销售模式则更多地关注顾客，从顾客搜索商品就展开分析，将顾客浏览的商品、在购物网页停留的时间、购物关注点等过程一一留存，并将相关数据进行分析，掌握顾客的购物心理，分析顾客需求，并有针对性地向顾客推送其他几款可能要购买的商品，提高营销的精准性。

网购使顾客的选择主动性增强，不拘泥于商家的推荐，顾客的个性化需求越来越多。顾客根据自己的需求主动上网搜寻商品将取代传统的商家单向推销模式，企业也逐步把重点转移到运营顾客上来。以前的商品供应是根据数据库来做决策，现在的商品供应是根据线上的顾客需求来做决策，企业的关注点由后端的商品转移到了前端的顾客，更关注顾客的需求。

（3）网络零售带来了更加完善的客户管理：①客户资料管理的优化：在传统零售企业对客户资料管理方面，大型企业有自己的CRM系统，而中小企业仅仅停留在登记顾客信息上，如用纸质、电子文档登记或用购买的软件系统录入顾客信息。而网店后台数据库可自动抓取有效的顾客基本信息并自动留存，不需要额外手工录入。②客户互动方式的优化：传统零售企业会通过在销售现场询问顾客或在销售后期针对顾客资料进行电话回访、发放促销信息等方式来实现互动，这些互动是需要商家主动去维护的，带有选择性和滞后性。而网络零售中顾客的主动性更强，打破了空间限制，可以直接在网上实时互动，提出评价或建议。例如，顾客可在购买前提出个性化建议，便于商家和供应商进行改进；购买后相关的售后服务也是实时互动，便于高效沟通。在网络零售中，平台将生产厂家、销售商家和顾客高效地连接在一起，随时共享信息，不仅使网店能更深入地了解顾客需求，同时也能及时根据顾客的建议制定改进策略。

3. 中国网络零售市场规模 2021年，我国网络零售市场保持稳步增长，成为稳增长、保就业、促消费的重要力量，为推动构建新发展格局做出了积极贡献。国家统计局数据显示，2021年，全国网上零售额达13.1万亿元，同比增长14.1%，增速比上年加快3.2%。其中，实物商品网上零售额10.8万亿元，首次突破10万亿元，同比增长12.0%，占社会消费品零售总额的比例为24.5%，对社会消费品零售总额增长的贡献率为23.6%。

根据商务大数据监测情况，2021年我国网络零售市场主要有4个特点。

（1）消费升级趋势明显：健康、绿色、高品质商品越来越受到消费者青睐。例如，智能家居、智能穿戴、智能家电消费呈现高速增长态势，家居智能设备销售额同比增长90.5%；智能腕表、智能眼镜等智能穿戴用品销售额同比分别增长36.3%、26.8%；户外用品销售额同比增长30.8%，其中帐篷、滑雪装备、冲浪潜水产品销售额同比增长57.0%、55.2%、39.2%；

有机蔬菜、有机奶、有机食用油销售额同比增长127.6%、24.1%和21.8%。不少体现中华优秀传统文化的非遗特色产品成为新的国潮商品,销售额同比增长39%。

(2) 服务业电商创新发展势头强劲:电商模式创新推动教育、医疗等优质服务资源普惠化,在线购买职业培训服务持续增长。在线餐饮整体增速加快,销售额同比增长30.1%,增速比上年提高27.9%。在线文娱市场快速恢复,在线文娱场次数同比增长1.2倍。

(3) 农村电商有效助力乡村振兴:2021年全国农村网络零售额2.05万亿元,比上年增长11.3%,增速加快了2.4%。全国农产品网络零售额4221亿元,同比增长2.8%。"数商兴农"深入推进,农村电商"新基建"不断完善。

(4) 跨境电商平稳较快发展:海关进出口数据显示,跨境电商进出口额达1.98万亿元,同比增长15%;其中出口额1.44万亿元,同比增长24.5%。跨境电商综合试验区带动作用明显,有力推动跨境电商平稳较快地发展。

二、市场分析方法

市场分析的主要目的是研究商品在市场上的销售潜力,从而帮助经营者制定正确的经营战略。通过市场数据分析,可以帮助经营者科学地选择主营类目,确定网店定位,合理制定运营目标和推广策略,规避和降低经营风险。

1. 市场需求分析 市场需求分析是指估计市场规模的大小及商品潜在需求量。市场规模即市场容量,主要研究目标商品或行业的整体规模。简单来说,可以理解为在一定时间内,一个(类)商品或服务在某个范围内的市场销售额。市场销售额是有时间维度限制的,一般限制在1年内。对于网店来说,市场需求分析就是类目分析。类目是指电子商务平台为方便客户在平台有针对性地选购各种各样的商品而对商品做出的归类。一般电子商务平台的网店类目有很多,如虚拟商品、服装、配饰、美容、数码、家居、母婴、食品、文体、服务和保险等类别。

★ 此知识点为网店运营推广职业技能等级标准(高级)考点。

(1) 直接调查获取数据:①问卷调查:网店运营有其独特性,为了获得特定领域的目标数据和结果,问卷调查是最适合的方式。但是做问卷调查要控制工作量,除非数据本身是交付内容之一,否则不能为了获取数据花费太多的时间和精力。②专家访谈:专家访谈是指围绕某一主题或问题,征询有关专家或权威人士的意见和看法的调查方法。这种调查的对象只限于专家这一层次。此种方法对于电商行业来说较为有效。③历史数据分析:网店经营者如果在开网店之前经营过相关产品,一般会有一些客户数据。通过对历史数据分析,可以对运营决策做一些支持。

(2) 间接调研获取信息:①公开信息及整理:例如,政府部门发布的统计数据、竞争对手发布的报告、其他市场机构的研究报告,或者根据公开的零散信息整理等。②付费行业数据库:很多管理公司、咨询公司会构建市场化的行业数据库,经营者可以以购买的方式直接查看分析。

(3) 通过工具直观呈现

1) 生意参谋:生意参谋集数据作战室、市场行情、装修分析、来源分析、竞争情报等数据产品于一体,是商家统一数据产品平台,也是大数据时代下赋能商家的重要平台。

生意参谋诞生于2011年,最早是应用在阿里巴巴B2B市场的数据工具。2013年10月,生意参谋正式走进淘系。2014—2015年,在原有规划基础上,生意参谋分别整合了量子恒道、数据魔方,最终升级成为阿里巴巴商家端统一数据产品平台。

淘宝生意参谋主要有以下作用。

第一,市场行情:生意参谋中的市场行情数据分析中有行业店铺流量分析的数据,这里可以清楚地看到一些网店的流量指数,也有排序功能,可清楚地知道行业的产品交易数据,看到某款产品的交易指数是多少。行业热门的搜索词,也可以在这里看到。这些优秀的店铺都是值得学习的,无论销售什么产品,想要做好,首先需要懂得借鉴、学习,这样才有超越对手的机会。

第二,经营概况:在生意参谋中的经营概况中可以看到网店的访客数、浏览量、支付金额、支付转化率、客单价、退款金额和服务态度评价等数据,对于前一天和上周同期的情况还会给出分析数据。在这些数据的下方有一个红色的感叹号,这个是日常参考的一个重要指标。红色感叹号的出现说明你的店铺会小二这项数据的指标存在不平衡,出现异常。我们应第一时间去优化网店,如果是比较小的数据波动可以不去优化。

第三,交易趋势:淘宝的交易趋势,对我们也有很大帮助。它是关于同行所有终端的平均支付金额、我的所有终端的支付转化率和同行所有终端的平均支付转化率的一个数据图。其中行业转化率是很关键的指标。有了这个指标,我们做爆款、直通车、关键词排名时,在淘宝搜索引擎优化方面就有很大的优势了。

第四,关键词的趋势:在这里可以清楚地看到产品关键词的流量增长情况,那么我们在做产品标题优化时,就可以根据这个数据来选择有潜力的关键词。

2)百度指数:百度指数是以百度海量网民行为数据为基础的数据分析平台,是当前互联网乃至整个数据时代最重要的统计分析平台之一,自发布之日便成为众多企业营销决策的重要依据。截至2014年,百度指数的主要功能模块有:基于单个词的趋势研究(包含整体趋势、PC趋势及移动趋势)、需求图谱、舆情管家、人群画像;基于行业的整体趋势、地域分布、人群属性、搜索时间特征。

百度指数能够告诉用户:某个关键词在百度的搜索规模有多大、一段时间内的涨跌态势以及相关的新闻舆论变化,关注这些词的网民是什么样的、分布在哪里、同时还搜了哪些相关的词,可以帮助用户优化数字营销活动方案。

百度指数主要有以下的功能:

第一,趋势研究——独家引入无线数据:PC趋势积累了2006年6月至今的数据,移动趋势展现了从2011年1月至今的数据。用户不仅可以查看最近7天、最近30天的单日指数,还可以自定义时间查询。

第二,需求图谱——直接表达网民需求:每一个用户在百度的检索行为都是主动意愿的展示,每一次的检索行为都可能成为该消费者消费意愿的表达,百度指数的需求图谱基于语义挖掘技术,向用户呈现关键词隐藏的关注焦点、消费欲望。

第三,人群画像——立体展现:通过人群画像,以往需要花费精力开展的调研,输入关键词,可获得用户年龄、性别、区域、兴趣的分布特点,真实且比较客观。

2. 市场供给分析 市场供给是指在一定时期内,在一定条件下,在一定市场范围内可提供客户的某种商品或劳务的总量。市场供给可以分为实际的供给量和潜在的供给量。前者是指在预测时市场上的实际供给能力,后者是指在预测期(项目生命周期内)可能增加的供给能力,实际的供给量和潜在的供给量之和近似为市场供给量。

★ 此知识点为网店运营推广职业技能等级标准(高级)考点。

3. 消费趋势分析 网络购物市场保持较快发展,消费升级、模式创新和下沉市场为网络购物市场提供了新的增长动能。

★ 此知识点为网店运营推广职业技能等级标准(高级)考点。

(1) 消费升级:政府工作报告多次要求增强消费对经济发展的基础性作用,要不断"推进消费升级,发展消费新业态新模式"。电商行业的消费升级趋势一直在持续,未来电商行业消费升级的趋势主要有3个方向:一是品质化,消费者的消费趋势向国际品牌升级,跨境电商将持续维持高于行业平均水平的增速;二是由轻向重,电商平台对产业链的渗透不断加深;三是个性化的发展趋势将加强。

(2) 模式创新:在业态方面,跨境电商零售进口额持续增长,利好政策进一步推动行业发展。在模式方面,直播带货、工厂电商、社区零售等新模式蓬勃发展,成为网络消费增长新亮点。在模式创新方面:一是营销创新持续加速,电商与直播、短视频进行深度融合;二是产业链不断深化,主要电商平台着力推动工厂电商模式;三是产业生态日益完善,电商平台通过自营、投资等方式,加快进入社区零售领域,推动社区拼团、社区买菜等新模式快速发展。

(3) 下沉市场:在地域方面,以中小城市及农村地区为代表的下沉市场拓展了网络消费增长空间,电商平台加速渠道下沉,如图1-2-1所示。截至2021年9月,全网用户呈现出更年轻化和更年长化的特征,无论数量与占比均不断提高。从城市等级分布来看,新一线、

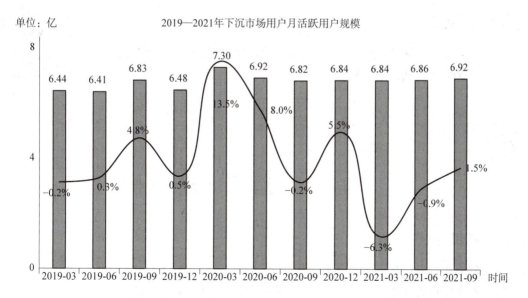

图 1-2-1 下沉市场

网店运营推广

二线、三线城市的网民比例不断增加,综合经济实力更强的三线城市是下沉市场最主要的有生力量,例如,在"6.18"活动期间,主要电商平台的美妆、数码等商品在下沉市场的成交额增速高于一、二线城市;此外,下沉市场用户规模增长仍有很大空间。例如,月活跃用户数在 2020 年 3 月达到 7.3 亿人的峰值,并在 2021 年 9 月保持在 6.92 亿人左右。

任务评价

通过完成本任务的学习操作,请检查自己是否掌握了本任务的主要技能,如表 1-2-1 所示。根据评价表对学习效果进行检查与评估。

表 1-2-1 网店市场分析评价表

鉴定评分点	分值	学生自评	教师评价
能利用各种调研方法了解网络零售市场规模	20		
能通过网络营销相关工具进行网络零售市场供需分析,合理预测消费趋势,并形成符合实际的调研报告	25		
能根据调研数据进行调研报告优化,并独立完成操作	25		
团队成员之间合作,共同完成任务	15		
信息收集、分析、总结提炼能力	15		
总分	100		

能力拓展

1. 请搜索查找资料,自学什么是竞争对手,它与市场分析有什么关联?
2. 案例学习(扫描二维码学习)。

案例学习

任务三 竞争对手及消费人群分析

学习目标

1. 熟悉自家网店及产品定位的方法。
2. 掌握确定竞争对手的方法、竞争对手分析指标、消费人群分析要点。
3. 弘扬"敬业、诚信"的社会主义核心价值观,对竞争对手进行良性分析。

项目一 网店规划

任务描述

本任务将从自家网店及产品定位开始分析,之后锁定竞争对手。对竞争对手及消费人群进行分析,通过了解网店的客单价、网店的消费人群、网店的装修风格等指标,为制订网店运营最优营销策略做好准备。

任务分析

强者生存,弱者淘汰,这是生存法则,同样适用于竞争激烈的网店运营。而想要战胜竞争对手最终生存下来,必须要知己知彼,方能百战百胜。首先我们要锁定自己的竞争对手,然后对竞争对手进行分析,然后在分析后制定相关的对战策略。

本任务将通过网店的产品定位、竞争对手及消费人群分析,学习淘系平台与京东平台竞争对手的分析方法。

任务准备

为了达到更好的实训效果,熟悉竞争对手及消费人群分析,需要准备淘系平台、京东平台账户各1个。

任务实施

一、竞争对手分析

竞争对手分析又称竞争者分析,是战略分析方法之一,是指对竞争对手的现状和未来动向进行分析,内容包括:①识别现有的直接竞争者和潜在竞争者;②收集与竞争者有关的情报并建立数据库;③对竞争者的战略意图和各层面的战略进行分析;④识别竞争者的长处和短处;⑤洞察竞争者在未来可能采用的战略和可能做出的竞争反应。

1. 知己　如何锁定自己的竞争对手,并快速对竞争对手进行分析,然后在分析后制定相关的对战策略,在运营网店的过程中尤为重要。要找到自己的竞争对手,必须先了解自己,清楚了解自己的店铺和确定产品定位。

网店在构思规划时就要有前瞻性并且要做好整体规划。网店的产品定位至关重要,它不仅会影响到网店的客单价、网店的消费人群、网店的装修风格,还会影响到后期的营销策略等,所以它是运营之本。

当买家看到一个产品,最直观看到的信息就是产品定位。例如女装,是要卖连衣裙还是牛仔裤,是高客单价还是低客单价,是英伦风、复古风还是淑女风,这些都是需要在开店前就要思考的问题,概括起来,可以从3个方面定位产品,那就是类目、价格和风格。

在确定了产品定位后就可以去寻找与自己产品定位类似的竞争对手。

2. 知彼　不是所有经营相同类目的商家都是竞争对手,在网店经营的过程中,首先要为自己进行定位,然后定位对手。那么,如何确定自己真实的竞争对手呢?

(1) 商品属性相近:个体的差异化导致没有一件商品能满足所有人群的需求。以男装类目为例,通过淘宝首页进行搜索,检索到的男装商品多达几百万种。如果单纯从这个角度去考虑的话,竞争会非常大,想要脱颖而出非常困难。

如果换个角度考虑,衣服的款式、风格、品牌、材质以及每个人的购买意图等是各不相同的。只有相同或相似的商品才可能有竞争的交集,这样经过筛选后竞争对手会少很多。例如,男装这个有几百万种商品的大类目,在限制条件之后,类似的商品可能就剩两千多种了。网店运营现在追求的是"小而美",是对消费者的准确划分,这样就能很好地定位商品,确定竞争对手,有利于转化率的提高。

(2) 价格相近:以淘宝平台为例,可以根据官方系统给出的数据进行关键词筛选,根据价格区间筛选价格带,这样可以排除很多非真正的竞争对手。商品的一口价一定要根据商品的实际情况并结合全网的价格分布确定。很多商家都有经常变动价格的习惯,即商品的转化率下降就打折,转化率提高就提价。其实,频繁地变动价格,尤其是变动一口价,极容易因为"千人千面"的推荐导致降权。最好的方式就是分析市场后确定一口价,其间可以微调,但是不可以大幅度或者频繁改动价格。当转化率降低时,可通过关联销售提高销量。

(3) 销量相近:确定了商品和价格以后,就可以去了解竞争对手的销量情况了。竞争对手有销量上万件的,有几千件的,也有几百、几十件的。在网店运营初期,可以选择销量为几百、几十件的网店作为竞争对手,突出自己的优势,赶超它们。随着网店运营规模的不断扩大,可以选择销量几千件、几万件的网店作为新的竞争对手,不断提高目标和要求。选择不同阶段的竞争对手,可以逐步提高网店的竞争实力。

> ★ 此知识点为网店运营推广职业技能等级标准(高级)考点。

3. 分析　锁定竞争对手后需要分析竞争对手的不同情况如下。

(1) 从网店整体情况分析:分析竞争对手网店的基本情况,包括网店地址、开店时间、类目数、商品数、收藏量、客单价、每日销量等情况。分析对手网店每天做了什么活动,每天销量、销售额是多少。通过对比,找出自己网店的不足之处并进行全面优化。

(2) 从商品信息分析:从价格、包邮、优惠方面入手对比,包括对商品细节方面也要进行分析对比,例如商品 SKU(stock keeping unit)的款式和颜色等。通过初步分析,找出造成网店之间销量和流量差距的原因,发现自己网店的优势和不足,并考虑需要怎样进行改进。

(3) 从详情页分析:详情页是影响商品转化率的一个重要因素。如果流量高转化率低,一般就是商品的详情页设计有问题。所以可将自己的商品详情页和竞争对手的详情页进行对比,然后再进行升级优化。在对比时,可以关注竞争对手近期是否有详情页活动海报,对商品的展示拍摄是否恰到好处,对买家痛点的描述是否简单明了,更重要的是通过对比找到竞争对手详情页中值得学习的地方。

(4) 从推广活动分析:以淘宝平台为例,通过各类营销软件,可以对竞争对手的商品进行全面的分析,不管是淘宝客、直通车,还是其他活动等,都能尽收眼底。以淘宝客为例,可以从竞争对手的营销计划佣金入手,通过 30 天的推广量,以及 30 天的支付佣金进行观察。通过月推广支出推算出淘宝客为竞争对手带来的销售额,并将自己网店中的热销单品进行相应的淘宝客佣金及月推广件数和竞争对手进行对比,并做出相应调整,制订淘宝客推广计划,吸引淘宝客对自己的网店进行推广。

(5) 从评论分析：竞争对手的评论是了解网店相类似目标人群需求点的一个比较好的途径。先通过评论了解买家的需求，再分析自己网店的评论有哪些是做得不好的、哪些是做得不错可以继续保持的。在检查自身评论的时候，可以看出客户对商品的款式质量是否认可，在进行优化操作的时候，特别是在做商品详情页描述的时候，就可以将改进之处添加进去。

分析竞争对手需要多维度进行，除了以上几个分析维度外，还有客服接待、物流服务等，都需要去分析和比较，只有知己知彼才能更好地战胜对手，才能在电子商务的大浪淘沙中持续生存和发展下去。

二、消费人群分析

网店运营效果与商品、渠道、方式、场景等因素有关，但对消费人群分析同样是很重要的一步。消费人群分析的目的是进行点对点的精准营销，实现推广效率最大化、用户质量最大化。

1. **电商平台人群画像**　用户画像是用户信息标签化，即利用大数据技术对电商平台的用户基本信息和其购物行为、消费习惯等进行分析，然后给用户贴上相应的标签，形成用户画像。电商依据用户画像，可快速定位产品的用户群体，提供相应的产品及服务，从而提高用户满意度。

★ 此知识点为网店运营推广职业技能等级标准（高级）考点。

(1) 天猫用户人群画像：天猫用户的收入水平相对较高，40%的用户月薪高于5 000元，20%的用户月薪高于10 000元，用户群体相对优质。词频搜索中多数为衣帽类商品，中高端衣帽类商品为用户在天猫购买的首选商品。

(2) 京东用户人群画像：京东用户收入水平分布相对平均，22岁以下用户与月收入在3 000元以下的用户的重合度较高，可见京东是学生用户的聚集地。词频搜索中多数为手机和笔记本电脑等数码3C类商品，可见京东是用户购买数码商品的首选平台。

(3) 苏宁易购用户人群画像：除了与京东重叠的手机、3C类商品外，苏宁线下的传统优势品类——家电也不出意外地成为苏宁易购的主打商品。苏宁易购用户的年龄段明显偏高，中等收入人群份额偏大，可见大量的原门店客户被成功引流至线上。

(4) 拼多多用户人群画像：拼多多的销售策略比较倾向于性价比，故其中低收入用户占比较多，而拼多多上的商品品类也多为衣帽和杂物，少见高附加值商品。

(5) 抖音用户人群画像：抖音用户以女性偏多，主要的人群是22～35岁，这部分群体相对年轻，接受新鲜事物及追捧潮流变化的速度比较快；地域方面以沿海地区和一、二线城市分布较多，用户文化水平及消费能力都比较高，可见抖音是以重质量和特色品质、轻低价走量的模式进行产品定位。

2. **消费人群分析的要点**

(1) 人群性别：确定目标用户的性别比例，很多商家都会在这一点上陷入误区，主观的判断往往是有偏差的，例如"奶粉"这个关键词，搜索量最大的是女性，但是"中老年奶粉"这个关键词，搜索量最大的

★ 此知识点为网店运营推广职业技能等级标准（高级）考点。

却是男性。因此,网店定位的第一步就是要确定好商品所针对的人群与性别。

（2）人群年龄：不同的商品类目对应的客户年龄段是不同的,商品针对的用户年龄层级会直接影响网店后续的营销策略、定价方案、详情页的卖点制作、推广渠道等。

（3）浏览时间：客户集中购买商品的时间称为浏览时间。现在的消费者的碎片时间比较多,但是针对特定人群,消费者行为和浏览轨迹基本相差不大。例如,针对年轻妈妈人群,可能在凌晨或者早上4、5点浏览购买比较多。了解浏览时间便可以确定付费推广,例如直通车或者钻展等广告投放的时间,同时可以确定商品上下架的时间。

（4）地域：地域就是分析客户都集中在什么地区。运营一家网店,数据分析要先行,然后再执行操作。掌握客户所在的地域之后,首先要把广告投放在客户所在地域,因为这样可以锁定目标客户,把物流、仓储投放在该类买家集聚的地域,从而提高物流速度,进而提高点击转化率。同时可以把主图和详情页卖点做成与客户所在地相适应的风格,把标题中的地域写成客户所在的地域等。

（5）购物习惯：购物习惯是搜索某个关键词的买家所具备购物分类的特征。以淘宝平台为例,可以从网店的钻展达摩盘中查看网店对应的行业标签、购物习惯和消费水平,这也是目前淘系内比较完善的标签定位渠道之一。如果暂未开通钻展达摩盘,可以在"生意参谋—流量—访客分析"中查看网店访问人群的购物习惯。

任务评价

通过完成本任务的学习,请检查自己是否掌握了本任务的主要技能,如表1-3-1所示。根据评价表对学习效果进行检查与评估。

表1-3-1 竞争对手及消费人群分析评价表

鉴定评分点	分值	学生自评	教师评价
能确定自家网店及产品定位	20		
能对竞争对手进行分析	25		
能对消费人群进行分析	25		
团队成员之间合作,共同完成任务	15		
信息收集、分析、总结提炼能力	15		
总分	100		

能力拓展

1. 请搜索查找资料,自学什么是网店定位。依据对竞争对手及消费人群的分析,制定网点定位策略。

2. 案例学习(扫描二维码学习)。

案例学习

项目一　网店规划

任务四

网 店 定 位

学习目标

1. 了解网店平台选择的注意事项、原则并熟悉各主流电商平台；了解网店目标人群定位的基本因素并掌握目标人群定位的方法。
2. 掌握网店经营类目选择的考虑因素及方法；掌握网店定位策略分析及定位方法。
3. 树立服务社会、服务地方的理想信念，进行满足市场需求的网店定位。

任务描述

本任务将从分析各主流电商平台开设，进行网店平台的选择，之后进行网店经营类目的选择、网店目标人群的定位，通过SWOT分析法、波利"五力"分析法对网店定位策略进行分析，掌握网店定位的优化方法。

任务分析

网店运营需从网店定位开始一步一步进行，网店定位是做好网店运营的第一步。在做好网络市场分析、竞争对手分析之后，我们需要对网店平台、网店经营类目、网店目标人群进行精准的定位，再通过科学的网店定位分析方法，进行符合市场需求的网店定位，为网店正常运营提供合理的保障。

本任务将通过网店定位的策略方法，学习淘系平台与京东平台网店定位的策略分析方法，掌握各平台网店定位分析与应用的方法。

任务准备

为了达到更好的实训效果，熟悉各大平台用户画像数据的分析与应用工作，保障用户画像构建的准确，需要准备淘系平台、京东平台账户各1个。

任务实施

一、网店平台选择

随着电子商务的快速发展，各类电商平台如雨后春笋般悄然兴起。许多个人商家和企业希望通过网上开店的形式来拓展自己的销售渠道。然而很多传统零售企业和商家在转型电商时，都是盲目、焦虑的。是直接入驻淘宝、天猫、京东等第三方平台，还是自建独立的零售商城？商家没有那么多的时间和资金去尝试，错过了合适的平台就可能会错过一个很好的销售网店平台，该如何选择呢？

网店 运营推广

1. 平台选择应注意的事项

★ 此知识点为网店运营推广职业技能等级标准（高级）考点。

（1）找准自身定位：选择平台时要对自己的电商运营熟练程度以及消费群体有明确的认知，从而选择正确的平台。判断一个电商平台是否适合自己，先要定位自己想做成一个什么样的网店。选择最适合自己的电商平台，同时更重要的是要注重商品品质和服务质量，毕竟用户体验才是最重要的。

（2）合法合规经营：面对当前复杂的电商平台市场，网店入驻前需考察其运营模式是否合法，例如，是否对入驻的企业或商家有严格的审核和监管约束设置，是否存在消费返利的违法行为，是否将电商变成了违规的金融理财项目，是否将电商披上了传销的外衣等。网店入驻前要对其运营模式进行研判，否则一旦被查处就会损失惨重。

（3）衡量利益关系：任何电商平台的良性运营与长久发展都离不开持续、稳定的获利能力，如果财务核算不盈利甚至是亏损经营，那网店就要慎重了。当前有很多电商平台更多地在宣传未来的巨大利润，那么这种宣传的另一面——当前已是亏损经营，那这种平台又有多大把握能度过这个亏损期呢？还有一些电商平台只注重现金流，只讲每天有多少资金入账，有多少新会员加入，有多么高的交易量，其实如果没有利润，这一切都是镜花水月。所以选择合作电商平台，首先必须要能清晰地算出平台利润；其次是要搞清楚其利润的来源是否合理合法，如果企业自己都算不出平台的利润，或者无法判断利润的来源合法性，建议果断放弃，因为合作必须是双赢，单方获利绝不是合作。平台获利才能保证企业获利。

2. 平台选择的原则

如果入驻电商平台，需要考虑平台的流量以及网店曝光量，如果想使网店有更高的曝光量，则需要付出更多推广成本才能获取更多流量，同时要注重网店的装修和商品的包装，只有这样才能和平台的其他商家竞争。

对于自建商城，则更需要积极主动地进行引流，更多地借力于其他媒介，比如微信、QQ、微博等。微信公众号或者网店二维码是网店普遍使用的推广媒介，在微信便可实现便捷的购物付款，结合商城优惠券、拼团、卡券、分销等营销手段，同样可以实现商城销量转化。

每个平台都有属于自己特性，在选择平台时，主要看网店自己想做什么商品、这些商品是什么类型。每一个平台都存在优缺点，专注的点也不同。对于选择哪个电商平台，还是选择自建商城，网店最好能结合自身的定位和业务具体分析，只有适合自己的网店，才能最大化发挥线上线下开店的威力。

3. 主流电商平台分析

★ 此知识点为网店运营推广职业技能等级标准（高级）考点。

目前国内主流的电商平台，根据分类可分为综合类超级平台、垂直类电商平台、社交类电商平台、生活服务类电商平台、全球跨境类电商平台和微商类电商（自建商城）。

（1）综合类超级平台：综合类超级平台最大的特点是客源多，覆盖种类非常全面。商家进驻这类电商平台，需要较高的入驻费用，有的平台还会对交易商品有抽成，个别还有准入门槛。

1）淘宝网：淘宝网是知名电子商务企业阿里巴巴集团旗下知名的在线销售平台，创立于2003年5月10日。同年10月推出第三方支付工具"支付宝"，以"担保交易模式"使消费者对淘宝网上的交易产生信任。之后相继推出了阿里旺旺等特色服务。

1-18

由于淘宝推出之初采取了全免费策略,个人凭身份证就可以入驻平台,门槛很低,很快吸引了大量商家入驻平台,同时相对实体店,在淘宝开设网店无须缴交租金,人员需求也偏少,运作成本低,商家能以更低的价格出售商品参与市场竞争。淘宝平台以低价吸引了大量消费者,用户和交易额连年快速增长。

由于多数淘宝店是以个人身份注册,人们常常把淘宝网称作 C2C 平台,也叫作淘宝集市。2016 年,淘宝推出了"淘宝企业店",鼓励个人商家将网店升级为捆绑企业身份的网店。2019 年 1 月 1 日,按照《中华人民共和国电子商务法》,月经营额度超过 3 万元的网上商店,须提供对应的企业营业执照等资质。因此,用 C2C 标注淘宝网店的身份就不合适了,但是由于习惯和网店定位问题,许多人还是喜欢把淘宝店叫作 C 店。

2) 天猫商城:2011 年 6 月 16 日,阿里巴巴集团旗下淘宝公司分拆为 3 个独立的公司,即沿袭原 C2C 业务的淘宝网(Taobao)、平台型 B2C 电子商务服务商淘宝商城(Tmall)和一站式购物搜索引擎——淘网(Etao)。2012 年 1 月 11 日,淘宝商城正式更名为"天猫"。

天猫和淘宝网的主要区别在于天猫强调入驻商家的品质和品牌,只有符合要求的品牌商和代理商才有资格在天猫商城开店。企业申请入驻天猫时候需要向平台提供商标注册证或者代理商标通知书。此外,天猫商城还对入驻企业做了其他方面的限定,包括注册资本不得低于 100 万元人民币、公司成立年限至少为 2 年、企业必须具备一般纳税人资格等。这些都说明天猫平台是一个和淘宝定位完全不同的,定位更高端的平台。

按照入驻企业和品牌的关系,天猫店可分为旗舰店、专卖店和专营店 3 类:旗舰店是商家以自有品牌入驻天猫开设的网店;专卖店是经营一个成者多个授权品牌的网店;专营店是同一个招商大类下经营两个以及两个以上品牌商品的网店。

3) 京东商城:京东集团是我国知名的电子商务企业,其核心业务是在线商城——京东商城。京东集团于 1998 年在北京中关村创立,2004 年全面尝试电子商务业务,其主营业务涵盖 3C、家电、服饰、家居等多个领域。目前,3C 商品是其强势业务。有京东集团强大的企业实力和信誉作为后盾,消费者的信任度较高。目前在 3C 领域,京东商城已经占据了巨大的市场份额,这又使得京东商城可以提供更有竞争力的价格。

京东商城最初是纯自营独立商城,其特色是优秀的物流服务用户体验。为了提升物流的服务质量,京东集团花大力气在全国设立了七大物流中心和数十个地区仓。目前可以在超过 200 个城市实现当日达服务,在超过 2 000 个县城实现次日达服务。

京东商城在开设之初,所有商品均为京东自营,商品均发自京东的自动化仓库。2017年以来,为了扩大业务,京东商城开放给其他企业入驻。入驻企业既可以使用京东的物流服务,也可以使用自己的物流。目前,京东商城只允许企业入驻,和天猫平台相比,京东平台对企业收取的保证金和年费相对较低,交易佣金比例一般集中在 5%~8%。

相对天猫平台,目前京东平台上入驻的网店比较少,同一品类下的商品竞争不是很激烈,引流也更加容易,而且京东平台的消费者也习惯直接下单,不会做过多比较和询问,这些都是京东平台的特色。

(2) 垂直类电商平台:垂直类电商平台是指在某一个行业或细分市场深化运营的电商平台,通常旗下商品都是同一类型的商品。垂直电商有着更加集中的商品品类,而且这些商品品类大多有着同一个倾向,如专做女装、专做美妆、专做家电等,而不考虑其他类别的商品。这类电商主要强调商品供应一体化和商品集中管理的优势。

1)唯品会:唯品会是垂直B2C电商,它的定位是线上的二、三、四线品牌折扣零售商,换句话说,就是为品牌商在线上做库存的清理。唯品会采取的是闪购模式,即限时折扣。虽然吸引消费者最重要的两个因素品牌和折扣唯品会都占了,但事实上现在大多数品牌商在天猫和京东的网店上所做的工作基本上也是库存清理。

唯品会折扣低,商品种类较多,自建物流,以低价抢购的噱头在年轻女性消费者中产生了一定的影响力。虽然退货率高于其他电商,但剩余库存可以退还给供应商,而且公司通过上市,资金较为充足,规模较大。

2)当当网:当当网以图书销售起家,现在是垂直B2C开放平台,主要自营业务是图书、服装、母婴和家纺,定位中高端,但也允许第三方商家入驻,出售百货。当当网在2010年就已上市,市值曾一度超过25亿美元,在同资金实力更为强大的京东商城、苏宁易购等网站的竞争中,当当网生存空间遭到了严重挤压,利润水平一度遭受严重冲击。

(3)社交类电商平台:社交类电商平台迎合了当今的分享经济,通过买家自身发起拼团,邀请身边的好友购买,能享有较大的价格优惠。其特点就是用较低的价格买到好货。拼多多、抖音、蘑菇街等都属于该类平台。

1)拼多多:拼多多是中国电商的新秀,是一家以低价和拼团为特色的电商平台。拼多多商城自2015年上线以来发展迅速,2018年7月在美国纳斯达克上市,2020年5月市值已经超过600亿美元;截至2020年底,拼多多年活跃买家数达7.884亿;2021年全年,拼多多年总成交额(gross merchandise volume, GMV)为24 410亿元。

拼多多的商业模式是一种网上团购的模式,消费者看中某件商品后,在平台上发起拼团购买某件商品。为了能够享受低价,用户可以将拼团的商品链接发给好友,如果达到一定人数拼团成功,就可以享受到更低的价格;如果拼团不成功,就会取消这次购买行为。实际上,拼多多主要靠消费者在微信朋友圈的主动分享进行传播,通过社交网络实现了一次裂变。

拼多多成功的经验在于:主打天猫和京东忽视的低价人群,用简单直接、病毒式的营销模式、优惠政策吸引商家入驻。

2)直播类电商平台:直播已经成为电商、社交、视频等各类线上平台的引流重点。不同行业与直播结合而形成的"直播+"已经成为很重要的一种商业模式。

淘宝网从2016年开始直播业务,经过多年的成长,现在模式已经成熟,成为商家卖货的一大利器。淘宝网拥有庞大的用户群和可观的线上流量,意味着商家和主播能有巨大的收益。如今淘宝网已经将直播板块放在首页,可见其对直播领域的重视,也间接验证了直播电商的可行性。

(4)生活服务类电商平台

1)美团:美团成立于2010年,起步于"团购"业务,后来逐步拓展至本地生活服务的餐饮、外卖、酒旅及出行业务,并于2018年赴香港上市。美团正以每年2.8亿名活跃用户、3 600亿元总成交额跻身新一代互联网超级平台,成为生活服务类电商平台巨头。

美团生活场景更丰富,团购有酒店、餐饮、旅游、娱乐等场景。从品牌优势来看,享有较高口碑;从服务优势来看,多维度提升用户体验;有自发物流团队,配送效率高。

2) 饿了么:饿了么是2008年创立的本地生活平台,主营在线外卖、新零售、即时配送和餐饮供应链等业务。2019年,饿了么以36.4%的市场份额连续3个季度领跑外卖市场。入驻饿了么成为很多外卖平台必不可缺的一个销售路径。

饿了么专做外卖和餐饮,专业度高,有自建的物流团队,配送效率高。饿了么优先进入外卖市场,占有率高,入驻门槛较低。

(5) 全球跨境类平台:知名跨境电子商务平台包括速卖通、亚马逊、eBay等。在各行各业中,跨境电商一直被大家公认发展前景良好,目前还是一片蓝海。

1) 速卖通:全球速卖通(英文名:AliExpress)于2010年4月正式上线,是阿里巴巴集团旗下唯一面向全球市场打造的在线交易平台,被广大商家称为"国际版淘宝",主打俄罗斯、巴西等发展中国家市场。优势行业有服装服饰、手机通信、鞋包、美容健康用品、珠宝手表、家居用品、汽摩配件、灯具等。

速卖通是阿里巴巴集团旗下的电商平台,配套设施完善;为国内企业量身定做,操作简单;商品种类多,汇集国内知名外贸电商品牌,流量大;准入门槛较高,必须企业才能入驻;入驻商家多,竞争激烈;需要交10 000元平台费用,佣金比例为8%。

2) 亚马逊:亚马逊中国是全球最大的电子商务公司亚马逊公司在中国的网站,也是一个开放平台,主打美国、英国、德国等欧美市场。平台商品一部分来自亚马逊采购,另一部分来自其入驻商家,利润来自差价、店租、物流费、仓储费和广告费。亚马逊在中国的发展与在美国的发展相差巨大,这有政策方面的原因也有亚马逊自身对中国业务重视不够的原因。

入驻亚马逊需资金支持,平台知名度较高;自建物流可控,不需要入驻费用;商家普遍规模小,经营商品种类少;自建物流成本高,流量小,毛利率低;必须企业才能入驻,注册账户困难。

(6) 微商类电商(自建商城):微电商是基于移动互联网,强调社交化媒体,以"社交+互动"为特性,以人为中心的电商,主流的有微店、有赞、优品邦等平台。不同于以货为中心的PC端电商,微电商准入门槛较低,相当于付费就能建立移动商城。通过平台自建商城,并通过微信、QQ、微博等渠道传播,客户进入商城即可完成购买。

于2014年年初上线的微店,几乎可以说是"划时代性"地采用了以手机号开网店的模式,将电商的准入门槛降到历史最低,商品的上架、编辑等功能也非常简单。这个"傻瓜式开店工具"很快引发了一股个人开店的潮流。当然,其他的开发者也纷纷效仿跟进,开发了各式各样的"××微店""××小店"。

二、网店经营类目选择

1. 类目选择的考虑因素

(1) 标品与非标品

1) 标品:商品本身无差异或差异小,如电视机、手机之类,原则上各个商家的货都是一样的。对于标品而言,商品本身是趋同的,是同质化的东西,决定胜负因素的是资金、成本、供应链、进入时机等。商

> ★ 此知识点为网店运营推广职业技能等级标准(高级)考点。

家经常利用低成本战略,依靠规模与销量取胜,让后来者及小规模者无利可图。

2) 非标品:商品无法统一标准及规格,差异性很大,如连衣裙、农特商品、服务类商品等,每个商家的商品都可以是不同的、独一无二的。对于非标品而言,商品本身容易形成差异化,相对来讲企业的资金实力并没有那么重要。只要能提高差异化的价值,锁定某一特定小部分人群进行精准定位,就可以避开大部分主要对手,谋得一块属于自己的地盘。经营非标品可以发挥中小商家的才智、创意,去做些个性化、差异化的商品。

标品对经营者的实力要求较高,非标品更适合中小商家。

(2) 高频商品与低频商品

1) 高频商品:重复购买性强,消费频率高,如食品、生活用品之类,这类商品最重要的一点就是可以积累客户群。先不断积累老客户,再由老客户带来新客户,到后期积累足够多的客户数量,就不用再去开发新客户了,只需要开发客户的终生价值。例如,在网店运营中,完全可以把每一个客户导入微信,在微信里不断地培养客户池,这一部分客户永远都是网店自己的。即使后期没有淘宝网的流量,也可以用自己的客户群裂变带来流量。

2) 低频商品:例如耐用品、汽车、房产、婚礼用品等,这类商品可能消费者一生都用不到几次,需要不断地开发新客户、不断获得流量、做广告推广,一旦停下来,销量马上下滑。此类商品的客户价值不好沉淀,需要依靠更多的推广费用获得新客户。

2. 商品类目选择的方法

★ 此知识点为网店运营推广职业技能等级标准(高级)考点。

(1) 从网店商品角度进行考虑:在选择商品类目的时候,商品本身也是最重要的出发点之一。不能为了追求效果而进行盲目选择。对商品进行分析,站在商品的角度选择适合自己网店的类目,这样不但有利于网店的分类选品,也有利于网店的日常经营。

(2) 从平台优质网店进行参考:如何找出蓝海类目呢?在进行网店经营的时候,可以对比竞争对手和自己的网店在经营方面的差异和优劣势,在网店的类目选择上,可以多参考一下平台的优质网店,学习和借鉴它们类目选择的方法和原则。

(3) 从关键词的角度进行分析:通过关键词确定商品分类,先确定好自己的商品关键词,然后搜索哪个类目更为合适。或者是在发布商品的时候,通过想要设置的商品类目来确定关键词,也就是说,这种方法可以利用类目词来做关键词。在使用这种方法时,要注意把开店类目选择和核心关键词紧密相连,这样商品与关键词的匹配度也就会得到提高。

三、网店目标人群定位

★ 此知识点为网店运营推广职业技能等级标准(高级)考点。

1. 目标人群定位基本因素

目标人群就是会购买网店商品的人群,也就是消费者。网店需要做的是把他们找出来,打上标记,形成消费者画像。人群定位是为了寻找目标市场及客户群体,舍弃不符合消费者需求的商品。快速占领顾客心理才能快速占领市场。目标人群定位的好处是有目的地挑选货源,更精准地定位到顾客。

一般网店可以从消费属性和消费行为两个方面来定位目标人群。

(1) 消费属性:①人口特征:年龄、性别、民族、国籍、所在地等。②社会特征:收入、职业、社会阶层、家庭特征、生活方式等。③个性特征：冲动、保守、积极、沉稳、热情、冷静等。④文化特征：教育水平、宗教信仰、民族文化、亚文化、小众文化、爱好等。

（2）消费行为：①角色：信息提供者、购买决策者、购买执行者、决策参与者、使用者、评价者等。②因素：使用时机、使用意图、使用频率、品牌黏性、用户体验等。例如，商品是一辆30万元的商务轿车，那么消费者画像大致应该是：男性，30岁以上，城市人口，年薪30万元以上的中产阶级，拥有稳定的家庭和事业，个性沉稳冷静，既是商品的主要使用者，也是购买的决策者，经常开车，有强烈的汽车品牌意识和相关品牌知识。

2. 目标人群定位的方法

（1）价格定位：①低客单价：将网店的商品价格都定在低价位，这样引流速度比较快，转化率也会比较高，因为都是大众容易接受的价格。如果是新开的网店，就可以利用低客单价的特点引流。②高客单价：对于一些高端品牌商品、专卖店商品、精品，可将其定位于高价位，不过这对商品的质量、档次、品质都会有更高的要求，包括网店装修也要更有品位，这样才能吸引那些对商品有着高要求的顾客进店浏览、转化下单。③统一价：人们经常会在街边看到"全场9.9元、19.9元、29.9元"这种广告的实体商店，其实网店也一样，也可以将自己的网店确定几个统一价格。这样商品价格比较单一，顾客会比较精准，但同时商品也会有很大的局限性。

> ★ 此知识点为网店运营推广职业技能等级标准（高级）考点。

（2）年龄定位：①18～24岁这个年龄段的消费者基本上还是学生，或者是刚刚踏入社会的年轻人。他们的经济来源一般都是父母，所以他们的消费能力是有限的，对于商品的品质不会有太高要求，考虑得更多的是款式和价位。②25～35岁这个年龄段的消费者基本上已经进入职场并且有一定的经济能力和消费能力，在商品的品质方面会有更高的要求，所以在选款的时候可以挑选一些品质好、价格高的商品。③中老年这个年龄段的消费者有自己的经济基础，但是在消费的时候会更多考虑商品的性价比，而且在选择商品的时候基本上都会货比三家，所以针对这个年龄段的顾客，就要多做前期的市场调查和分析，选择有优势的货源。

（3）职业定位：职业有很多种，下面从学生、上班族、宝妈的角度来分析。

1）学生：以服装为例，对于学生来说，更多考虑的是衣服款式是否新潮，价格不能太高，而且他们的年龄和经验也决定了他们购买商品更多会关注第一感觉，所以在选品的时候，要重点去满足他们对于款式的追求，这样也会提高转化率。

2）上班族：已经参加工作的消费者基本都有了一定的消费能力，而且工作的场景，包括平时的社交也促使他们对于商品品质有了一定的要求，所以在挑选货源的时候可以选择品质好、有一定档次、偏重成熟稳重、价格稍高的商品。

3）宝妈：宝妈并不一定是全职在家带宝宝的女性，也有可能是上班族，但是因为有了宝宝，就会去关注一些婴幼儿用品，而在价格方面不会考虑得太多，重点关注商品的质量安全。网店需要将细节做到位，最大限度地关爱婴幼儿。除了婴幼儿用品，包括一些家居用品、生活用品也是她们会去关注的，毕竟有了宝宝去实体店买东西不是特别方便，所以她们会更加倾向网购。网店可以借助生意参谋对类目进行目标人群定位，例如，"女装"类目的目标人群特点为:78%的购买者为女性,高职大专院校学生居多,大多关注商品的样式、搭配。

四、网店定位策略

1. 自我竞争力分析

> ★ 此知识点为网店运营推广职业技能等级标准(高级)考点。

(1) SWOT 分析法:SWOT 分析即基于内外部竞争环境和竞争条件下的态势分析,将与研究对象密切相关的各种主要内部优势、劣势和外部的机会与威胁等,通过调查列举出来,并依照矩阵形式排列,然后用系统分析的思想,把各种因素相互匹配起来加以分析,从中得出一系列相应结论的分析方法,而结论通常带有一定的决策性。运用这种方法可以对网店所处的情景进行全面、系统、准确的研究,从而根据研究结果制定相应的发展战略、计划以及对策等。

"SWOT"是 Strength(优势)、Weakness(劣势)、Opportunity(机会)和 Threat(威胁)4个英文单词的首字母,SWOT 模型主要是通过分析企业内部和外部存在的优势与劣势、机会与挑战概括企业内外部研究结果的一种方法。

优势(S):比较分析企业在外部市场环境、内部经营方面相对于其他竞争对手的优势。

劣势(W):比较分析企业在外部市场环境、内部经营方面相对于其他竞争对手的劣势。

机会(O):分析在目前的市场竞争态势下企业存在的发展机会。

挑战(T):分析在目前的市场竞争态势下企业存在的威胁和挑战。

(2) 波特"五力"分析法:波特"五力"分析法被广泛应用于很多行业的战略制定。其提出者迈克尔·波特(Michael Porter)认为,在任何行业中,无论是在国内还是在国际,无论是提供商品还是提供服务,竞争的规则都包括 5 种竞争力量之内。这 5 种竞争力就是:企业间的竞争、潜在新竞争者的进入、潜在替代品的开发、供应商的议价能力、购买者的议价能力。这 5 种竞争力量决定了企业的盈利能力和水平。

1) 竞争对手:企业间的竞争是 5 种力量中最主要的一种。只有那些比竞争对手的战略更具优势的战略才可能获得成功。为此,网店经营者必须在市场、价格、质量、产量、功能、服务、研发等方面建立自己的核心竞争优势。

2) 新进入者:企业必须对新的市场进入者保持足够的警惕,他们的存在将使企业做出相应的反应,而这样又不可避免地需要公司投入相应的资源。

3) 购买者:当购买者分布集中、规模较大或大批量购货时,他们的议价能力将成为影响产业竞争强度的一个主要因素。

4) 替代品:在很多产业,企业会与其他产业生产替代品的公司开展直接或间接的竞争。替代品的存在为商品的价格设置了上限,当商品价格超过这一上限时,用户将转向其他替代商品。

5) 供应商:供应商的议价力量会影响产业的竞争程度,尤其是当供应商垄断程度比较高、原材料替代品比较少,或者改用其他原材料的转换成本比较高时更是如此。

2. 网店定位方法

(1) 策略一:避强的垂直化定位。这是一种避开强有力的竞争对手的市场定位,可以错开市场区域、错开热销品类等,在长尾市场寻找机会。其优点是:可以避开竞争对手的关注,能够迅速地在市场上站稳脚跟,并能在客户或用户心目中迅速树立起一种形象。由于这种定位方式市场风险较少,成功率较高,常常为多数网店所采用。

★ 此知识点为网店运营推广职业技能等级标准(高级)考点。

（2）策略二:针锋相对的对抗性定位。这是一种与在市场上占据支配地位即最强的竞争对手"对着干"的定位方式。显然,这种定位有时会产生危险,但不少网店经营者认为这种定位能够激励自己奋发上进,一旦成功就会取得巨大的市场优势。

因为坚果行业特点,商品种类少,差异化运营难,很多品牌公司不得不在山核桃、碧根果等主营商品上产生正面对抗。此外,一些标准化商品经营者也只能采用此种方式。

（3）策略三:找弱点的对立性定位。这种定位是强竞争性导向(非用户需求导向),是与对手存在显著差异化的定位,适合市场已经相对饱和、后发创业的品牌。这种定位的逻辑必须是有一个能够对标的竞品,最好是行业最大、知名度最高的竞品,这样企业的对立才有价值,才能被用户马上感受到,才能跳出同质化竞争。针对这个竞品,企业认为最与众不同的优势是什么?要么人无我有,即拥有对手还不具备的优势;要么人有我强,即拥有对手还没有重点强化的特点。

（4）策略四:USP定位。20世纪50年代初,美国人罗瑟·里夫所提出了USP(unique selling proposition)理论,即向客户说一个"独特的销售主张"。从理论上来讲,对立性定位也是一种USP(人无我有)。但从实践中来看,一般说的USP更集中强调商品具体的特殊功效和利益,是一种物理性定位。

（5）策略五:重新定位。重新定位是对销路少、市场反应差的商品进行二次定位。这种重新定位旨在摆脱困境,使商品重新获得增长与活力。这种困境可能是企业决策失误引起的,也可能是对手有力反击或出现新的强有力竞争对手而造成的。

重新定位也包括选择尚未占据的市场位置,是先识别出市场中尚未占据的市场空缺,然后占据这个市场空缺。

（6）策略六:升维定位。升维定位就是创造新的需求,或者开发新的需求,让用户觉得这个商品根本就不是之前的同类商品,而是一种更高维度的购买体验,那网店自然也会成为新品类的代表者。

升维定位特别适合创新型商品,或者创业阶段的企业。如果商品能够直接或间接创造新的需求市场,那网店就没必要对标现有对手,也没必要就一个单点进行USP突破,而是可以直接成为新市场的领导者和占有者。

需要提醒的是,升维定位并不是竞争性导向,而是以用户需求为导向。升维的核心目的不是为了打击对手(那还不如对立性定位更直接),而是创造或引导出新的需求。升维定位需要企业有一定的战略格局和市场眼光,但也要避免过度判断。

三 任务评价

通过完成本任务的学习,请检查自己是否掌握了本任务的主要技能,如表1-4-1所示。根据评价表对学习效果进行检查与评估。

表 1-4-1 网店定位分析评价表

鉴定评分点	分值	学生自评	教师评价
能根据网店平台选择原则确定经营平台	15		
能根据网店经营类目选择方法确定经营类目	15		
能根据网店目标人群定位方法确定目标人群	15		
能根据网店定位分析方法明确网店定位	25		
团队成员之间合作,共同完成任务	15		
信息收集、分析、总结提炼能力	15		
总分	100		

能力拓展

1. 请搜索查找资料,自学什么是网店运营,网店规划会对网店运营起到什么作用?
2. 案例学习(扫描二维码学习)。

案例学习

项目二 商品规划

项目说明

商品规划是电商运营工作的一个很重要环节。在电商平台,合理进行商品规划至少有50%成功可能性,而规划不合理则会100%失败,由此可见,商品规划对于网店运营至关重要。网店运营应该结合实际,选择合适的商品,分析商品的市场竞争情况,对不同商品进行定位,制定差异化的定价策略,拓展商品采购渠道,完成商品上架、发货、修改库存信息等基本操作。

本项目将围绕网上商品特征分析、网店商品定位、商品采购途径及网店商品发布展开,系统地讲解网店商品规划的流程与方法。

本项目学习导航

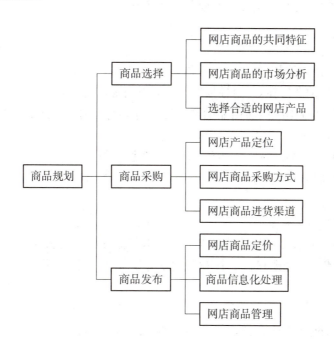

网店 运营推广

任务一 商 品 选 择

学习目标

1. 了解网店商品选取的原则;熟悉网店商品的一般特征。
2. 能够对网店商品进行市场分析;能够选择适合网店销售的商品。
3. 具备诚信经营的理念;培养实事求是的精神,尊重电商市场的商业规律。

任务描述

本任务将分析网店商品的共同特征,利用不同的数据分析工具对网店商品进行市场分析,遵循选取网店商品的一般原则,确定网店商品的主营类目和二级类目,熟悉并掌握选择网店经营商品的流程,为后续网店的运营打下坚实基础。

任务分析

在店铺运营中,针对网店商品进行规划是必不可少的一环,只有准确分析,选择合适的网上产品,确定目标消费群体,针对性地对消费者进行需求定位,才能锁定消费者,更好地进行网店运营。商品选择围绕网店商品的共同特征、网店商品的市场分析和选择合适的网上产品来展开。

本任务将以网店商品的选择为主线,学习淘系平台与京东平台网店商品的选择方法和流程,掌握各平台商品选择的方法。

任务准备

为了达到更好的实训效果,熟悉各大平台选择产品的方法,保障网店的后续运营,需要准备淘系平台、京东平台买家账户各1个,确保电脑等设备可以正常使用,确保网络正常、稳定。

任务实施

网店是在互联网上开设的虚拟店铺,与传统线下实体店铺相比,具有市场规模大、营运成本较低等一系列优势,因此,越来越多的企业主选择加入网上开店的创业浪潮之中。

对于网店卖家来说,产品是否畅销关系到网店的生死存亡。由于买家在网上购买商品时无法直接接触商品,在购买部分商品时会心存顾虑,质疑商品的质量或价格等,因此,合理规划商品就成了网店运营的关键。一般来说,适合网上销售的商品都有以下特点。

一、网店商品的共同特征

1. **便于运输**　网店销售的商品一般通过物流方式实现从卖家到买家的所有权转移,因此体积合适、重量适中,且运输成本不高的商品适合网上销售。首先,体积庞大、运输困难、运输成本过高的商品则不适合网上销售,如大型体育器械。其次,易碎、液体非标准瓶装的商品,如玻璃器皿、瓷器等不建议网上销售。最后,生鲜类、药品类商品,对物流运输及时性有较高要求,不太方便物流运输。

2. **价格优惠**　由于网店商品的总体成本一般低于实体店商品的总成本,因此在价格方面具有一定的优势,可以以低于实体店的价格进行销售。如果网上商品在价格上不具备优势,则难以吸引买家进行购买。价格是网店运营过程中非常重要的因素,不仅能够制约卖家的利润,还能影响网店运营推广的效果。

3. **利润空间**　如果商品的采购、储存、管理和运输高于商品的本身价值,则不适合在网上销售。一般来说,应优先考虑毛利在30%以上的商品,毛利低于10%的商品不足以支撑网店的初期运营,如保健品、药品等。针对日常用品等利润空间不大的商品,可以采取搭配销售、满减包邮等方式进行促销,通过提高客户客单价的方式,保证网店总体的利润空间。

4. **标准商品**　标准商品指产品质量、性能等具有一定可靠性,售后服务容易展开,不容易出现产品质量纠纷或出现质量纠纷也容易解决的产品。买家在网上购买这类产品时信任程度相对较高,会少一些顾虑,卖家的销售过程也会比较顺利。例如3C类电子产品,屏幕、处理器等参数配置比较固定,易于生产、检验、验收、监督、使用和维护,买家可以在网店购买电子产品,到线下服务店进行验证和维护。

5. **实体店不方便销售**　外贸订单产品、国外代购产品、个性化设计产品等,相较于实体店而言,网上销售的方式更为方便。虚拟、小众、新奇特等产品不适合实体店,此类产品市场需求量较少,标准化程度较低,没有形成规模效应,产品成本很难降低。如果实体店销售此类产品,销量难以维持实体店的租金、水电费等成本,因此此类产品很适合在网上销售。

二、网店商品的市场分析

如何判断一个产品能不能做,以及该如何做,重要的是对网店销售的产品进行市场分析。对电商产品市场分析可以从行业背景、竞争态势、市场现状和微观个体等方面进行分析。网店商品的市场分析如图2-1-1所示。

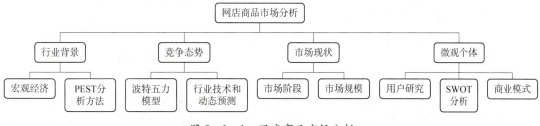

图2-1-1　网店商品市场分析

1. 行业背景　行业背景维度主要是从宏观角度上理解,对整个行业有一个大致的分析,看似不具体,实则必不可少。

(1) 宏观经济:从宏观角度解读一下这个行业的经济发展状况,例如,我们大家都知道,现在新能源行业发展势头正旺,国家对此大力支持,有政策支持,技术也逐渐成熟,社会方面对此也有人才倾向;煤炭行业则产能过剩,发展滞缓;人工智能行业处于懵懂稚嫩的阶段。

(2) PEST分析方法:P代表政策,表示国家对这个行业有什么支持或者牵制,例如,煤炭行业和旅游业。国家为发展新能源,改善环境,大力支持旅游业发展,推动新农村建设,将其发展为旅游景点。对煤炭业加大监管力度,对不符合规定的进行惩罚。E代表经济,经济因素对行业影响巨大,金融、证券等行业薪资待遇普遍较高,吸金效果最明显,也让更多精英选择了这个行业,人才的涌入同时也加快了行业发展,行业发展又带来人才涌入,形成良性循环。S代表社会,社会的风向标同时也能影响行业发展,直播行业利用粉丝经济使大V圈粉无数,利用互联网的流量变现,可以达到短时间聚集财富的目的。T代表技术,阻碍自动驾驶的发展其实一直是技术,例如,如何让所有汽车有条不紊地行驶,遵守交通规则,同时解放人们双手,带来快捷和方便。如果技术成熟,降低技术的成本,行业一定会超速发展。因此技术也是制约行业发展的重要因素,PEST分析方法如图2-1-2所示。

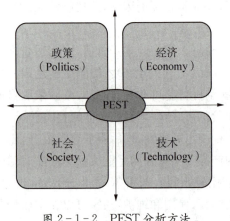

图2-1-2　PEST分析方法

2. 竞争态势

(1) 波特五力模型:波特五力模型一般用于电商产品的竞争态势分析,也更加契合交易的流程,从这5个维度分析就能把握某个行业的基本竞争态势。

> ★ 此知识点为电子商务数据分析职业技能等级标准(中级)考点。

1) 供应商:上游的供货商,主要是指为电商平台提供货源的商家,也就是产业链的上游商家,例如,某网店卖家想要经营床单产品,先分析供应商有哪些床单厂,他们经营情况怎么样,亏损还是盈利,他们是什么样的商业模式,一套床单成本多少,床单厂的利润是多少。

2) 购买者:购买者也就是在电商平台上买东西的用户。对购买者的分析直接影响网店产品的销量,例如,床单购买者一般是家庭妇女,她们有什么样的需求,比较看重价格还是质量,愿意付出多少时间和金钱等。

3) 潜在进入者:潜在进入者主要是想进入这个行业,目前还未进入的公司,例如,一旦一个游戏火了,众多互联网公司就会想要进入这个市场分一杯羹,那分析此类互联网公司是什么样的公司,他们进入后会有什么样的结果,能抢占多少市场份额等。

4) 替代品:替代品指能带给消费者近似满足度的几种商品间具有能够相互替代的性质。替代品是指两种产品存在相互竞争的销售关系,即一种产品销售的增加会减少另一种产品的潜在销售量,反之亦然(如牛肉和猪肉)。例如在网上购买肥皂的用户增多,销量增加,那么网上购买洗衣粉的用户数量就会减少,肥皂和洗衣粉这两种商品就属于替代品。

5) 同行:同行主要是指在线上销售同类商品的卖家,尤其是销量相差不多的同平台卖家,例如,淘宝网和京东商城、探探和陌陌上有多少销售同类产品的卖家。探探和陌陌在功能和用户上有多少差距,各自有多少用户,未来朝哪个方向发展等。

(2) 行业技术和动态预测:行业技术和动态预测主要是预测行业未来的发展状态。一般是按照行业现有数据和趋势进行预测,例如,未来会不会普及无人驾驶,道路上全是无人驾驶汽车;未来无人驾驶汽车变成无人驾驶飞船会怎么样。行业技术和动态预测能找到未来的蓝海行业,决定着网店的发展战略。

3. 市场现状

(1) 市场阶段:任何行业或市场的发展都有其生命周期,即行业或市场从出现到完全退出社会经济活动所经历的时间。行业的生命发展周期主要包括4个发展阶段:幼稚阶段、成长阶段、成熟阶段和衰退阶段,如图2-1-3所示。

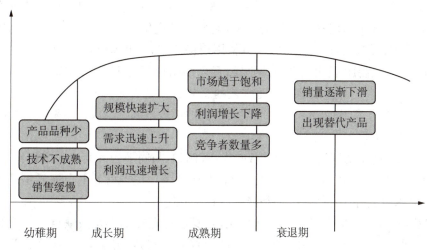

图2-1-3 市场发展阶段

1) 幼稚阶段:这一阶段的产品设计尚未成熟,行业刚开始发展,行业利润率较低,市场增长率较高,需求增长较快,技术变动较大,行业中的用户主要致力于开辟新用户、占领市场,但此时技术上有很大的不确定性。在产品、市场、服务等策略上有很大的空间,对行业特点、行业竞争状况、用户特点等方面的信息掌握不多,企业进入壁垒较低。

2) 成长阶段:这一阶段的市场增长率很高,需求高速增长,技术渐趋定型,行业特点、行业竞争状况及用户特点已比较明朗,企业进入壁垒提高,产品品种及竞争者数量增多。行业经过前期幼稚阶段后就会进入向上发展阶段,整体市场需求旺盛,盈利前景明朗。

3) 成熟阶段:这一阶段的市场增长率不高,需求增长率不高,技术上已经成熟,行业特点、行业竞争状况及用户特点非常清楚和稳定,买方市场形成,行业盈利能力下降,新产品和产品的新用途开发更为困难,行业进入的壁垒很高。例如,即时通信领域的微信,日活跃用户数超12亿,占据了九成以上通信市场,成熟的商业模式和较高的行业壁垒,让后进入者望而却步。

4) 衰退阶段:这一阶段的行业生产能力会出现过剩现象,技术被模仿后出现的替代产品充斥市场,市场增长率严重下降,需求下降,产品品种及竞争者数目减少。例如煤炭行业整体处于衰退阶段,行业受经济政策环境变化影响较大,煤炭能源占比越来越少。

(2) 市场规模:市场规模(market size)即市场容量,主要是研究目标产品或行业的整体规模,可能包括目标产品或行业在指定时间内的产量、产值等,具体需要根据人口数量、人们需求、年龄分布、地区贫富度调查所得的结果。一般情况下,市场规模能够用产量或产值来体现,对于线上平台卖家而言,这些数据一般是产品年交易金额、产品交易人数、产品复购率等数据,此时可以配合一些数据和图表,会让市场规模的分析更加直观和具有说服力。当然如果有权威主管部门或行业研究结构发布的行业报告,应优先参考此类报告,对于某行业市场规模的分析会更准确和客观。微观层面辅以竞品的对比数据分析,从每个不同阶段中获得不同的数据,客观、完整、准确地反映出行业的市场规模。

4. 微观个体

(1) 用户研究:用户研究主要是线上买家研究,在电子商务领域对用户的研究主要围绕用户的需求展开,通过为用户打标签的行为,实现精准定位目标用户群体,增加网店销量和提升网店权重的目的。通过对用户行为分析用户特征,刻画出用户画像,用一些特征区分用户群体,包括年龄、性别、职业。例如,网易云音乐的用户多为15~22岁青年,男女都有,女性居多,多为热爱音乐,情感细腻,感性文艺的青年。而就音乐风格来说,在古典乐的受众中,金融行业人士居多,因为古典乐更能代表他们的不失格调、优雅、有品质且与众不同。

(2) SWOT 分析

1) 优势(S):线上店铺比较同行具备的优势,例如,与同平台的其他卖家相比,历史销量更高,店铺权重更高,自然搜索流量占比很高,网店的营销成本就偏低。抑或是网店有厂源供货渠道,货源稳定,价格低,这些都是网店所具备的优势。

2) 劣势(W):劣势是指与竞品店铺相比,自身店铺存在的不足或缺点多了解自身产品或店铺的不足,有助于网店弥补短板,提升网店权重。例如,店铺 DSR 评分有两项指标飘红,一项指标飘绿,就说明卖家服务评级系统(detail seller rating, DSR)评分影响了网店权重。网店自主退货时长高于平均值也会减少网店的自然流量,因此这些都是网店的劣势,也是网店需要改进的地方。

3) 机会(O):机会是指网店外部环境中,有利于网店发展的积极性因素,它们通常是由网店外部的情况引起,与网店内部因素无关。能够发现和利用机会可以极大地改变网店的竞争能力,并在市场中处于领先地位。如市场流行趋势的转变突然使网店滞销款流行,某个热点事件的爆发导致产品销量急剧增加等,这些都是促进网店发展的机会。

4) 威胁(T):威胁是任何可能从外部对网店的业务产生负面影响的因素。例如,网店供应链问题,因为不受控制的外部影响导致产品的原材料价格上涨,进而导致产品进货成本增加;消费者消费偏好变化导致产品销量减少,这些都是网店发展的威胁。预见网店的威胁并采取应对措施至关重要,SWOT 分析模型如图 2-1-4 所示。

(3) 商业模式:网店商业模式分析有助于了解企业的核心竞争力,帮助卖家明晰企业的价值定位,有利于企业的长远发展,网店商业模式可以从商品服务、流量变现和长尾用户 3

个方面进行分析。

1) 商品服务：商品服务对网店卖家影响巨大，7天无理由退款、赠送运费险、生鲜坏果包赔等服务直接影响产品销量，天猫商城、京东商城等电商平台也都提供相应的商品服务。例如，Keep 里的运动商城，利用流量大的优势，通过自营商城或者平台贩卖物品，达到盈利的目的。

2) 流量变现：流量变现是指将网站流量通过某些手段实现现金收益。在互联网行业，用户数量与流量呈现正相关，

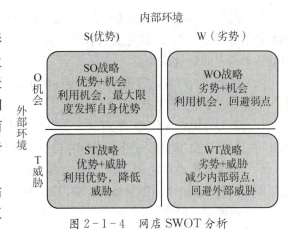

图 2-1-4 网店 SWOT 分析

而流量往往意味着销售金额。因此，要实现流量变现最重要的就是有足够的流量，网店流量指网店的访问量即页面浏览量，用户对网站中的每个网页每访问 1 次均被记录 1 次。用户对同一页面的多次访问，访问量累计。流量变现的方式多种多样，例如直播里面的打赏和竞猜、平台上的广告链接、知识付费，利用边际效应递减的特性，流量越多，变现方式越层出不穷。

3) 长尾用户：长尾效应是指那些原来不受到重视的销量小但种类多的产品或服务由于总量巨大，累积起来的总收益超过主流产品的现象。在互联网领域，长尾效应尤为显著。往往那些不是主流的产品反而因为积累各种不同的用户获得巨大的流量和利润。长尾理论在电子商务领域的应用示意图如图 2-1-5 所示。

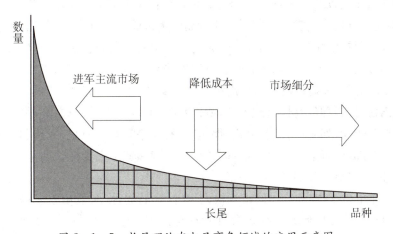

图 2-1-5 长尾理论在电子商务领域的应用示意图

三、选择合适的网店产品

1. 选取产品的原则　　如果在网上开店，产品选得对不对关系着网店能否盈利，也直接关系到网店是否能做得好、是否能够做下去。开网店应该怎么选产品呢？

（1）选产品的时候，要量力而为：产品与投资形成对比，如果投资只有几千元或几万元，那么做的必然是小生意；若身上只有几千元或几万元，却想要做几十万元一单的产品，是不可能或者说是非常危险的。

（2）选产品的时候，要"做熟不做生"：做生意应做"熟"不做"生"，选产品也一样，对于完全不熟悉、完全不了解的产品，不建议做。

（3）充分发挥专业优势：了解什么是"对"的产品，或属于自己的专业范畴，这点很重要。因此，在选择产品的时候，要充分发挥自己的专业优势，选择自己能够驾驭的产品。

（4）充分发挥地理优势：原产地很重要，标有原产地的著名产品有新疆大枣、和田玉、西藏牛肉干、黄山毛峰等。有了地理优势、原产地优势，就有利于网店发展。

（5）不要只看眼前：选择一种产品，不要只考虑眼前利益，要考虑这种产品未来是否受欢迎。很多产品只是一时流行，几个月后就可能销声匿迹，不建议"蹭热度"去经营这种产品。

（6）利基产品：不要选择流量过大的、较为普遍的产品。利基产品是指被细分出来，针对性、专业性很强的产品。选择一些利基产品，才是创业者开网店的发展方向。

（7）代销货源：选择代销货源的网店往往没有库存压力，也不需要进行拿货更不需要囤货，因此对于网店初期经营者比较友好。当然产品的选择固然重要，但也要综合考虑，决定是使用代销货源，还是自己进货发货，需要根据网店实际情况选择。

2. 适合网上销售的产品类目 电子商务经过前期的快速发展，已经进入稳定发展期，适合网上销售的产品类目主要是方便运输、易保存、比较热销的产品类目。

（1）**化妆品类**：护肤品、化妆品一直是网上的畅销品类。爱美是人的天性，在护肤品中，以女性的护肤品和化妆品最为畅销。随着男性护肤品的日益增多，男士们越来越注重对皮肤的保养，因此这也是一大卖点，护肤品、化妆品的销售前景非常广阔，利润也很高。由于人们几乎每天都要用护肤品和化妆品，因此，它是生活中的一大消耗品。一旦用户觉得某款护肤品或化妆品好用，就会经常购买和使用，所以护肤品类是持久性需求产品。

（2）**服装鞋帽类**：服装鞋帽一直是销售的热门商品，其中女装和女鞋是热销商品。女性的商品一直销售得比较好，女性喜欢逛街，所以女装、女鞋是不错的选择。另外，服装和鞋子的销售限制相对较少，如生产日期、运输、保质期、易碎等问题。但是，服装和鞋子有大小、尺码的限制，款式方面也有诸多讲究，这些问题导致服装和鞋子很少能长期留住顾客。目前来看，明星穿过的款式更能吸引顾客。

（3）**珠宝饰品类**：珠宝和饰品的市场很大，女性饰品的种类、数量较多，为了搭配不同的衣服、不同的场合，饰品的佩戴选择也会有所不同。赠送礼物时，饰品往往也是优先选择的对象，因此，饰品的市场前景非常广阔。但是选择销售饰品时，店主一定要有品位，要能跟上时代发展和潮流趋势，只有店家所卖的饰品够新颖、够时尚、够精致，才能使顾客满意。在运输配送上，饰品需要轻拿轻放，因此，经营这类商品必须要小心谨慎。

（4）**箱包类**：箱包的种类很多，是人们出行的必备品。女包是箱包中较好销售的一类，不同的场合、不同的衣服、不同的饰品、不同的季节，都需要搭配不同的包，所以通常女性会有很多包，永远都觉得包少，见到合适的就会买。包和服装一样方便运输，不会过期。生活中用包作为礼物赠送给朋友、亲人也是很普遍的现象,箱包的市场非常广阔。

(5)书籍:书籍之所以适合在网上销售,是因为首先其基本要素如封面、作者、版次、出版社、目录、页数、简介等能够清晰地显示在网页上,顾客可方便地了解到书籍的情况,而书籍的实际情况也与描述情况基本相似,这就符合了顾客的期望值;其次价格优惠,消费者可以获得更多折扣,二手书更是如此,让价空间更大,顾客的购买力也相对提高;最后,书籍的运输也相对简单便捷,不容易受损。亚马逊和当当网都是以书籍销售起家的。

(6)电子产品类:网上销售数码和电子产品一直非常活跃。主要有两个原因:首先,大多数访问者非常关注这些产品信息,产品的升级和更新使市场有一个永不衰退的增长点;其次,数字软件产品通过网络传输非常方便。企业可以通过网站或营销平台展示自己的产品,如果客户感兴趣,可以直接在网上购买,方便省时。经营电子产品一定要注重商品的质量,平时多收集市场信息,要能跟上潮流和时尚,及时找到将要上市电子产品的进货渠道。

(7)家居用品类:家居用品也是日常消费品,需求量大,市场容量大。但商品要有特色,价格要有优势才行。选择这类商品的卖家可以多参加平台的促销活动,增加人气和销售量,其中最主要的是质量一定要好,只有这样才能留住客户,并发展出固定的客户群。

(8)虚拟商品类:虚拟商品是名副其实适合网上销售的商品,如手机充值、游戏点卡、信息服务及电子材料等。此类商品不用考虑运输配送,不存在退款、退货问题,所以纠纷相对较少。但是进货渠道不好掌控。

任务评价

通过完成本任务的学习,根据表2-1-1评价内容进行检查与评估。

表2-1-1 学生自评和教师评价表

评价内容	分值	学生自评	教师评价
适合网上销售的产品类目有哪些,各自的优缺点是什么	30		
网店商品选择时进行市场分析的一般步骤是什么	40		
能使用波特五力模型分析某行业的竞争态势	30		
总分	100		

能力拓展

1. **淘系平台商品选择与应用训练** 请尝试从淘宝/京东平台销售金额TOP5的一级产品类目中,应用本任务的商品选择方法,选择相应具备市场潜力、竞争力较高的二级产品类目,最终挑选出5~10件商品,并阐述选择的原因,最后将完成的商品选择报告文档提交给老师。

2. **本地区电商发展状况调研** 请登录阿里巴巴(1688.com)/淘宝/京东网站,调研你所

网店 运营推广

在地区的企业电子商务状况,重点调研本地电商企业主营商品情况,包括商品在平台销售量占比、商品的竞争激烈程度、商品的竞价等基本信息。如有必要可采用实地走访的方式,撰写本地区电商企业主营产品分析报告,调研结果以文档的形式提交,里面需要有自己的调研情况及相应的分析。

任务二

商 品 采 购

学习目标

1. 了解网店商品的采购方式及流程;熟悉网店商品的产品定位。
2. 掌握网店商品进货渠道;能够选择合适的进货渠道完成网店商品采购。
3. 培养责任担当意识,遵守采购行业规范。

任务描述

本任务首先对网店内的产品进行定位,根据各产品销售量占比以及对网店的作用不同,对店铺销售商品进行产品定位,探索网店商品的采购方式,了解网店商品各种进货渠道的优缺点及流程,能够结合自身网店及经营商品的实际状况,选择合适的进货渠道完成商品的采购。

任务分析

店铺运营中比较关键的一环是完成商品的采购,而商品采购的前提是完成网店商品的定位,根据商品定位的不同,选择合适的采购方式,了解各种商品的进货渠道,能够从批发市场、阿里巴巴或厂家等众多进货渠道中选择最合适的渠道。

本任务将以网店商品的采购为主线,学习淘系平台与京东平台网店商品采购的进货渠道,掌握网店商品采购的方法。

任务准备

为了达到更好的实训效果,熟悉各大平台商品采购的方法,保障网店的后续运营,需要准备淘系平台、京东平台买家账户各1个。确保电脑等计算设备运转正常,网络稳定可用。

任务实施

确定适合网上销售的商品之后,需要对网店经营的商品进行定位,因为一个网店经常会经营多种商品,每种商品对网店作用是不一样,贡献也是不一样的。商品定位结束后,需要熟悉网店各商品的采购方式及流程,确定合适的进货渠道,从而完成网店商品的采购。

项目二 商品规划

一、网店产品定位

经营的产品是网店运营及营销的根本,网店的差异化往往需要通过经营产品的差异化来实现。而要体现产品的差异化,归根结底就是要做好网店产品定位,按产品对网店的贡献不同,将经营产品分为引流款、利润款、活动款和形象款 4 种商品,网店经营产品定位如图 2-2-1 所示。

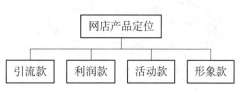

图 2-2-1 网店产品经营定位

1. 引流款产品 引流款又称福利款、宠粉款,顾名思义,引流款就是为店铺引入流量的产品,网店有了流量才会有自然推荐、有销量。引流款一定是目标客户群体里面绝大部分客户可以接受的产品。将一个产品定位为引流款,就意味着这个产品是网店最大的流量来源路径。引流款的产品,一般选择大部分消费者都能接受的、非小众的产品。而且这部分的产品转化率要高,相较于同样类目属性环境下的竞争对手,有价格或者其他方面的优势,这些通常是性价比高的商品,并常常是以成本价,甚至是低于成本价销售。

★ 此知识点为网店运营推广职业技能等级标准(中级)考点。

网店在精准地选择引流款产品时,要做好数据的测试工作,应选择转化率高、地域限制少的产品。网店要观察产品的数据,在初期可以给予产品较少的推广流量,在经过测试后,再稳步增加。对于电商直播而言,引流款一般就是低价商品,例如"1元包邮""9.9元包邮"等价格相对较低,用户决策成本较低的产品,一般放在直播开头阶段,可以用作限时限量秒杀,只有 100 个、1000 个……有利于提升直播间气氛,营造氛围。图 2-2-2 为天猫平台某

图 2-2-2 天猫某店铺引流款产品

网店引流款产品,图 2-2-3 为抖音直播间橱窗的引流款产品。

2. 利润款产品　利润款产品就是能赚取大量利润的产品。利润款产品并不一定是利润率要高,而是销量要大,在确保销量够大的情况下,维持合理的利润率,自然就卖得多赚得多,所以利润产品也叫主销款。将产品定位为利润款,就是要让此产品为网店带来更多的销量和利润。因此,这类产品应该在实际营销中占最高比例。

利润款产品对数据挖掘的要求比引流款产品高。企业在选择利润款产品时,应先锁定目标人群,精准分析目标人群的爱好,利润款产品的目标人群应该是某一特定的人群,如一些追求个性、追求潮流的人群;然后考虑产品的款式、卖点、设计风格、价格区间等多方面的因素,做出决定。目标人群要选得精准,推广也要精准。企业可以通过少量的定向数据测试,或者通过预售产品等方式对产品进行调研,以做好供应链的轻量化。图 2-2-4 为天猫平台某网店的利润款产品。

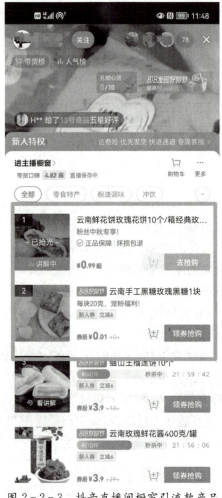

图 2-2-3　抖音直播间橱窗引流款产品

3. 活动款产品　企业在选择活动款产品时,要明确活动款产品要达到的目的是什么?清库存、冲销量,还是体验品牌。应根据不同的目的,选择不同的方式操作。

(1) 清库存:以清库存为目的的活动款产品,一般都是些陈旧或者尺码不全的款式,这样必然牺牲客户对品牌的体验,那么低价出售就是弥补客户心理的一个最好的方式。

(2) 冲销量:网店想要获得更多的利润、提高知名度,冲销量就是一种不得不采取的方式。以冲销量为目的的产品,最好是一些大众喜欢的产品。

(3) 体验品牌:在淘宝网和天猫平台上,很多活动款产品的销量不计入主搜排序。活动款产品只作为让消费者感知品牌的一个渠道。活动款产品应该是大众款产品,且折扣较低,让消费者看到基础销量的价格与活动价格的差距,从而产生购物冲动。

同时,网店还要做好后续的售后跟踪,提升活动后的产品复购率。注意,那些因贪便宜而购买产品的消费者,一定不是终端的目标消费者。活动产生的复购仅为一小部分,而给购买过产品的消费者提供优惠及福利,是做活动的另外一个理由。

4. 形象款产品　形象款产品的作用是提升品牌的形象,它能让消费者停留与产生期待,却不是所有消费者都有能力消费。因此,形象款产品应该是高品质、高调性、高客单价的小众产品。

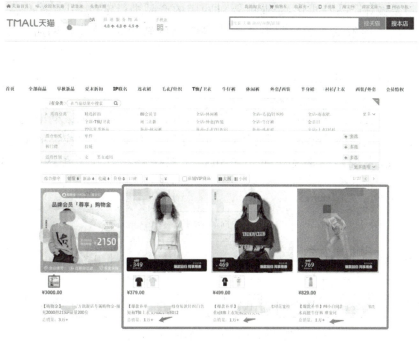

图 2-2-4　天猫某网店 3 款引流款产品

形象款产品只占网店产品的极小部分,网店只需设置 3~5 款形象款产品即可,应该把重点放在前面提及的 3 款产品上。图 2-2-5 为天猫平台某网店的形象款产品。

图 2-2-5　天猫某网店形象款产品

总之，想要做好产品差异化，企业就要对网店的产品进行定位（引流款产品、利润款产品、活动款产品和形象款产品），只有不断提高产品的转化率，才能让网店获得更多销售数量。

二、网店商品采购方式

明确了网店要经营的产品以及各自的定位后，就需要搜集商品的采购渠道，选择最合适的采购方式，降低网店的采购成本，保证网店的产品质量，实现产品供应链的稳定，从而促进网店发展。一般来说网店商品采购方式包括玩票探路和寻找货源两种方式，具体如图2-2-6所示。

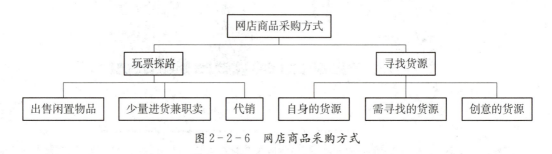

图2-2-6　网店商品采购方式

1. 玩票探路　出售闲置物品、少量进货兼职开店和代销都属于玩票探路方式。通过体验，我们可以初步判断开网店的前景，并根据探路的情况判定网店产品前景如何。

（1）出售闲置物品：出售闲置物品是最简单易行的方式。该方式不存在选择货源的问题，只要是自己现有的并愿意拿出来销售的物品，都可以成为网店的产品。若能销售出去，则一方面可以化"腐朽"为现金，另一方面可以有一个途径减少自己的闲置物品，也不需要去线下二手跳蚤市场交易，真正做到节约成本、省时间和安全的目的。

开这种网店的人基本上不存在任何压力，心态也会相当轻松，可以不计结果，只求尝试的过程。当然，也确实有成功的商家是从出售闲置物品开始的，所以这种探路式的网上创业也是可以尝试的。

（2）少量进货兼职销售：这种方式需要进货，一般是少量进货。开这种网店的人常常本着"卖得出最好，卖不出自己用"的心态。开这种网店的风险小，特别是对那些天天使用计算机和网络的人来说，利用现有资源开网店，可以多一份收入。但是开网店需要花费工作以外的时间和精力，想做得好，可能会很辛苦。当然，如果不断钻研电商知识和实践，就有可能成为专职店家。

（3）代销：采取代销方式的网店不需要进货，也不需要发货，所要做的只是将产品销售出去。网店只要找到实力比较强、店铺比较大、有代销需求的商家，谈好利润分配和提成标准，就可以销售他的产品。做代销时，我们需要找到一个信用有保证的大商家，因为我们看到的仅仅是一张图片，对产品没有太大的把握，却要把它推销给其他人，存在一定的风险，而且让商家提供代销，是需要协调和机会的。

以上3种是比较常见的玩票探路方式。通过这些方式，如果你认为自己在电子商务行业中会有很好的发展,或者说兼职已经做得很不错了,那么可以考虑全职去做,扩大经营。

2. 寻找货源

（1）自身的货源:自身的货源就是不用进货,靠自己的创意和手艺制造的产品,例如,手工制作的毛衣、裙子、小布鞋、小玩偶、项链、刺绣作品、画、书法作品、食品等。但是这些产品需要具有一定的水准,需要重点关注此类产品的售后和品质鉴定。

（2）需寻找的货源:大多数人没有现成的资源而需要寻找货源。寻找货源可以从两个方面着手:兴趣与能力、产品的获取途径和可行性。

寻找货源需要从自己的兴趣和能力出发,尽量回避自己不熟悉、不擅长的领域。因为对于自己不熟悉或一无所知的产品,一方面很难成功地将其推销给客户,另一方面可能缺乏专业性而导致产品质量低劣。例如,很多女性想要开一家服装店,这常常是兴趣使然,但存在几个问题:是否具备一定的眼光?是否有一定的时尚敏感度?兴趣可能谁都有,但是能力(一定的眼光和一定的时尚感知度)不是谁都具备的,这就不难解释为什么有的服装店红红火火,有的却冷冷清清了。

还有一些比较专业的产品,如乐器、古玩、软件等,商家必须具备一定的专业能力才能经营,所以兴趣和能力仅仅是选择产品的最初条件。另外,产品的获取途径也很重要,即使商家对某种产品有兴趣,也具备专业能力,但没有途径得到货源,也是无法做成的。

自己的兴趣和能力、产品的获取途径都具备了,商家还要考虑这种产品在网上有没有市场、需求有多大,即产品的可行性有多大。商家开网店的最终目的是盈利,如果不能实现这个目的,网店就不能算成功。

（3）创意的货源:并不是所有产品都是看得见、摸得着的。有些产品可能是精美的图片制作、海报设计、问题解答等,这些产品或服务不需要线下的货源,同样可以在网店进行售卖。

三、网店商品进货渠道

了解了网店进货方式后,商家还要确定具体的进货渠道。进货渠道直接关系到网店能否成功地开起来。进货渠道主要有以下8种,如图2-2-7所示。

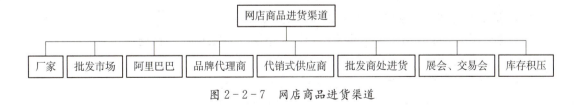

图2-2-7 网店商品进货渠道

1. 厂家 ①优点:货源充足,价格较低。②缺点:要求的起批量大,容易压货;换货麻烦,服务滞后。

正规厂家的货源充足,信用好,如果与其长期合作,一般都能争取到产品调换。但是一般而言,厂家的起批量较高,不适合小型批发客户。如果网店有足够的资金储备,有分销渠道,并且不存在压货的危险,就可以采用这种方式。

从厂家进货最大的优势是进价较低,因为没有经过批发商的中间环节,但是,对刚起步的商家来说,直接从厂家拿到货的机会并不多。因为大多数厂家不屑于与小规模的商家打交道,厂家面对的主要是进货需求量很大的一级经销商。厂家要求的起批量非常大,以服装为例,厂家要求的起批量100~1 000件,若进货量达不到起批量,商家就拿不到最低价格。而进货量达到起批量,会造成较大的资金压力,而且容易造成产品积压,风险很大。

2. 批发市场　①优点:更新快,品种多。②缺点:容易断货,品质不易控制。适合低价人群:当地有大市场,网店具备一定的议价能力。

这是寻找网店采购渠道最简单、最常见的方法,但是很多卖家都会忽略这个简单的方法,而把目光转向商品的原产地。其实在开设网店的最初阶段,如果商品的销售量不高的话,在本地市场进货已经完全可以满足正常的需求了。如果网店经营服装,那么可以去周围一些大型的服装批发市场进货。在批发市场进货,需要有强大的议价能力,力争将批发价压到最低。同时,要与批发商建立良好关系,在关于调换货的问题上要与批发商说清楚,以免日后引起纠纷。在全国各地,像这样的市场很多,例如,杭州四季青服装批发市场、义乌小商品城等。

对初次开网店的商家来说,批发市场是比较实用的进货渠道,因为它包容性大、要求低。全国各地都有自己的批发市场,不同种类的产品也有自己特定的批发市场。批发市场的产品种类繁多,商家可选择的范围较大,产品起批量较小,因为批发商也要争取客户,所以其售后服务比较到位,还可提供退换货等服务,这对刚起步的商家来说都是比较有利的。

由于批发市场的店铺多、产品品种多,批发商的诚信及产品质量也良莠不齐,初入批发市场的商家在进货的过程中需要有一个摸索的过程,才能找到产品质量好和价格低及自身信誉比较好的批发商。因此,初入批发市场的商家最好先通过小批量合作摸清情况,再进行大规模的合作。商家从批发市场进货需要注意的要点如下。

(1) 多逛多看,做到心中有数(对批发市场的整体分布有大致的了解,对同类产品店铺的不同特点有所掌握)。

(2) 批发商的态度和服务比价格更重要(在价格差别不大时可以忽略价格,选择态度诚恳、正直守信的批发商;注重能否退换货,因为这关系到能否长期合作及能否合作愉快)。

(3) 批发商的推荐可以参考,自己的主见更要坚持。

(4) 新的产品可以小量进货(没必要同款大量购入),根据销售情况决定是否进行二次进货及二次进货量。

(5) 选择货源稳定的批发商,建立长期、稳定的合作关系。

3. 阿里巴巴　①优点:途径便捷,产品丰富,可使用支付宝支付货款,信用有保证。②缺点:有些产品有进货量的要求,产品质量存在风险。关键点:推广、洽谈。

商家从阿里巴巴进货的主要优势在于便捷,不需要奔波劳累,在家中便可进货。商家可以用淘宝账号直接登录阿里巴巴,搜索并选择产品,用阿里旺旺与供货商沟通,整个过程足不出户即可完成。阿里巴巴上有大量的厂家、公司,它们提供了丰富的产品,商家可以使用支付宝支付货款,安全有保障。商家选择与诚信通会员合作,可使交易更有保证。另外,大部分供货商都可以提供产品图片数据包,这也解决了图片处理的问题。而且淘宝支持商家从阿里巴巴进货,会不定期地针对从阿里巴巴进货的淘宝会员做推广活动。

阿里巴巴上有一键代发模块,可以直接一键上传淘宝店铺,操作比较简单。在阿里巴巴网址里面,寻找到合适的产品,然后和厂家谈合作,申请代发。店铺有买家下单之后,在阿里巴巴对应的厂家产品链接下单,将淘宝店铺买家订单的收货信息填写在阿里巴巴的订单中,等厂家发货之后,将快递单号填写在淘宝店铺的订单中就可以了。阿里巴巴代发操作流程比较简单,重要的是找到合适靠谱的货源厂家,然后再去申请代发,谈合作。因为阿里巴巴里面厂家货源质量良莠不齐,选择质量过硬的货源厂家进行合作,可以避免不少因为产品质量原因导致的售后问题。图 2-2-8 为阿里巴巴网站批发和代发的截图。

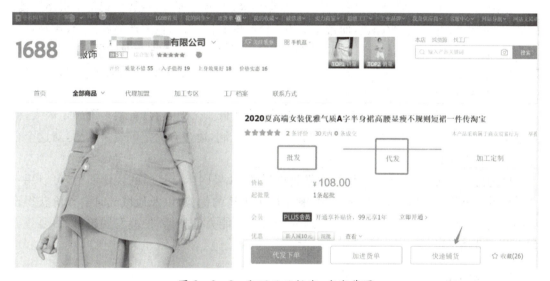

图 2-2-8　阿里巴巴批发、代发截图

4. **品牌代理商**　①优点:货源稳定,渠道正规,商品不易断货。②缺点:更新慢,价格相对较高,利润低,适合做品牌旗舰店。

品牌代理商关注品牌和授权,如果商家直接联系品牌代理商,往往需要更大的进货量保证。而且越是大品牌,一般商品的价格折扣就越低,不过可以在完成销售额后拿到返利。但如果店铺已经发展到一定程度,想走正规化路线,这是个不错的选择。

5. **代销式供应商**　①优点:简单省事,无须亲自发货,坐收佣金,风险低,资金投入少。②缺点:商品不经过自己的手,品质难控制,对商品可能缺乏了解,与客户沟通较复杂,操作不好会得中评或差评,适合低成本创业的 C2C 网店店主。

代销式供应商方式是指由代销式供应商提供图片及商品介绍,商品卖出后,代销式供应商可帮助网店直接发货(代发货)。对于新手商家而言,这种方式是个不错的选择,因为所有的商品资料都是齐全的,关键看网店如何把商品卖出去。不过,在选择这种供应商的时候,一定要注意其信用度和商品的质量,否则遇到纠纷就比较难解决。

6. **批发商处进货**　①优点:货源充足,选择种类多。②缺点:售后服务跟不上,适合有自己的分销渠道,销售量较大的商家。

一般用搜索引擎,如百度、360搜索等就能找到很多贸易批发商。他们一般直接由厂家供货,货源比较稳定。不足之处是批发商往往已经做大做强,订单较多,售后服务难免有时跟不上。而且批发商都有自己固定的老客户,很难和他们谈条件,除非成为他们的大客户,才可能获得折扣和其他优惠。在开始合作时,就要把发货时间、调换货品等问题讲清楚。

7. 展会、交易会　①优点:成本低,竞争力强,商品质量稳定,售后服务有保障。②缺点:一般不能代销,需要有一定的经营和选货经验,资金投入大,风险较大,适合资金实力比较雄厚的网店店主。

全国每年每个行业都会召开各种展会,如服装展、农博会等,这些展会聚集了很多厂商。因此,当网店经营已经有所起色,而苦于货源不够好的时候,参加相关产品的展会,接触真正一手货源,大胆和厂商建立合作,对网店的长期发展很有好处。各种行业的展会都会在相应的B2B网站公布召开日期,参加这种展会要以专业人士的身份参加,参会者带好名片和身份证,让厂商感觉与会者是专业人士,这样谈合作也比较容易。

8. 买入库存积压或清仓处理产品　①优点:成本低。②缺点:具有很多不确定因素,例如进货的时间、地点、规格、数量、质量等都不受自己控制,适合有一定的资金实力,对这个行业比较了解的商家。

因为急于处理,这类产品的价格通常是极低的,如果网店有足够的议价能力,可以用一个极低的价格进货,然后转到网上销售,利用网上销售的优势,以及地域或时空差价获得足够的利润。经营这类产品,商家一定要对质量有识别能力,同时要把握发展趋势,并要建立好自己的分销渠道。

任务评价

通过完成本任务的学习,按照表2-2-1要求,检查是否掌握了所学内容。

表2-2-1　学生自评和教师评价表

评价内容	分值	学生自评	教师评价
网店商品的采购渠道有哪些?各自的优缺点是什么	40		
能根据网店经营商品,结合实际情况,制定合适的商品采购策略	60		
总分	100		

能力拓展

1. 线下批发市场之寻找货源应用训练　请根据当地发展实际,前往当地的批发市场了解商品采购流程,重点调查网店经营商品的价格、发货及质量情况,至少调查询问3个

项目二　商品规划

批发商家,撰写批发市场寻找货源调研报告。报告要包含3个商家的基本情况介绍,商家产品情况比较,目标商家选择及合作方式等信息,调整好文档格式,打印货源选择报告并提交。

2. 线上阿里巴巴货源选择调研　请登录阿里巴巴网站,调研网店经营商品的供给情况,收集商品的相关搜索关键词,浏览记录至少5家卖家基本情况,包含商品价格、质量、物流及评价情况。根据收集到的关键词去淘宝搜索商品,查看商品销售基本情况,从而撰写线上进货渠道调研报告,并将电子版调研报告上交。

以下为男士凉鞋商品为例,搜索"男士凉鞋"关键词后的界面如图2-2-9所示。

图2-2-9　阿里巴巴页面搜索男士凉鞋关键词

通过图2-2-9浏览搜索到的商品,根据主页图片与网店经营商品的契合程度,选择理想的经营商品,点击进去浏览。

点击商品图片,进入图2-2-10的商品详情页,重点浏览商品的详细信息及商家基本情况,保存商品的标题及商品价格,参照商品的评价,将其基本情况记录在Word文档,也可以插入图片。

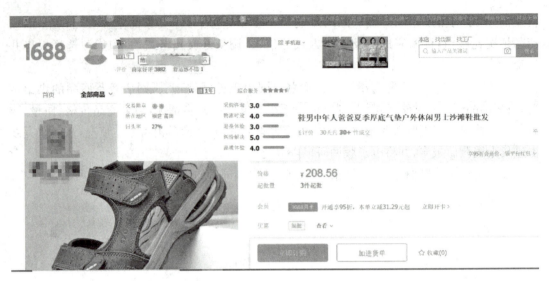

图 2-2-10 阿里巴巴商品详情页

任务三 商品发布

学习目标

1. 了解不同平台商品发布的流程。
2. 理解网店商品定价的原则；能使用拍照设备和美化工具，根据店铺与产品定位，设计产品主图；能够完成商品详情页的规划与文案设计。
3. 具备尊重知识产权的工作意识；强化电子商务法律法规的意识。

任务描述

针对即将上架的网店商品，首先需要制定合理的商品价格，既要保证网店有足够的流量曝光，又要保证网店的销售额及利润。其次为了完成商品发布，需要对网店进行信息化处理，就是要把真实的商品通过图片、文字和视频的形式展现出来，最后按照各平台规则要求，上传商品信息，完成商品发布。

任务分析

商品发布是网店运营的基础，没有发布的商品平台买家无法看到，发布错误的商品可能会受到平台处罚，甚至会有毁灭性的风险，如类目错放轻则导致商品的搜索权重下降，重则有可能面临店铺关闭罚款的风险，因此正确无误地发布商品是在遵守平台规则的前提下，尽

项目二 商品规划

可能提高发布商品的质量,从而达到提高商品搜索权重,增加商品销量的目的。

本任务将以网店商品发布为主线,学习淘系平台与京东平台网店商品发布的流程,掌握网店商品信息化处理的方法。

📁 任务准备

为了达到更好的实训效果,熟悉各大平台选择产品的方法,保障网店的后续运营,需要准备淘系平台、京东平台账户各1个,网店商品1个,高像素相机1部,手机1部,Photoshop和Premiere等软件预装,确保计算机网络稳定可用。

📋 任务实施

在商品发布之前,需要为商品制定合理价格,将实物商品转化为高质量的信息化商品,对网店进行合理装修,首页、详情页和自定页呈现给买家不一样的视觉体验。按照平台规则,对商品进行上架处理,根据需求,进行出库发货等操作,完成商品上架操作。

一、网店商品定价

商品价格是影响客户购买决策的重要因素,同时也是影响网店运营效果的重要因素。不同定位的网店在商品定价方面有着不同的方法。特别是非标品,同样的商品存在着多种不同的价格,这和网店的运营策略相关。

1. **商品定价影响因素** 商品在定价时往往以商品成本、市场需求和市场竞争为参考因素,网店既要考虑成本的补偿,又要考虑客户对价格的接受能力,从而使网店商品定价具有买卖双方双向决策的特征。商品定价的目标是促进销售、获得利润,因此在商品定价时要综合考虑各方面的因素。商品定价的影响因素如图2-3-1所示。

> ★ 此知识点为电子商务数据分析职业技能等级标准(中级)考点。

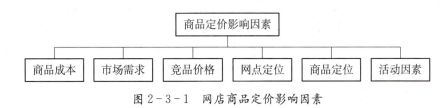

图2-3-1 网店商品定价影响因素

(1)商品成本:成本是制定商品价格的重要因素,而成本和商品质量是息息相关的,所以定价需要根据网店的特点合理地估算商品的成本,再进行商品定价。商品成本除了商品本身的成本之外,还包括物流仓储、平台佣金、人力成本、营销推广成本等各项费用。商品成本的估算直接关系到商品的盈利空间。

(2)市场需求:线上零售市场是以客户为核心的市场,商品需要满足客户的需求。因此,在商品定价时必须考虑到市场的需要,考虑市场的最优价格区间和客户可以接受的价格区间。通过平台找同款商品,通过搜索词锁定客户可能接受的价格段,这个价格段是客户选择较多的价格段,可以给商品定价提供一定的参考。

(3)竞品价格:竞品价格是影响商品定价的一个维度,客户在选择同类商品时,价格是很重要的一个影响因素,因此商品定价时也需要参考竞争对手的价格。通常在电商平台内搜索某个关键词后,平台会显示很多相似的竞争对手商品,而这些竞争对手商品的价格也是商品定价的一个参考。网店可以结合自己的具体情况进行定价。

(4)网店定位:不同的网店按照平台上定位的不同来制定价格,例如现在部分拼多多网店在定位时就是面向中低端消费群体的,网店的商品定价都会比较低。

(5)商品定位:在给商品定价时还要考虑商品在网店中的定位。网店中商品结构不同,商品的定价策略也会有所不同。例如,引流款和活动款要求有比较明显的价格优势。往往商品利润空间较小,而常规款和形象款相对来说商品利润空间较大,定价也会偏高。

(6)活动因素:很多电子商务平台的官方活动对商品价格有要求,例如要求近半年内历史最低价的9折。网店要想参加此类的官方活动,必须满足商品价格的要求。因此,商品定价也要考虑各类活动因素。

所有商品的定价都不是简单想象出来的,要综合考虑各方面的因素,既要满足市场需求,又要保证有竞争优势和利润空间。这样才能达到平衡,才能提高网店的转化率和销售额。

2. 商品定价方法　商品定价方法是企业在特定定价目标指导下,依据对成本、需求及竞争等状况的研究,运用价格决策理论,对产品价格进行计算的具体方法。定价方法主要包括成本导向定价法、竞争导向定价法和顾客导向定价法等3种类型,网店商品定价方法如图2-3-2所示。

(1)成本导向定价法:以产品单位成本为基本依据,再加上预期利润来确定价格的成本导向定价法,是网店最常用、最基本的定价方法。成本导向定价法又衍生出了总成本加成定价法、目标收益定价法、边际成本定价法、盈亏平衡定价法等几种具体的定价方法。

1)总成本加成定价法:这种定价方法把所有为生产某种产品而发生的耗费均计入成本的范围,计算单位产品的变动成本,合理分摊相应的固定成本,再按一定的目标利润率来决定价格。

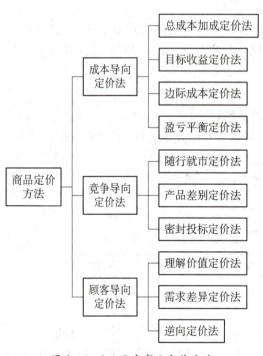

图2-3-2　网店商品定价方法

2)目标收益定价法:目标收益定价法又称投资收益率定价法,是根据企业的投资总额、预期销量和投资回收期等因素来确定价格。

3)边际成本定价法:边际成本是指每增加或减少单位产品所引起的总成本变化量。由于边际成本与变动成本比较接近,而变动成本的计算更容易一些,所以在定价实务中,多用变动成本替代边际成本,而将边际成本定价法称为变动成本定价法。

4)盈亏平衡定价法:在销量既定的条件下,企业产品的价格必须达到一定的水平才能做到盈亏平衡、收支相抵。既定的销量就称为盈亏平衡点,这种确定价格的方法就称为盈亏平衡定价法。科学地预测销量和已知固定成本、变动成本是盈亏平衡定价的前提。

(2)竞争导向定价法:在竞争十分激烈的市场,企业通过研究竞争对手的生产条件、服务状况、价格水平等因素,依据自身的竞争实力,参考成本和供求状况确定商品价格,这种定价方法就是竞争导向定价法。竞争导向定价主要包括以下3种类型。

1)随行就市定价法:在垄断竞争和完全竞争的市场结构条件下,任何一家企业都无法凭借自己的实力在市场上取得绝对优势,为了避免竞争,特别是价格竞争带来的损失,大多数企业都采用随行就市定价法,即将本企业某产品价格保持在市场平均价格水平上,利用这样的价格来获得平均利润。此外,采用随行就市定价法,企业就不必去全面了解消费者对不同价差的反应,也不会引起价格波动。

2)产品差别定价法:产品差别定价法是指企业通过不同营销行为,使同种同质的产品在消费者心目中树立起不同的产品形象,进而根据自身特点,选取低于或高于竞争者的价格作为本企业产品价格。因此,产品差别定价法是一种进攻性的定价方法。

3)密封投标定价法:在国内外,许多大宗商品、原材料、成套设备和出售小型企业等,往往采用发包人招标、本包人投标的方式来选择承包者,确定最终承包价格。一般来说,招标方只有一个,处于相对垄断地位,而投标方有多个,处于相互竞争地位。标的物的价格由参与投标的各个企业在相互独立的条件下确定。在买方招标的所有投标者中,报价最低的投标者通常中标,它的报价就是承包价格。这种竞争性的定价方法就被称为密封投标定价法。

(3)顾客导向定价法:现代市场营销观念要求企业的一切生产经营必须以消费者需求为中心,并在产品、价格、分销和促销等方面予以充分体现。根据市场需求状况和消费者对产品的感觉差异来确定价格的方法叫作顾客导向定价法,又称需求导向定价法。需求导向定价法主要包括理解价值定价法、需求差异定价法和逆向定价法3种方法。

1)理解价值定价法:所谓"理解价值",是指消费者对某种商品价值的主观评判。理解价值定价法是指企业以消费者对商品价值的理解度为定价依据,运用各种营销策略和手段,影响消费者对商品价值的认知,形成对企业有利的价值观念,再根据商品在消费者心目中的价值来确定价格。

2)需求差异定价法:需求差异定价法是指产品价格的确定以需求为依据,强调适应消费者需求的不同特性,而将成本补偿放在次要的地位。这种定价方法对同一商品在同一市场上制定两个或两个以上的价格,或使不同商品价格之间的差额大于其成本之间的差额。其好处是可以使企业定价最大限度地符合市场需求,促进商品销售,有利于企业获取最佳的经济效益。

3)逆向定价法:这种定价方法主要不是考虑产品成本,而重点考虑需求状况,依据消费者能够接受的最终销售价格,逆向推算出中间商的批发价和生产企业的出厂价格。逆向定价法的特点是:价格能反映市场需求情况,有利于加强与中间商的良好关系,保证中间商的正常利润,使产品迅速向市场渗透,并可根据市场供求情况及时调整,定价比较灵活。

(4)各种定价方法的运用:定价方法有很多,网店应根据不同经营战略和价格策略、不同平台竞争环境和经济发展状况等,选择不同的定价方法。

从本质上说,成本导向定价法是一种卖方定价导向。它忽视了市场需求、竞争和价格水平的变化,有时候与定价目标相脱节。此外,运用这一方法确定的价格均是建立在对销量主观预测基础上,从而降低了价格确定的科学性。因此,在采用成本导向定价法时,还需要充分考虑需求和竞争状况,来确定最终的市场价格水平。

竞争导向定价法是以竞争者的价格为导向的。它的特点是:价格与商品成本和需求不发生直接关系;商品成本或市场需求变化了,但竞争者的价格未变,就应维持原价;反之,虽然成本或需求都没有变动,但竞争者的价格变动了,则应相应地调整其商品价格。当然,为实现企业的定价目标和总体经营战略目标,谋求企业的生存或发展,企业可以在其他营销手段的配合下,将价格定得高于或低于竞争者的价格,并不一定要求和竞争对手的产品价格完全保持一致。

顾客导向定价法是以市场需求为导向的定价方法,价格随市场需求的变化而变化,不与成本因素发生直接关系,符合现代市场营销观念要求,企业的一切生产经营以消费者需求为中心。

3. 商品定价策略　价格是企业竞争的主要手段之一,企业除了根据不同的定价目标,选择不同的定价方法,还要根据复杂的市场情况,采用灵活多变的方式确定产品的价格。

(1)新产品定价:有专利保护的新产品的定价可采用撇脂定价法和渗透定价法。

1)撇脂定价法:新产品上市之初,将价格定得较高,在短期内获取厚利,尽快收回投资。就像从牛奶中撇取所含的奶油一样,取其精华,因此这种定价方法被称为撇脂定价法。

这种方法适合需求弹性较小的细分市场,其优点:新产品上市,顾客对其无理性认识,利用较高价格可以提高身价,适应顾客需求心理,有助于开拓市场;主动性强,产品进入成熟期后,价格可分阶段逐步下降,有利于吸引新的购买者;价格高,限制需求量增加过快,使其与生产能力相适应。缺点:获利大,不利于扩大市场,并很快招来竞争者,会迫使价格下降,好景不长。

2)渗透定价法:在新产品投放市场时,价格定得尽可能低一些,其目的是获得最高销售量和最大市场占有率。当新产品没有显著特色,竞争激烈,需求弹性较大时,宜采用渗透定价法。其优点是产品能迅速为市场所接受,打开销路,增加产量,使成本随生产规模的扩大而下降;低价薄利,使竞争者望而却步、减缓竞争,获得一定的市场优势。

对于网店来说,采取撇脂定价还是渗透定价,需要综合考虑产品需求、竞争、供给、市场潜力、价格弹性、产品特性、网店发展战略等因素。

(2)心理定价:心理定价是根据消费者的消费心理定价,主要有以下3种。

1)尾数定价:许多商品的价格,宁可定为0.98元或0.99元,而不定为1元,这是适应消费者购买心理的一种取舍,尾数定价使消费者产生一种"价廉"的错觉,比定为1元的反应积极,更加促进销售。相反,有的商品不定价为9.8元,而定为10元,同样会使消费者产生一种错觉,迎合消费者"便宜无好货,好货不便宜"的心理。

2)声望性定价:此种定价法有两个目的:一是提高产品的形象,以价格说明其名贵名优;二是满足消费者的购物档次需要,适应购买者的消费心理。

3)习惯性定价:某种商品由于同类产品多,在市场上形成了一种习惯价格,个别生产者难以改变。降价易引起消费者对品质的怀疑,涨价则可能受到消费者的抵制。

(3) 折扣定价:大多数企业通常都酌情调整其基本价格,以鼓励顾客及早付清货款、大量购买或增加淡季购买。这种价格调整又称为价格折扣和折让,主要包括以下5种。

1) 现金折扣:现金折扣是对及时付清账款的购买者的一种价格折扣,例如"2/10 净 30"表示付款期是 30 天,如果在成交后 10 天内付款,给予 2% 的现金折扣。许多行业习惯采用此法以加速资金周转,减少收账费用和坏账。

2) 数量折扣:企业给那些大量购买某种产品的顾客的一种折扣,以鼓励顾客购买更多的产品。例如:顾客购买某种商品 100 单位以下,每单位 10 元;购买 100 单位以上,每单位 9 元。大量购买能使企业降低生产、销售等环节的成本费用。

3) 职能折扣:也叫贸易折扣,是制造商给予中间商的一种额外折扣,使中间商可以获得低于目录价格的价格。

4) 季节折扣:企业鼓励顾客淡季购买的一种减让,使企业的生产和销售一年四季能保持相对稳定。

5) 推广津贴:为扩大产品销路,生产企业向中间商提供推广津贴,如零售商为企业产品刊登广告或设立橱窗,生产企业除负担部分广告费外,还在产品价格上给予一定优惠。

(4) 歧视定价(差别):企业往往根据不同顾客、不同时间和场所调整产品价格,实行差别定价,即对同一产品或服务定出两种或多种价格,但这种差别不反映成本的变化,主要有以下几种形式:①对不同顾客群制定不同的价格。②对不同的花色品种、式样的产品制定不同的价格。③对不同的部件制定不同的价格。④在不同时间制定不同的价格。

实行歧视定价的前提条件是:①市场必须是可细分的且各个细分市场的需求强度是不同的;②商品不可能转手倒卖;③高价市场上不可能有竞争者削价竞销;④不违法;⑤不引起顾客反感。

二、商品信息化处理

商品信息化处理是将实物商品通过图片、视频及文字等信息化的方式转变为能在平台展示、出售的虚拟商品的过程,具体来说,是将出售的商品通过主图、详情图、视频和文字描述等手段进行商品信息化处理。随着科学技术的进步,未来会有更多的科技手段用于商品信息化处理,例如 VR 虚拟现实、AR 增强现实等技术。

1. **商品图片制作** 图片在对电商广告进行设计时,通常会起到在视觉中传达第一视点的作用,从传统的整体图片参与设计到局部参与设计,再到多视角参与以及超出范围进行设计制作,无论是哪种方式,最后的目的都是为了吸引买家注意,从而增加店铺的流量。

(1) 网店商品图片分类

1) 商品主图:通过发布主图,可以吸引买家的注意和查看。一般表现在:①产品第一张,展现给买家看到;②在搜索页面,直接能展示出来;③针对店铺或是活动的图片或海报。淘宝主图一共有 5 张,图 2-3-3 为淘宝平台某网店连衣裙商品的 5 张主图。那么这 5 张主图的作用是什么?

图2-3-3 某网店商品5张主图

  主图是买家搜索商品的时候显示出的商品图片,消费者无论是通过关键词搜索,还是通过类目搜索,搜索结果中显示在消费者眼前的是由一组相关商品或类似商品主图组成的搜索页面,消费者通过选择其中的一张商品主图进入商品详情页或者网店店铺,从而产生有效流量。所以通过商品搜索,展现在消费者眼前的第一张图片就是商品主图,商品主图的优劣是影响消费者关注和点击的重要因素,商品搜索页主图的质量影响商品的排序。通过一张诱人的、让消费者眼前一亮的商品主图可以产生较好的销售效果,可以为商家节省一大笔推广费用,这也是有些网店店铺在没有做任何推广的情况下,依然能够吸引很多流量的主要原因。当消费者选择一张自己中意的商品主图并点击以后,页面一般就跳转到商品详情页,在商品详情页中,左上方的一组5张图片为商品详情页主图,商品详情页主图一般在网店的后台系统直接发布,不同的平台对商品详情页主图有不同的要求。

  商品主图对商品本身来说是非常重要的信息成长和传达媒介,商品搜索主图一般承载着该商品的价格、销售数量、商品的标题、商品的款式、风格、颜色、造型、销售状态(如打折)等商品的属性与信息,能直接地影响消费者对于该商品的喜好程度,对商品销售起到重要作用。商品主图还会出现在搜索页、首页、列表页、商品详情页这几个页面中,因此,做好商品主图是非常重要的一项工作。

  网店的商品主图是消费者进入网店的入口,是网店流量产生的重要来源。商品主图必须充分展现商品的首要外观属性,同时要千方百计地吸引消费者点击商品主图来浏览商品详情页,促进交易的产生,要充分发挥商品主图的营销功能与品牌宣传的功能。

  2) 商品详情图:商品详情图是商品详情页的重要构成部分,主要包括模特场景图、商品细节图、产品规格图、商品卖点图、产品对比图、买家好评图和店铺实力图等图片,图2-3-4为淘宝平台某网店商品详情图部分截图。

  3) 模特场景图:场景图就是将商品带入某个场景,例如模特穿着一件商品在度假,这样能让客户有更强的代入感,刺激购买。

4)商品细节图:将商品的材质、版型、做工等细节放大展示,拉近买家与产品之间的距离,让他们对产品有更全面的认知。

5)产品规格图:通过简洁、易懂的方式将产品的大小、尺寸、重量等做成一张图片,最好再附上一些模特试穿的数据供买家参考。

6)商品卖点图:例如你是卖手表,其中一个特点是防水,那么就要将它表现出来。可以直接将手表放到水中,或是让模特戴着手表下水,这样会更有场景感,能大大提升转化。

7)产品对比图:现在淘宝同质化非常严重,你要怎么做出差异化呢?没错,就是图片。特别如果你是一件代发的话,通过自己的产品与其他卖家的产品对比图,例如一个手机壳,你的是磨砂面的,材质也比较软,别家的

图 2-3-4 某网店商品详情图部分截图

特别硬。从这些点进行对比,突出自己的竞争力,也让买家更好理解。

8)买家好评图:现在的买家一定是会看商品评价的,通过买家的好评或销量图来展示,让买家了解商品的口碑是好的,这样肯定能刺激消费了。记住依然要简洁,不要密密麻麻。

9)店铺实力图:像是你的产品价格相对较高或便宜时,这肯定会让买家产生疑惑,那么你就要针对这些可能产生的疑惑去绘一张图解答,例如价格比同行的低,就要说明自己是厂家直销,可以减少不必要的麻烦,也展现自己的实力。

(2)网店商品图片拍摄:网店商品的拍摄一般需要单反相机、手机、三脚架、补光灯及拍摄小道具等工具,一张高质量的网店商品图片不仅需要高性能的设备,更需要设备之间的相互配合。

单反相机的取景是通过镜头取景,很亮堂,而且你所看到的画面,就是你将要拍到的,通透的光线使对焦时更容易观察。单反相机可以更换各种焦距的镜头(如鱼眼、广角、标准、中焦、长焦、超长焦、微距等各类镜头)来满足各种拍摄需求,大大地扩展了拍摄范围,能够很好地展现所拍摄商品的魅力。

随着手机设备的更新换代,手机拍照像素越来越高,在一定程度上可以满足商品图片的拍摄要求,用手机同样可以拍摄出让人眼前一亮的商品图片。例如,可以借助手机小而轻便的特点,我们可以拍到一些相机无法拍到的角度;多尝试使用手动对焦和焦点锁定功能,我们可以得到更加精准的对焦和更加清晰的照片效果;如果你的手机具有高清照片功能和

RAW，也可以考虑尝试开启，我们可以在后期修图的过程中有着更多的发挥空间。

使用手机或单反相机拍摄图片时候，往往需要搭配一些配套的工具。如果需要长时间固定位置拍摄，可以搭配三脚架，有桌面三脚架、落地三脚架和八爪鱼三脚架。可以根据自己的使用场景，选择不同的三脚架。

在拍摄过程中，为保证画面的亮度和质感，我们一般采用补光设备进行打光。补光灯大致分为两种：小型补光灯和落地补光灯。小型补光灯价格十几元，携带方便，可以直接夹在手机上，边走边拍。落地补光灯的价格在 100～300 元，也可以作为手机的三脚架使用。建议选择直径大一点的，补光效果更好。

如果拍摄时周围比较嘈杂，那么我们最好配一个收音设备。收音设备种类很多，价格差别很大，从几十元到上千元不等，可以根据自己的需要选择合适的麦克风。如果是在室内拍摄，比较经济适用的方法就是使用背景布，我们可以根据视频的风格选择不同的背景布。

（3）网店商品图片优化

1）选择合适的图像处理软件：提供图像处理功能的软件有很多，比较常用的有 Photoshop、光影魔术手、美图秀秀等。其中，Photoshop 的功能比较强大，操作也稍复杂一些；光影魔术手和美图秀秀的操作比较简单，卖家可根据实际情况进行选择。下面对这些图像处理软件进行简单的介绍。

Photoshop 是一款功能强大、使用范围广泛的图像处理软件。Photoshop 提供了非常多样化的图片处理功能，如修改图片大小、裁剪图片和修改图片色彩等，也可用于设计图片海报、制作店铺个性 Logo、分类按钮、宣传广告、商品详情页等，充分满足卖家的不同需要。

光影魔术手是一款操作比较简单的图像处理软件，其功能也非常丰富，如图像的基本处理和后期调色、美化等都能通过它实现。光影魔术手的操作界面十分简洁，一目了然，直接选择相应的功能按钮即可进行相应的操作。因此，光影魔术手是进行图像辅助处理较好的选择。

美图秀秀与光影魔术手较为类似，也是一款简单易上手的图像辅助处理软件。它除了能对图像进行各种处理外，还提供了很多的设计元素和美化元素，可以帮助用户快速制作各种具有美化效果的图片。

2）了解常用图片处理操作：在拍摄照片时，可能由于天气、环境、相机等客观因素的影响，图片在色彩、清晰度上存在一些瑕疵。这些瑕疵可以通过图像处理软件进行修复。

● 还原物体真实属性：如果因为一些客观原因导致图片质量不佳，出现光照不合理、颜色不均匀等情况，则可以通过图像处理软件对颜色、光影等进行修复，使图片色泽更加真实饱满。

● 装饰图片：如果直接拍摄的图片过于单调，可以使用图像处理软件为图片添加合适的元素，如背景、边框、拼图等，使商品更为美观，以吸引顾客的注意力。

● 突出商品属性：为了提升图片质感，可对部分商品的图片进行处理，让图片中的商品主体变得更夺目。例如拍摄珠宝类商品时，珠宝的光泽度如果不能完全依靠拍摄展示出来，就可以利用图像处理软件添加高光和闪光效果，从而更加突出珠宝的特点。

● 打造自身品牌：为了强调图片的独家性，可为图片添加标记，如添加店标和网址等，这样做不但可以防止图片被盗用,还能达到宣传店铺的作用。需要注意的是,图片标记应力求美观,最好不要影响图片整体效果。

目前,各平台均提供智能美工机器人,通过自动套版生成详情页、批量主图、智能抠图等功能帮助服装电商卖家完成上新素材的制作,同时,多平台铺货和商品搬家功能,还能帮助卖家完成快速上货。

2. **商品主图视频制作** 主图视频是指添加到商品主图展示区域中的短视频。当买家浏览商品详情页时,即可播放短视频,查看更生动、详细的商品信息。短视频一般由声音、图像、文字组成,在电商销售方面的表现十分突出,对增加买家停留时长、提升商品成交转化率等方面都发挥着积极的作用,特别是服装、美妆、玩具、厨具、家居等需要充分展示使用场景和实际使用效果的行业,短视频比图片更容易激发用户的消费欲望。此外,短视频在移动端上的应用也十分普遍,添加短视频的商品在排序权重上比直接使用图片的商品更有优势。图2-3-5为淘宝平台某网店商品主图视频截图。

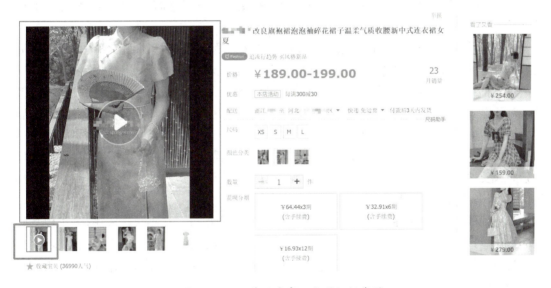

图2-3-5 某网店商品主图视频截图

(1)主图视频内容设计:在设计商品主图效果时,相比较单纯的图片,短视频的展示效果更直接真实,可以在很大程度上降低买家的消费顾虑,提高成交率。为了进一步提升成交转化率,卖家还可以对短视频的内容进行优化,从更多细节上激发买家的购买热情。下面介绍几种常见的主图视频设计技巧。

● 竖版:随着买家移动端消费习惯的养成,垂直化的竖视频更能适应买家网购设备的特点,它能全面清晰地展示商品,给买家带来沉浸式的观看感受。竖屏不仅能更加凸显视频主体,还能拉近与买家之间的距离。

● 场景化与片段化:场景化是指将商品置于某种实际可能的使用场景。场景融入视频中,以此刺激买家的购买欲。片段化是指将产品有效的功能点体现出来,就是在有效的时间内尽可能展示商品最有竞争力的卖点,给买家提供最有价值的信息。

● 讲述真实的故事：网友推荐、买家评论是影响买家购买决策的重要因素。如果能够直接在视频中展示买过该产品的买家的真实想法和正面评价，则更容易打动买家进行购买。一般来说，选择真实的人物、讲述真实的故事、反映真实的情感都有利于提高买家对产品的信任度。

(2) 主图视频拍摄的流程：主图视频的质量会直接对商品的成交转化率产生影响，因此对于卖家而言，从拍摄准备到完成视频剪辑，其中的每一个步骤都必须认真对待。

1) 了解商品的特点：为了更准确地抓住商品的卖点，表现出商品最吸引买家的部分，有效提升商品的转化率，在拍摄商品视频前，拍摄者需要对拍摄的商品有一个基本的认识，包括商品特点、使用方法、功效等，还需分析行业内同类商品的情况。只有对商品有所了解后，拍摄者才能选择出合适的模特，才能根据商品的质感来选择更合适的拍摄器材，布置合理的拍摄环境。拍摄时，拍摄者重点表现商品的特色，从而帮助消费者更好地了解商品，提高成交转化率。

2) 道具、模特与场景的准备：了解了商品后，拍摄者即可根据商品特质准备好相应的道具、模特、场景等。

● 道具：视频拍摄道具的选择比较灵活，一般根据实际需要选择即可。室内拍摄通常需要选择合适的摄影灯，也可以准备好录音设备对视频进行解说录音。

● 模特：不同的商品对模特的要求不同，一般选择与品牌文化、商品特点比较搭配的模特。对于电器、日常用品等不需要模特的商品，或美妆、珠宝等只需要模特局部拍摄的商品，可根据商品的推广要求进行具体选择。模特的作用是展示商品，商品才是拍摄的主体。

● 场景：场景包括室内场景和室外场景。室内场景需要考虑灯光、背景和布局等；室外场景一般要选择一个与商品匹配的环境。无论是室内场景还是室外场景，建议每款商品都拍摄多组、各个方位的视频，以便后期挑选与剪辑。

3) 视频拍摄：前期准备就绪后，拍摄者便可进行视频拍摄。在拍摄过程中，为了保持画面的平稳，可以使用三脚架。同时，根据产品需要展示的特点依次进行拍摄，注意展示商品的全貌，从各个角度进行展示。若想重点展示商品的质量，则可以拍摄商品的主要制作过程，以此增强视频的说服力。

4) 后期合成：视频拍摄完成后，拍摄者需要剪去多余的部分，进行多场景的组合。另外，根据推广需要，可以使用视频编辑软件为视频添加字幕、音频、转场和特效等，补充视频内容并美化视频。常用的视频编辑软件有会声会影、Premiere、爱剪辑、剪映等。

(3) 主图视频拍摄优化：淘宝主图视频能提升商品的点击率和转化率，也能间接影响店铺的整体销售业绩。只会拍摄制作主图视频还不够，还需要知道该如何优化，才能使你的点击率一路飙升。

1) 主图视频背景：淘宝主图视频要想脱颖而出，吸引别人的同时还得要区别于人。在拍摄主图视频时，选择符合产品本身的背景，不能为了突出而夸大其词、太花哨，否则容易弄巧成拙。

2) 产品服务：现在很多同款产品无论是从质量还是性能等方面，其实都差不多，在这样的情况下，我们只有把服务做好，才能让消费者长期选择购买我们的产品。虽然产品的质量很重要,但是产品的售前、售中、售后服务也很重要,而且也有很多消费者会冲着好的服务进行二次或多次购买,还会主动介绍朋友来购买,这就是海底捞能在众多火锅店中脱颖而出、经久不衰的原因。

3) 水印制作:网上经常会出现盗图等现象,其实主图视频也容易被盗,所以水印很重要。我们可以将店铺名字和店铺 Logo 合二为一,放在视频中,一可以防止主图视频被盗,二也可以以此鉴别真伪。

4) 更新时间:淘宝主图视频的制作成本比较大,也很费时费心血,所以我们要在适当的时间去更新主图视频,一是在大型活动促销时,二是产品升级时。因为产品升级了肯定有比之前更好的优势,视频中需要完善产品升级后的特点。

独特的淘宝主图视频能带来更多的流量,增加更多点击的概率,也能让消费者觉得店铺看起来更专业,而且还能增加商品的权重。

3. 商品文案制作

(1) 商品卖点提炼:每个网店都希望自己店铺的商品能畅销,那么就要有效提炼卖点。卖点就是真正打动消费者的关键点,也被人们叫作痛点。例如,对于干性皮肤的人来说,超强补水就是卖点。

好的卖点要具备竞争力、辨识度和唯一性。大家都知道卖点的重要性,但是真正到提炼的时候,经常会有这样的困惑:不会描述,绞尽脑汁写了很多内容,却打动不了消费者。如何提炼出最符合网店特征、商品属性的卖点,把商品描述得更加吸引人呢?

1) 确定目标人群画像:磨刀不误砍柴工,前期的数据调查可以让网店少走很多弯路。通过关键词指数,买家搜索相应关键词,可以判断他们的人群画像、性别、年龄占比、消费层级等,根据这些信息,网店可以比较精准地判断哪些人群会购买网店的商品。例如,经常搜大码女装的消费者往往身材比较丰满,这些都会成为网店挖掘痛点的依据。客户群体分析得越透彻,定位也就越准,找到的卖点就越精确。

2) 挖掘自身商品优势:提炼卖点,首先要了解网店的商品主要能为消费者解决什么问题,并了解商品的属性。要了解商品优势,可以从商品的外观、材料、工艺、功能、生产时间、地域文化、情怀、售后服务等方面进行挖掘。另外,还需要研究竞争对手,看看他们有没有什么独特的卖点,或者说是否存在同质化的卖点。

3) 抓住目标客户的痛点:痛点就是消费者在使用该产品时最关切的不舒适感,例如,女性内衣类目中的劣质文胸不仅不美观,还会对乳房有伤害。不管年龄、消费层级,选择内衣时肯定把健康放在第一位,这就是最大的痛点。例如母婴类目,消费者关注的肯定是安全,那么一定要强调产品的安全性。不同的店铺调性不一样,商品定位也不一样,要找痛点还是要根据自己的类目和属性。

4) 关注用户的负面信息:一些商品上架之后,不管有没有销量,总会有一些人来询单。询单时买家会提出一些问题,这些问题很可能就是核心的卖点。同样是服装,男装会更注重品质,女装会注重上身效果。除了客服聊天记录,还可以多参考同行的详情页,注意描述痛点的角度。表现优秀的网店可以看买家的评价,尤其是中差评,他们的痛点有可能就是自己的核心卖点,再经过文案的陈述,对提高转化率肯定有帮助。

5）提炼自身的独家卖点：一个独家卖点里面包含两类元素：竞争度和区分度。竞争度是别人有的卖点，你也有，但在某种程度上要比竞争对手强，例如运动鞋产品，透气性比竞争对手更好，这就是独家卖点；区分度就是指产品具有极强的可识别度，具有独一无二性。

（2）FAB法则：FAB法则是广泛应用于市场营销中的销售方法，在提炼商品卖点时也同样适用。FAB法则即属性、作用、益处法则，对应的3个英文单词是Feature、Advantage和Benefit，按照这样的顺序介绍，能够让客户相信你的商品是最好的。

- F(Feature)对应属性：即产品所包含的某项客观现实属性。属性是指产品的自有特质，包括商品的材质构成、大小规格、适用范围等。例如一件连衣裙是由棉花制成的，它的属性就是纯棉。
- A(Advantage)对应作用：即产品的功能优势或产品的特点，能给消费者带来的作用。产品的特点在一定程度上代表了与同类产品相比较的优势，例如纯棉连衣裙的优势就是透气性好。
- B(Benefit)对应益处：即产品特性给消费者带来的好处。产品的优势应该有效地转化为顾客能接受的利益，如果产品的优势不能有效地转化为顾客的利益，那么在销售的时候顾客就不会被轻易打动。例如，一件纯棉连衣裙带给消费者的好处就是吸汗性好，夏季穿着舒适。

FAB法则可以用于产品详情页的规划和产品卖点的挖掘。在挖掘产品卖点时，需要根据产品将F、A、B三要素找到，再进行提炼加工，形成独特的产品卖点。当客户的个性化需求得到满足时，产品才能得到客户的青睐。在规划产品详情页时，要将F、A、B三要素串联起来，形成完整的表达逻辑，即产品的某种属性(F)，有什么样的作用(A)，能够满足客户的某种需求(B)。

（3）筛选卖点：如何从一堆优点中筛选出卖点？可以使用"九宫格"思维法，也称作曼陀罗思考法。"九宫格"思维法是指用九宫格矩阵图发散思维，将商品写在正中间，将需要考虑的卖点设计因素向8个方向进行发散，记录在8个格子里，再根据这些因素的主次关系逐一筛选刚刚找到的优点，最终确定1~2个卖点。

首先，在"九宫格"的正中间写上"连衣裙"，接着根据消费者购买这款商品时的考虑因素发散思维，将材质、价位、款式、搭配、季节、品牌、风格、打理难易这些因素写在周围的8个格子内。注意每个格子内既要给出商品卖点设计因素（如材质），又要结合本产品给出该设计因素的具体内容（如棉麻）。

其次，在此基础上进行卖点的筛选，扬长避短，删除这些特征中不好或者不适宜的缺点，例如，这款连衣裙的缺点为无品牌、需要熨烫。删除一些有特色但不会对消费者的购买决策造成影响的特征，例如百搭、通勤这些要素。在剩下特征里找出最重要的两个因素，再进行延伸联想，例如，对于这款连衣裙，最终选择纯棉材质和收腰短袖圆领款式这两个因素作为卖点。

最后，在已经选出的卖点因素的基础上进行联想和文案加工。对棉麻材质进行联想可以得出凉爽、透气、亲肤、舒适等；对款式进行联想可以得出显瘦、气质、复古、民族风等。在此基础上，对这些总结出来的词汇进行文案加工，使其成为详情页上的卖点广告语。

三、网店商品管理

1. 商品上传 在拍摄并美化商品图片之后,就可以对商品进行上传发布。我们以淘宝为例来看一看淘宝后台千牛卖家系统是如何上架商品的。

首先,在千牛卖家系统左侧管理栏中找到"商品选项"选项,在"商品管理"下单击"发布宝贝"按钮,跳转商品发布页面,如图 2-3-6 所示。

图 2-3-6 千牛卖家平台发布商品页面截图

进入到商品发布页面后,开始上传商品主图,如图 2-3-7 所示,这里一共可以上传 5 张图片,但要注意的是,上传的图片大小须不大于 3 MB,且建议将图片提前设置成正方形图片

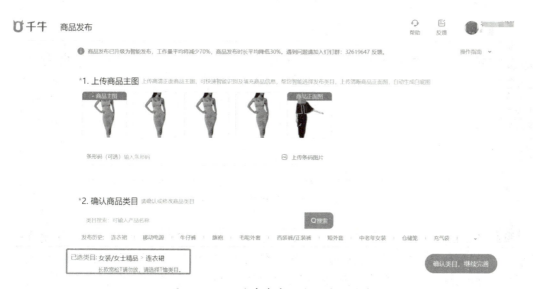

图 2-3-7 千牛卖家平台上传主图界面

(宽高比为1∶1)。图片的宽高没有限制,卖家可以自行设置,但图片宽高若为700像素×700像素或更大,详情页会自动提供放大镜功能。图片空间支持上传GIF格式,但发布页、详情页均不支持使用和展示。第5张图片需要上传白底图,可上传清晰商品的正面图片,系统可自动生成白底图。同时,建议卖家上传高清正面商品图片,系统可以快速智能识别、填充商品信息。最后,选择需要发布的商品类目。

若系统没有智能识别商品类目,卖家可以在系统自行选择商品类目或搜索商品名称帮助生成类目。以下是几种类目选择的方法:①在类目选择页面中的类目搜索栏中,输入商品名称或者关键词信息,然后进行类目和子类目的搜索。②在类目选择页面中,单击"最近使用大类目"按钮,系统会根据最近发布的10个类目进行选择。③在类目选择页面中,根据主类目—子类目的顺序进行逐一选择。④一些特殊资质类目如书籍、食品都需要进行申请以后才能进行发布,当在系统上传了连衣裙图片后,系统自动匹配了商品类目。

上传好图片并确定了类目后,开始进行商品信息的完善工作。商品信息一共有5个部分内容需要完善,分别是基础信息、销售信息、支付信息、物流信息以及图文描述。

(1)基础信息:基础信息的填写页面如图2-3-8所示,必须填写的内容有商品的标题、品牌、材质、类型及采购地。卖家可以根据自己商品的内容编辑一个合适的标题。这里需要注意的是,商品的标题最多允许编辑60个字符(即30个汉字),超出内容不予显示。在前一步的操作中,由于上传了连衣裙的图片并选择了女装/女士精品中的连衣裙类目,在这一步编辑商品标题的操作中,系统给出了一些符合商品的推荐词,如长袖、套头、露背、无袖、通勤、高腰等,供卖家选择,以提升商品的形象。

图2-3-8 千牛卖家平台基础信息填写页

商品属性也是商品展示非常重要的内容之一。商品属性除了可以让客户快速了解商品的材质、价格等信息,给客户提供更好的购物体验之外,也更好地丰富了商品的内涵,使商品信息更加标准化。互联网相关调研机构统计显示,80%的客户喜欢直奔主题,搜索其想要了解的商品属性,以便更快地找到其想要购买的商品。

但要注意的是，商品属性是不能轻易改动的。在开始上传商品时填写商品属性就是一件非常关键且严肃的事情，尤其是一些重要的商品属性，例如商品的风格品牌等一些带"＊"的关键属性，一定需要谨慎。这些属性的修改很可能导致店铺商品的搜索流量大幅度下滑，甚至导致稽查违规被降权关店。

（2）销售信息：接着需要填写商品的销售信息，如颜色、尺码、库存、价格等信息，还可以给商品编辑好商家编码。商家编码可以由数字或字母组成，作为商品的唯一标识，便于后续商品的核查等。当查询某一样商品时，可以通过输入商家编码搜索商品。当完成了所有的信息填写，便可进行下一步，如图2-3-9所示。

图2-3-9　千牛卖家平台销售信息填写页

（3）支付信息：支付信息包括卖家想让商品卖出的收款方式和库存计数方式等，如图2-3-10所示。

图2-3-10　千牛卖家平台支付信息填写页

(4)物流信息：物流信息主要包含了商品的物流配送方式。为了提升客户的购物体验，淘宝要求平台商品设置运费模板。如果店铺中的商品大部分的物流信息是一致的，就可以将这些信息存为模板，下次再发布商品时就可以使用模板信息进行快速填充，如图2-3-11所示。

图2-3-11　千牛卖家平台物流信息填写页

(5)图文描述：图文描述中PC端商品图片已经在上一个步骤中预填写，如果没有大的改动，可以直接进行下一步。主题视频是在主图位置出现的视频，通常客户进入商品页面第一眼所见的就是主图或主图视频，所以主图和主图视频的呈现在整个页面中尤为重要。主图视频的影音动态呈现，将在最短时间内有效地提升客户对商品的认知了解，促使客户做出购买决定，提高转化率。主图视频的时长不超过60秒，建议30秒以内的短视频可优先在爱逛街等推荐学频道展现。视频内容突出商品1~2个核心卖点即可，但不建议做成电子相册式的图片翻页视频。

描述部分根据商品情况设置好PC端描述，图文并茂最好。新手卖家可参考系统里提供的详情描述模板。设置好了PC端描述后，可一键导入至手机端，生成手机端描述。

最后单击"发布"，商品就成功上架了。

2. 商品后台管理　千牛卖家系统首页左侧的导航栏有很多选项，卖家需要了解与商品管理有关的功能，如图2-3-12所示。

其中涉及商品管理的功能主要有以下几种。

(1)商品管理：商品管理功能是日常店铺中最常用的功能之一。通过它，卖家可以对店铺的商品进行修改、推荐及店铺的日常检验。这个功能还可以发布商品、查看仓库中的商品、查看出售中的商品、进行橱窗推荐等。

(2)物流管理：在发布商品的时候，卖家已预先对商品的物流进行了模板设置。物流订单可以在此处查询，卖家可以在货物发出后更方便地查询货物的投递状态。

(3)交易管理：这个功能是店铺内的商品有成交后，卖家需要重点关注的地方。在这里卖家可以查看已经卖出的商品、客户评价等信息。

图 2-3-12　千牛卖家平台首页截图

（4）客户服务：后期客户对商品有任何的问题，包括客户投诉、举报、要求开发票等，卖家可用此功能处理解决。

当然，千牛卖家系统中还有很多方便快捷的功能，这些功能从开店到运营都对店铺起到至关重要的作用。

3. 日常订单管理　日常订单管理是指消费者下单后，商家对其订单进行的发货、退款、关闭交易等操作。商家只有做好日常订单管理，才能保证店铺的正常运营。

（1）订单发货：消费者完成付款后，如果商品需要邮寄，则商家需要联系快递，填写快递单号并进行发货。下面介绍如何在千牛卖家工作台中进行发货，其具体操作如下。

1）商家确认买卖双方交易信息无误后即可发货。进入千牛卖家订单发货工作台，单击"交易管理"中的"已卖出的宝贝"超链接，打开已卖出的商品页面，单击"等待发货"选项卡，查看已卖出但尚未发货的商品，然后单击"发货"按钮。

2）打开发货页面，选择发货方式，单击"在线下单"选项卡，在选择的快递公司后单击确认，继续根据提示完成发货操作。

3）此时，页面中将显示"恭喜您，操作成功"的信息，表示发货成功。

（2）退款处理：在商品交易的过程中，消费者不需要已经购买的商品，或由于某种原因申请退货或者退款时，一般会向商家提出退款申请。买卖双方协商一致即可进行退款操作。下面介绍如何通过千牛卖家工作台进入"退款管理"页面进行退款，具体操作如下。

1）在千牛卖家工作台"客户服务"中单击"退款管理"超链接，进入退款管理页面。在该页面中即可查看消费者申请退款的订单信息。

2）单击"退款待处理"超链接，进入"请处理退款申请"页面。如果同意退款，可单击"同意退款"按钮。

3）同意退款后，在打开的页面中输入支付宝支付密码即可完成退款。若拒绝退款申请，则可单击"拒绝申请"按钮，在打开的页面中选择拒绝原因并填写说明即可。

(3)交易关闭：当商品订单出现消费者取消购买，重新下单等情况时，商家可以在"已卖出的宝贝"页面取消该订单。其方法为：在千牛卖家工作台"交易管理"中单击"已卖出的宝贝"超链接，打开"已卖出的宝贝"页面，单击需要取消的订单后的"关闭交易"超链接。在打开的提示框中选择关闭交易的理由，单击确定按钮即可。

任务评价

通过完成本任务的操作，按照以下表格检查是否掌握了本任务的主要技能，如表2-3-1所示。根据评价内容进行检查与评估。

表2-3-1 学生自评和教师评价表

评价内容	分值	学生自评	教师评价
给定一款商品和必要的拍摄设备，拍摄并制作商品主图、详情图和视频	40		
发布一款商品并使用千牛工作平台将该商品进行上架	60		
总分	100		

能力拓展

1. **商品图片拍摄与制作应用训练** 请自由选择一样商品，使用单反相机或高像素手机，搭配适当场景，完成商品图片的拍摄。使用Photoshop、美图秀秀等工具，对图片进行美化处理。以淘宝平台为例，按照平台尺寸、文件大小等要求，制作高质量的PC端商品主图4张，详情图1张。将制作好的商品图片修改名称后打包压缩后发给老师批阅，淘宝网PC端商品图片要求如下。

商品主图设计要求：图片必须能较好地反映该商品的功能特点，对顾客有很好的吸引力；保证图片有较好的清晰度；图文结合的图片，文字不能影响图片的整体美观、不能本末倒置。4张商品主图的尺寸为800×800像素、大小不超过200 kB。

商品详情图设计要求：商品信息（图片、文本或图文混排）、商品展示（图片）、促销信息、支付与配送信息、售后信息。商品描述中包含该商品的适用人群，及对该类人群有何价值与优势；商品信息中可以允许包含以促销为目的宣传用语，但不允许过分夸张。商品详情图尺寸宽度为750像素、高度根据商品本身实际情况而定，大小不超过3 MB。

2. **商品发布实战训练** 登录淘宝卖家中心，发布面膜商品，将其类目设置为"美容护肤"→"面膜"，依次制订该商品的标题、价格、数量、物流等关键信息，设置完成后上传并发布到淘宝店铺中。

进入淘宝卖家中心，进入"出售中的宝贝"页面，依次更改店铺中已上架商品的价格，然后单击"编辑宝贝"超链接，打开商品发布页面，在其中更改商品主图，并保存更改信息。将上架的商品信息进行截图，并在截图处附关键文字信息解释，调好格式。

项目三　网　店　优　化

项目说明

网店优化,其实就是优化网店中的商品。商品上架后,要做好网店优化,只有商品做得好,有排名,店铺才会有成交量有销售额,才能被人关注。那么,按照什么样的步骤、怎么做优化,才能将店铺的流量做上去呢?

本项目将分别介绍搜索引擎优化、商品标题优化、商品主图与详情页优化和网店购物路径规划 4 个方面,系统地讲解网店优化的方法与要点,以有效提高网店流量。

本项目学习导航

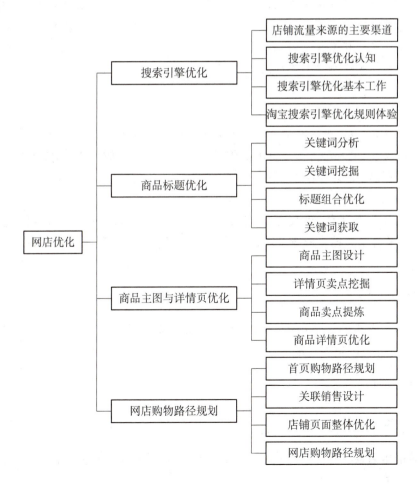

网店 运营推广

任务一

搜索引擎优化

学习目标

1. 了解搜索引擎优化的含义;熟悉网店流量来源的主要渠道。
2. 掌握搜索引擎的排序机制;掌握搜索引擎优化工作的技能。
3. 具备踏实认真的工作作风、精益求精的工匠精神。

任务描述

小刘从学校毕业后选择了自主创业。他利用身边的货源,在淘宝上新开了一家网店,但上传好商品后却没有得到很好的排名,甚至搜不到自己的网店。小刘很苦恼,不知道为什么别人的网店不用花钱排名就可以比较靠前,而自己网店的商品翻了几页都搜不到。因此小刘想了解淘宝自然搜索排名的影响因素。

任务分析

搜索引擎优化(search engine optimization,SEO)是细水长流的工作,也是商家获取流量的便捷、降低成本的一种方式。好的品牌之所以能在销售中拔得头筹,除了自身的产品优良外,搜索引擎优化也是必不可少的一项工作。好的搜索引擎优化可以让企业的网络推广更高效、更容易。

要做好搜索引擎优化,就要了解搜索引擎优化的概念,理解搜索引擎优化的设计思路,知晓电商平台自然搜索排名的影响因素,为自己网店的商品找到搜索引擎优化的突破口。

任务准备

为保证同学们熟悉搜索引擎优化的相关知识,需要准备相关资源:淘宝、百度。同时保证网络畅通、计算机设备等正常运行。

任务实施

一、店铺流量来源的主要渠道

网络店铺申请成功并完成商品发布、店铺装修后,商家首先面临的就是流量问题,没有流量就没有成交。从平台角度来看,对于大多数商家而言,其店铺流量来源渠道主要分为站内流量和站外流量;从费用角度来看,流量来源渠道主要分为免费流量和付费流量。

下面重点从平台角度介绍站内流量和站外流量。为便于理解,下面以淘系平台为例。

1. *站内流量* 站内流量包括免费的搜索引擎优化流量、付费流量(淘系内直通车、钻石展位、超级推荐等)、活动流量(淘系站内的聚划算、淘抢购、"双十一"活动等)、其他免费流量(淘系内每日好店、有好货、直播、微淘、店铺收藏等),同样在京东、拼多多体系也有类似流量。

2. *站外流量* 站外流量包括搜索引擎流量、站外广告流量、社交平台流量(论坛、博客、微博、微信、快手、抖音等)、站外活动流量等。

二、搜索引擎优化认知

商家可以通过各种各样的渠道引入流量,但总体而言,搜索引擎优化流量意义更为突出,一方面,大多数客户主要通过搜索进入商家店铺;另一方面,比较其他流量方式而言,搜索引擎优化流量的总体性价比是最高的,且可操作性强。

搜索引擎优化是指按照搜索引擎的规则来设置并优化商品,从而使得商品排名靠前,进而获取更多流量的一种技术。因此,搜索引擎优化对网店推广极为重要。而与综合类搜索引擎不同的是,淘宝平台的搜索引擎优化并不是在整个互联网中进行数据的抓取、分析和归类,它的主要来源还是卖家在淘宝平台整理归类并发布的信息。在商品发布过程中的关键词、类目、属性等创建了商品索引的基础内容。淘宝平台搜索引擎优化就根据这些内容的排名,将客户搜索的商品信息展现出来。

1. *搜索引擎优化的作用* 做好网店的搜索引擎优化工作,可以降低网店获客成本,提高网店商品的搜索展现点击率,同时还能影响付费推广的效果。

★ 此知识点为网店运营推广职业技能等级标准(中级)考点。

(1) 降低网店获客成本:网店的流量来源可以分为免费流量和付费流量,而网店获客成本指的是网店获取新客户产生的费用。如果网店搜索引擎优化做得好,网店的免费流量来源占比就大,也能为网店带来更精准的客户。因此,搜索引擎优化对于网店获取免费流量也是十分重要的,这能大大减少网店的获客成本,从而产生更大的盈利空间。

(2) 提高搜索展现点击率:点击率是衡量商品对客户群体的吸引力度、市场受欢迎程度的重要指标之一。点击率高说明该商品在市场上比较受欢迎。搜索引擎优化工作到位可以吸引在淘宝搜索引擎上的潜在客户更容易找到网店的商品,进而与网店达成交易。

(3) 影响付费推广效果:网店的付费推广效果是指网店通过付费的方式,达到提高网店内商品或服务曝光量、转化率等指标的效果。如果一个网店过度重视付费流量而忽略搜索引擎优化,那么即使网店投入非常多的付费推广成本,付费推广的效果依然可能不好。搜索引擎优化和付费推广是相辅相成、互相促进,做好付费推广的前提是做好搜索引擎优化,在付费推广的助推下,增加电商平台的总流量。

2. *搜索引擎排序机制* 要做好搜索引擎优化,首先要了解搜索引擎的排序机制。了解搜索引擎排序机制可以从搜索引擎、客户搜索两个角度入手。

> ★ 此知识点为网店运营推广职业技能等级标准（中级）考点。

（1）搜索引擎角度：从搜索引擎角度而言，搜索引擎排序机制是指搜索引擎对搜索结果进行排序的方法。根据搜索引擎排序算法对搜索排名的影响因素（包括相关性权重、网店权重、商品权重、人气权重等）进行指标打分，完成排序。

1）相关性权重：对于电子商务平台而言，相关性是指客户搜索关键词与商品的所属类目、标题、属性之间的相关匹配程度。匹配程度越高，排名也会越靠前。

以淘宝为例，客户搜索关键词"睡裤"，搜索结果如图 3-1-1 所示，淘宝搜索引擎优先展示的类目是"女士内衣/男士内衣/家居服"，然后是"女装/女士精品"，如果网店是卖睡衣的，且放在这两个类目里，那么商品会被优先展示。而放在"童装/婴儿装/亲子装"等类目下的睡衣将会在"女装/女士精品"的类目之后展示，甚至不被展示。

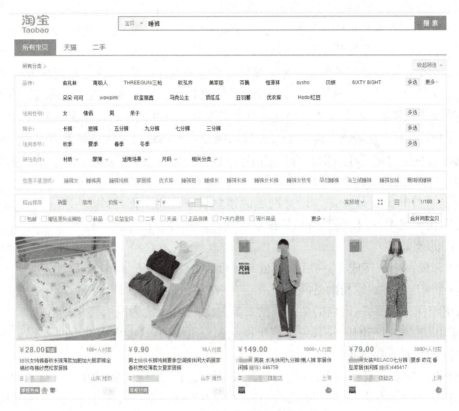

图 3-1-1　关键词"睡裤"的搜索结果

2）网店权重：不同网店根据以下指标的不同在搜索引擎中占有不同的权重。

● 动销率：动销率是指网店中有销量的商品与全店所有商品的比值，其计算公式为：动销率＝有销量的商品/在线销售的商品。与动销率相对应的是滞销率，滞销率是滞销商品与全店商品的比值。根据淘宝的定义，如果一个商品在 90 天内没有被点击、没有销量也没有被编辑，那么这个商品就是滞销商品。

● 网店层级：网店层级是典型的影响免费自然搜索流量的要素，在其他条件保持不变的情况下,网店层级越高,所能够得到的免费自然搜索流量就越多。当网店层级排名上升时,网店的自然搜索排名就会上升;当网店层级排名下降时,网店的自然搜索排名就会下降。

● 网店 DSR 评分:DSR 是英语 Detail Seller Rating 的简写,即卖家服务评级系统。以淘宝平台为例,网店 DSR 评分是指连续 6 个月内,所有网店客户就商品与描述相符程度、卖家服务态度、物流服务质量 3 项指标对卖家进行分项评估的算术平均值,如图 3-1-2 所示。该指标为动态指标,会随着时间的推移而变化。网店 DSR 评分作为衡量网店服务水平的重要指标,近年来在自然搜索排名中的权重也不断提升。

图 3-1-2　网店 DSR 指标

● 网店服务指标:该指标主要指的是网店的退款率、纠纷退款率、退货退款完结时长等。这些指标都与网店的服务质量有关,对商品搜索排序也有所影响。

3) 商品权重:商品权重对搜索排名有着非常大的影响,权重越高,在搜索引擎所占的比例越大,排名也就越靠前。所以提升商品权重指标也在一定程度上有助于流量的提升。商品权重的主要影响因素包括商品点击率、转化率、收藏率等。

点击率是商品展现后的被点击比率,计算方法为:点击率＝点击量/展现量×100%。从点击率可以看出推广的商品图片是否吸引人。商品主图是影响点击率的最主要因素。点击率高,说明商品主图比较吸引人。

转化率是所有到达店铺并产生购买行为的人数和所有到达店铺的人数的比率。计算方法为:转化率＝购买人数/访客人数×100%。影响淘宝转化率的因素有:商品描述、价格、商品的评价、客服等。

收藏率是所有到达店铺有收藏行为的人数和所有到达店铺人数的比率。计算方法为:收藏率＝收藏人数/访客人数×100%。图 3-1-3 是商品页中显示的商品收藏量。

4) 人气权重:人气权重指的是网店的整体销量和近段时间销量的增量。商品销量和增量越高,代表该商品越受客户喜欢,这也是搜索引擎对商品排序的一个影响因素。如图 3-1-4 所示,搜索结果界面中会显示各商品的近 30 天销量。

网店 运营推广

图 3-1-3 商品页中显示的商品收藏量

图 3-1-4 搜索结果界面中显示的各商品近30天销量

(2) 客户搜索角度：从客户搜索的角度而言，搜索引擎的排序机制是根据客户的基础信息和客户的行为数据进行商品排序进行推荐的。

1) 根据客户基础信息进行推荐：客户注册和后期购买过程中，系统可以收集分析出一些固定数据。这类数据是长期稳定的，可以刻画一些人群特征，也就是标签，其中基础标签可能就是年龄、性别、收入范围、兴趣爱好、生活区域等。标签完全相同的这一类人就极有可能有相同的喜好，例如，一个买家的标签组成为18～25岁、女性、低收入人群、爱好长裙人士，如果她最近刚好购买了一条仙女裙，那么另外一个标签与她相同的人，也可能在某个时间段产生这个需求。

2) 根据客户行为数据进行推荐：常见的客户行为有搜索、浏览、咨询、加购、支付、收藏、评价、分享等，系统通过记录这些客户行为的数据可以更精准地为客户推荐商品。

● 基于搜索关键词进行推荐：新注册的客户还没有这些行为数据，因为这些客户除了具备一些基本的人群属性外，购物行为和购物偏好方面是空白的。系统可以根据客户搜索的关键词进行跟踪推荐，依据搜索同样关键词的其他客户最后达成的商品成交概率进行合理推荐。

● 基于浏览记录进行推荐：淘宝根据整个平台中的所有浏览记录的时间脉络，能够判断客户在何时看到什么商品。同时浏览的行为背后即代表着关注，表明客户对此商品感兴趣，那么可以根据这一类商品的相似度进行关联推荐，客户所有浏览行为都是商品推荐的重要依据。例如，每次客户搜索并且看完一些商品后关闭淘宝，过一段时间再打开淘宝，就可以看到"猜你喜欢"模块中出现之前浏览过的同类商品。

● 基于购买记录进行推荐：客户购买了某件商品，证明其对商品的认可，甚至是对这个网店的认可。如果是衣服、裤子、鞋子、零食等复购率较高的商品，客户在这家网店里面买过，那么在搜索相关的关键词时，这个网店符合要求的商品就会被优先展现，尤其是新上架的商品。在淘宝，客户收藏的网店、浏览过的网店等，都会以一种强个性化的方式得到优先推荐，而且还会添上标签"购买过的店"。

3. 商品搜索引擎优化的影响因素　了解了电子商务平台的搜索引擎排序机制，那么，究竟怎么做才能使商品在平台上的搜索排名靠前呢？其实，日常观察各大平台搜索框的搜索筛选条件就基本能获知。以淘宝为例，打开搜索框，会看到可以按照店铺类型、综合、销量、品牌、价格区间、区域进行搜索，因此，这些相关信息都是影响搜索结果排名的因素。具体主要表现为以下几个方面。

★此知识点为网店运营推广职业技能等级标准（中级）考点。

(1) 违规因素：违规因素是商家商品参与搜索排名的必要因素，商家一旦触犯平台规则，商品就没有资格参与搜索排名，在影响搜索排名的规则中比较有代表性的就是虚假交易规则。以淘系为例，规则明确指出触犯虚假交易规则的商品将面临搜索降权的处罚：涉嫌虚假交易(不论次数和笔数)单个商品降权30天。另外，淘系还明确规定搜索作弊行为包括虚假交易、重复铺货、广告商品、错放类目和属性、标题滥用关键词、价格不符、邮费不符等，此类行为一旦被发现，商品都会被降权。

(2) 文本因素：文本因素是指在商品发布的过程中，在遵循商品特质的基础上，商家要围绕客户搜索关键词布局商品标题和属性，乃至店铺相关内容，因为搜索引擎优化工作是以关键词搜索为基础的,淘系搜索引擎优化也不例外。从搜索原理分析,如果标题和属性中没有对应的关键词,那么商品几乎不可能出现在对应搜索结果中。

(3) 人气因素:人气因素主要是指商家商品在客户搜索结果中的点击率、收藏率、加购率、转化率、熟客率、流量、销量等因素。准确地说,在诸多因素满足的情况下,人气因素是决定商品搜索排名的核心因素,而且人气因素的原理也适用于直通车、钻石展位、超级推荐等诸多场景。

(4) 类目因素:类目因素主要是指商家在商品发布过程中一定要精准选择类目,填写得精准与否会直接影响到商品信息的排名。在网络商业行为中,类目划分是常规分类管理的初始,是商品关键词分类的基础,也是客户查找信息的一项重要依据。例如儿童配饰发梳,从商品的角度,它可以选择很多类目,首选类目是"饰品/流行首饰/时尚饰品新＞发饰";但从应用场景的角度,它应该归属于"童装/婴儿装/亲子装＞儿童配饰＞发饰"类目。一旦放错类目,就会在本应该展示的类目中失去排名优势。

(5) 服务因素:服务因素指商家服务于客户过程中涉及的各种因素,表现指标有投诉率、纠纷率、退款率、旺旺响应时效等一系列的因素,综合地表现为后台操作中对应的 DSR 指标、综合体验星级、基础服务考核分等。当这些指标达到类目平均水平以上的时候,平台会给予对应的店铺商品优先排序;反之,则对商品排名起到反作用。

(6) 个性化因素:个性化因素是指平台在统计分析客户购买偏好(个性化标签)的基础上,往往会把商品优先展示在其对应标签的客户浏览结果中。其影响因素包括但不限于:客户成交价格区间、店铺偏好、属性偏好、品牌偏好、类目偏好等。如果客户经常在某个店铺购买商品,当客户搜索同类商品的时候,该店铺商品在排序结果中就会有更突出的表现。例如某客户经常购买高客单价的商品,低客单价的商品在其搜索结果中排名表现就不会很突出。目前,由于电商平台大数据分析愈加完备精准,千人千面式的个性化展示已被广泛应用,如淘系的手淘首页、搜索结果页等。

当然影响平台搜索引擎优化排名的因素还有很多,如店铺动销率、主营类目权重、品标签等,尤其是随着网络环境的变化,这些排名因素会不断地调整。总体而言,以上6个方面是影响淘系搜索引擎优化排名的主要因素。

三、搜索引擎优化基本工作

搜索引擎优化是综合的系统化工程,不是只做好一个方面就可以实现排名靠前。综合做好网店全方位的工作,才能有效地做好搜索引擎优化工作。以下是搜索引擎优化的几项基本工作。

1. 做好网店标签 首先网店要选择好类目。选择网店商品的时候尽量选择同一个类目的商品,主营类目占比可以根据一级类目的人群决定。同时定位好网店的风格,这有助于形成网店的标签。

2. 形成商品标签 商品标签的形成过程分为商品特征和客户行为两种。商品上架时,商品所在的类目、价格属性等会给这个商品形成一个初始的特征,即初始标签。但是随着客户的购买行为数据增加,客户自己的标签就会被打到这个商品上,这个商品就拥有了标签。

因此,在商品上架时,就要对商品信息进行详细准确描述。

3. **商品关键词与标题的优化** 关键词的制定一定要从客户的角度考虑,只有清楚客户的搜索习惯,制定的关键词才有客户搜索和使用。关键词越精准,其相对转化率可能就越高。标题也应该尽量围绕关键词和品牌设置,并对相关关键词进行合理布局,具体的布局原则如下。

★ 此知识点为网店运营推广职业技能等级标准(中级)考点。

(1)前期以转化率高的长尾关键词为主,循序渐进拉动核心关键词。关键词筛选出来之后,商家应该如何在诸多关键词中做选择呢?若选择核心关键词,虽然流量可观,但竞争太大,排名并不一定能够马上靠前;而选择长尾关键词,尽管流量可能不大,但竞争相对小,精准性好,且可以循序渐进地拉动核心关键词的排名。所以建议新店商家初期推广时重点考虑有一定流量的长尾关键词,一些有运作实力的商家可以选择核心关键词或比较热门的关键词。

(2)尽量有效利用关键词,合理地将标题字数使用到位,避免无效留空。以淘宝为例,标题共计可以写 30 个汉字,要选择合适的关键词尽量将 30 个字的标题使用得恰到好处,毕竟每多放进去一个关键词,客户搜索到的概率就会增加。

(3)将客户需求和商家、商品的特点有效地融合在一起,避免生搬硬套。选择关键词,平台搜索数据是依据,但筛选的基础还在于商品特质,避免一味地迎合平台数据,如果关键词与商品契合度不高,那么即便流量再大也无法保障后期转化。

(4)将合理的关键词有效组合,不要使用怪异的符号分割标题,避免大量重复使用相似关键词。如果大量重复铺设相似关键词会被淘宝认定为违规行为。

注意:当商家有大量同类商品时,还需要注意避免所有商品选用共同的关键词,毕竟对同一店铺、同样的关键词,淘系首页同时展示的数量一般不超过两个。如果相同的关键词布局在大量的同类商品上,就会造成关键词内耗和浪费。

4. **商品描述的优化** 网店上线后,商品描述部分都是默认的商品信息,最好的方法就是在此基础上添加网店关键词相关信息,提高关键词密度,前提是尽量不要影响客户体验。

要准确书写商品属性。商品属性甚至店铺介绍中的关键词也是搜索文本的区域,因此在商品属性选择、填写的时候,适当融入关键词也是触发搜索、优化搜索排名的补充手段。

5. **准确书写商品类目属性** 要准确选择商品所在类目,发布的商品是什么类目就放到什么类目。不能为了吸引客户违规填写商品类目属性。

6. **做好商家日常服务工作** 商品人气是做好搜索引擎优化工作的核心。前面提到的各种工作只是做好优化的基础,要做好搜索引擎优化关键还是要提高商品人气,这就要求商家做好日常工作,包括提升客服服务水平,做好客户对店铺及商品的收藏、加购、评价的引导工作,提升店铺转化率、客户的重复购买率、店铺 DSR 值,减少投诉率、纠纷率、退款率。当然提高商品人气最重要的还是做好商品的选款、定价工作。

四、淘宝搜索引擎优化规则体验

步骤一,组建网店运营与推广小组。

步骤二,阐述淘宝搜索引擎优化的概念及特点。
步骤三,整理搜索排名影响因素。
步骤四,根据排名影响因素思考运营策略。
步骤五,按照下面3个方面记录实训成果。

(1)填写任务记录单,如表3-1-1所示。

表3-1-1 任务记录单

实训时间	
实训地点	
小组成员姓名	

(2)结合课程内容和淘宝搜索实践经验,查阅网络资料(百度等),收集淘宝自然搜索排名的影响因素,填入表3-1-2。

表3-1-2 排名影响因素

序号	1	2	3	4	5	6	7	8
因素								

(3)简述每个商品(单品)权重的影响因素和含义,并提出应对措施,填入表3-1-3。例如:销量——商品30天的销售数量,排名时以交易成功的人数作为统计数,措施是通过付费推广、活动促销等提高商品销量。

表3-1-3 商品(单品)权重的影响因素、含义及措施

序号	因素	含义	措施
例	销量	商品30天的销售数量,排名时以交易成功的人数作为统计数	通过付费推广、活动促销等提高商品销量
1			
2			
3			

任务评价

通过完成本任务的学习,请按表3-1-4所示评价表对学习效果进行检查与评估。

项目三 网店优化

表 3-1-4 学生自评和教师评价表

评价内容	分值	学生自评	教师评价
能阐述搜索引擎优化的概念及特点	20		
能够整理搜索排名影响因素	20		
能简述每个商品权重的影响因素和含义,并提出应对措施	30		
团队成员之间合作,共同完成任务	15		
信息收集、分析、总结提炼能力	15		
总分	100		

能力拓展

请搜索查找资料,自学什么是搜索引擎营销(search engine marketing,SEM),它与搜索引擎优化有什么区别?

任务二

商品标题优化

学习目标

1. 了解标题优化对商品自然搜索的重要性。
2. 掌握商品标题关键词的类型与挖掘方法;掌握商品标题组合的原则;掌握商品标题优化的技巧。
3. 具备学习迁移能力,做到"知其然",还要"知其所以然"。

任务描述

小刘的网店主要销售烹饪用具,由于缺乏网店运营经验,之前也没有过电子商务方面的实践经历,小刘在上架商品填写商品标题时,只是简单地填写了一个商品名称,例如不粘锅炒锅。当小刘在淘宝搜索同类商品时,发现竞争对手的商品名称相对都比较长,运用了较多类型的词语。发现这个问题后,小刘开始搜索学习商品标题组合与优化方面的资料,决定对网店内新品进行标题优化,以获得更多免费的自然流量。

任务分析

标题对于一款商品来说是非常重要的,是影响商品搜索流量的重要因素。搜索流量是淘宝很大的一个流量来源渠道,特别是手机淘宝客户端(以下简称"手淘")搜索。而且手淘搜索流量的转化率相对较高,手淘搜索是客户有购买意向以后进行的关键词搜索,而客户搜索的关键词能否和标题关键词匹配将直接决定商品能否得到展示。

商品标题是与客户搜索关键词联系最直接的,一方面表明电子商务平台网店所销售的商品,另一方面也明确告诉客户网店卖的是什么商品。商品标题会影响商品的搜索流量,而搜索流量又是网店流量的一个重要组成部分。因此网店运营工作中要做好商品标题的组合与优化工作。一个好的商品标题首先要从关键词入手。

任务准备

为保证大家熟悉搜索引擎优化相关知识,准备相关资源:淘宝、天猫、生意参谋。同时保证网络畅通、计算机设备等正常运行。

任务实施

一、关键词分析

商品标题是由关键词组合而成的。关键词是指客户在电子商务平台搜索时输入的表达个人需求的词汇,它往往能直接反映出客户搜索的意图。

★ 此知识点为网店运营推广职业技能等级标准(中级)考点。

1. 关键词类型 通常在一个商品标题当中会有品牌类、材质类、规格类、季节类、商品名称等词汇,关键词可以归类为以下几种。

(1)核心词:核心词又称类目主词,一般指商品名称或商品所属类目名称。核心词是指与商品紧密联系、最能准确表达商品的关键词,即大词、热词;也指搜索量大的关键词,在关键词热搜排行榜上排名靠前,通常由2~4个字组成,如连衣裙、裙子、手机。

(2)品牌词:品牌词即品牌名称。在商品标题组合的过程中要切忌使用未经授权的品牌词,否则会构成侵权。

(3)属性词:属性词指的是描述商品特征属性的词语,包括商品规格、材质、颜色、风格等,如雪纺、高腰。淘宝平台商品属性查找界面如图3-2-1所示。

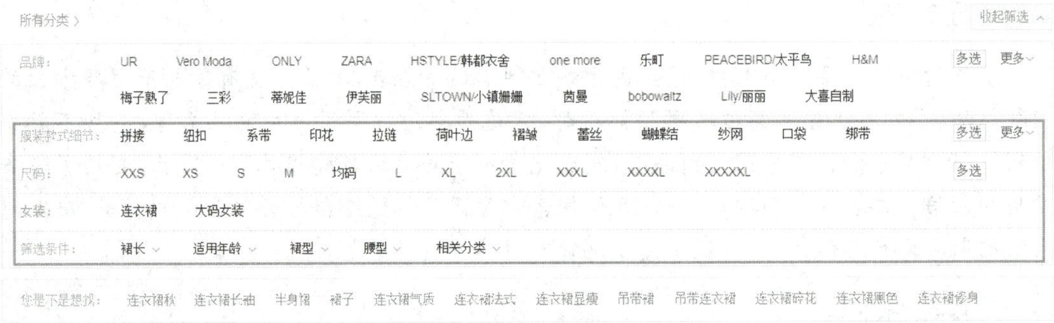

图3-2-1 淘宝平台商品属性查找界面

（4）营销词：营销词指的是带有营销意味的词语，包含优惠信息、商品卖点等，通常作为核心词和属性词的补充，如 2022 年新款。

（5）长尾关键词：长尾关键词指的是商品的非中心关键词，但与中心关键词相关，可以带来搜索流量的组合关键词，一般由两个或两个以上的词组成，可以由核心词、属性词、营销词等搭配组成。长尾关键词的优点是搜索精准，转化率高，搜索竞争小，展现机会大；缺点是搜索量小，展现量小。例如"夏季 T 恤纯棉短袖""男士睡衣夏季纯棉短袖""男睡衣夏季纯棉短袖"3 个搜索词都属于"纯棉短袖"的长尾关键词。

在运营者眼中，以上 5 类关键词又可直接分成 3 类：核心关键词、二级关键词、长尾关键词。二级关键词指的是搜索量较大的关键词，通常是将属性词、营销词、品牌词与核心词进行组合，如短款羽绒服、薄款休闲裤等。我们在进行标题优化时就要有针对性地挖掘需要的关键词。

2. 关键词选择原则

（1）关键词要与类目和商品相关，能准确描述商品：电子商务平台系统会根据商品的标题和属性判断商品为哪一类人群需求。选择的标题关键词一定是能准确描述该商品的词语，系统才能根据人群需求展现正确的商品。如果商品的关键词与商品属性不相符，客户通过搜索关键词搜索到该商品，发现与需求不吻合，也会影响下一步的购买。因此要筛选与商品属性相对应、能准确描述商品的关键词，例如，园艺工具是三件套，就不能选择"四件套"作为关键词。

★ 此知识点为网店运营推广职业技能等级标准（中级）考点。

（2）不能使用违反《中华人民共和国广告法》（以下简称《广告法》）的关键词：《广告法》中明确规定不能使用国家级、最高、最佳、第一、顶尖、独家、首发等极限词。因此，在商品标题当中不能出现此类极限词。卖家用错一个词，不仅会受到电子商务平台的处罚，可能还会被工商管理部门处罚。

（3）关键词符合客户搜索习惯：商品标题是与客户搜索关键词进行匹配的，因此在选择关键词时尽可能符合客户的搜索习惯，才能提高商品搜索展现的机会。例如"情人节礼物"和"情人节礼品"这两个关键词，客户搜索时习惯性用"情人节礼物"，那么"情人节礼物"这个词的搜索量远高于"情人节礼品"。虽然是一字之差，但是商品的搜索展现就受到了影响。卖家在选取标题关键词之前要提前了解客户的搜索习惯，尽量选取符合客户搜索习惯的词语。

（4）关键词也需要全店布局：电子商务平台会对同一关键词搜索下同一卖家的商品数量进行限制，淘宝平台就是如此。如果在给店内的商品进行标题优化时仅限于某一个或某几个关键词，标题出现了相同或相近的情况，那么能够得到展现的商品数量就非常有限，网店的搜索流量也受到了限制。因此在商品标题优化选择关键词时，要做好全店布局，将搜索流量分散到不同的关键词上，尽量给商品选择不同的关键词。

二、关键词挖掘

了解清楚关键词的类型以及选取关键词的原则后，就要进行关键词的挖掘。

> ★ 此知识点为网店运营推广职业技能等级标准（中级）考点。

1. 关键词挖掘流程　关键词挖掘的流程一般有以下几步。

第一步，网店应该先深入了解商品的特征属性以及客户的搜索习惯等，同时要了解电子商务平台的排名机制，才能更精准地选取关键词。

第二步，确定商品的主关键词，通过对商品进行属性、卖点、价格、客户群体全方位的分析，确定商品的主关键词，之后所有关键词的选取都可以围绕这个主关键词来扩展。主关键词指的是能最准确地描述商品的关键词。

第三步，网店可以通过不同的关键词挖掘方法进行关键词挖掘。

第四步，将挖掘的关键词组成词库，实行动态更新。

2. 关键词挖掘方法　挖掘关键词的方法有很多，以下几种是常用的关键词挖掘法，这里以淘宝平台为例进行讲解。

> ★ 此知识点为网店运营推广职业技能等级标准（中级）考点。

（1）利用电子商务平台搜索下拉框里的关键词进行挖掘：在电子商务平台搜索框里搜索某个关键词时，下拉框里会弹出一些相关的关键词，这些关键词通常是客户经常输入、搜索量比较高的。卖家可以将这些词作为商品标题优化的关键词。例如，在淘宝平台搜索"连衣裙"这个关键词时，下拉框中会出现"连衣裙""连衣裙夏季女""连衣裙女"等关键词，如图3-2-2所示，这些关键词都非常符合客户搜索行为习惯。

图3-2-2　淘宝下拉框搜索关键词

（2）通过电子商务平台官方的数据工具找词：电子商务平台官方的数据工具中往往会提供很多关于关键词的数据，卖家可以通过数据工具进行关键词挖掘。以生意参谋为例，进入"生意参谋—市场—搜索排行"，通过行业搜索词排行榜选词，可以找到该商品类目下客户搜索热词，根据搜索人气进行排序，还能找到该类目下的主题词、长尾词、品牌词、核心词和修饰词，在该模块下可以挖掘出大量标题优化所需的关键词，如图3-2-3所示；进入"生意参谋—市场—行业客群—搜索词偏好"，通过消费人群搜索词偏好选词，查看该类目下客户的搜索词偏好，根据其中与商品相关的关键词进行商品标题优化；进入"生意参谋—竞争"，可以监控到竞争对手的引流关键词和成交关键词，通过竞争商品引流、成交的关键词进行选

项目三　网店优化

图3-2-3　生意参谋—市场—搜索排行

词,作为商品标题优化的关键词;进入"生意参谋—流量—选词助手—行业相关搜索词",通过选词助手挖掘出很多与主关键词相关的关键词,作为商品标题优化的词库。

(3)通过搜索引擎营销推广工具挖掘关键词:电子商务平台的搜索引擎营销推广是根据客户搜索关键词提供的广告展位系统,例如淘宝的直通车、京东的京东快车。搜索引擎营销推广工具中往往会提供很多系统推荐词,以及这些关键词的展现指数、竞争指数、点击率、点击转化率等数据。卖家可以根据这些数据选取商品标题优化所需的关键词。图3-2-4所示为淘宝直通车的系统推荐词。

图3-2-4　淘宝直通车的系统推荐词

(4)通过第三方工具挖掘关键词:目前,市场上很多第三方工具也提供关键词相关数据,卖家可以根据需求选择第三方工具挖掘关键词。

3-15

3. **关键词筛选**　卖家通过以上方法将挖掘到的关键词建立一个动态词库,但并不是所有的关键词都能运用到商品的标题优化当中。对这些关键词,还需要进行下一步筛选。

(1) 剔除与商品相关性低的词以及违规词:将关键词与商品属性进行对比,剔除与商品属性不匹配的关键词,筛选与商品属性相对应的关键词。同时涉及平台违规的一些词语也应该进行剔除,例如,关键词中含有他人品牌的关键词。

(2) 筛选不同叫法的关键词:因为不同消费群体搜索习惯不同,例如,有些区域的客户习惯称棉袄,而有些区域的客户习惯称厚外套,因此在筛选关键词时应该都要包含进来。

(3) 注意所选关键词与网店商品、价格区间和购买人群是否一致:首先,判断所选关键词与网店商品及价格区间是否一致。卖家可以通过该关键词在平台内进行搜索,查看是否有同类价格段的同类商品。例如,搜索"园艺"这个关键词,出现的都是喷壶、木栅栏,说明该关键词不适合用在园艺工具一类的商品上。其次,判断关键词所对应的人群是否和网店商品的购买人群一致。卖家在淘宝平台可以通过"生意参谋—市场—搜索人群"查看该关键词的对应人群,判断与网店的购买人群是否一致。

(4) 筛选关键词时对于一些类目不明确的关键词,注意收集分词加类目词的数据:例如,关键词"加绒"既可以用来修饰打底裤,又可以用来描述衬衫,单独筛选"加绒"这个词并没有多大的意义,需要根据网店所经营的类目筛选,如"加绒打底裤""加绒衬衫男"等关键词。

(5) 要综合考虑关键词的搜索人气、点击率、转化率、全网的商品数等数据:要将关键词的这些数据全部放在动态词库中,方便数据的对比及关键词的筛选。尽可能选择搜索人气高、点击率高、转化率高而竞争又小的关键词。

三、标题组合优化

商品标题的好坏直接关系到商品的搜索展现,影响到商品的自然搜索流量。商品标题组合并不是将关键词堆砌在一起,需要遵循一定的原则。

1. **商品标题组合**　在组合商品标题时,应该遵循以下几点。

(1) 合理利用标题长度:尽量合理地将商品标题的字符使用到位,避免无效留空,例如淘宝的商品标题最长是60个字符(即30个汉字)。写满标题可以提高关键词的覆盖率,商品被搜索和展现的可能性也会变大。

(2) 避免生搬硬套:商品标题的组合应避免生搬硬套,应将客户需求结合网店商品的特点有效融合在一起。

(3) 将合理的关键词有效组合,避免使用雷同的关键词:商品标题的长度有限,因此要将不同的关键词添加在标题当中,尽可能对商品描述完整,同时提高搜索展现的概率。

(4) 组合关键词要与商品属性相符合:在组合商品标题时,往往会遇到一些搜索人气很高,点击率和转化率都不错的关键词,但是该关键词与商品属性不符,例如,网店的连衣裙是短袖的,那么"长袖连衣裙"这个关键词就不应该添加到商品标题当中。

(5) 不要频繁优化商品标题:在有一定的权重排名情况下,频繁修改标题会影响搜索排名。商品标题不宜频繁、随意、过多地修改,可以根据数据表现调整标题中的某几个关键词。

在新品上架时,一开始不能随意写标题,然后靠后期去调整标题,而应该一开始就做好商品标题关键词的筛选和组合。

2. **商品标题优化** 商品标题优化好了,将会极大地提高商品自然排名的展现量,从而获取点击率,带来转化率,因此,商品标题的优化是淘宝业务中的核心内容。更重要的是,标题优化都是免费的,优化后的展现与排名也是免费的,这对很多中小商家来说尤其重要。对于很多没有那么多资金的商家来说这是一个很好的引流手段,对于一些已经实施活动的商家来说,这也是一个提升改善的手段。在优化商品标题时,应注意以下两点。

★ 此知识点为网店运营推广职业技能等级标准(中级)考点。

(1)网店内不同类型的商品所采取的标题优化策略不同:网店内的商品根据销量可以分成爆款商品、正常款商品和新品/滞销品。对于爆款商品,尽量选择行业中的大词、热词,尽可能选择搜索指数高、点击次数多的关键词。销量越高的商品标题优化应该布局搜索人气越高的关键词,这些爆款商品销量高,转化率也好,商品权重大,大词、热词才有可能展现。对于正常款商品,以商品属性词进行拓展,挖掘关键词,选择展现指数和点击指数较高的属性关键词组合商品标题。而对于新品/滞销品,则以获取精准流量为目标,尽可能选择竞争较小但转化率较高且较为精准的关键词,这些词往往是长尾关键词。新品/滞销品标题前期优化适合使用一些优质长尾词,提高商品的转化率,从而提升商品的搜索权重。

(2)商品标题优化是一个动态过程,需要不断分析相关数据:对于转化率和点击率较高的词尽量不去调整,当商品的销量增加,权重不断提升时,可以通过后台数据分析成交关键词。当二级关键词和类目词开始有成交转化时,可以放弃过于长尾的关键词,添加相对热门的关键词,可以选择添加与成交词搜索人气相近的关键词。

3. **标题优化中常见的"坑"**

(1)断词错误——看似可以搜到的词却搜不到:如图3-2-5所示,商品标题用了关键词"婴幼儿",这就导致搜"婴幼儿"和搜"幼儿"都能搜得到,但是搜"婴儿"搜不到。而实际上,我们在搜索时"婴儿"比其他两个词要热门得多,只要把这个关键词改一下,如改成"婴儿婴幼儿",流量就会涨很多。淘宝服务市场应用中"生e经"是一个比较好的对商品标题、价格和上架时间进行修改的应用,它的主要用途有两个:一个是商品销售分析,用于分析成交的转化率和流量;一个就是分析标题和成交关键词。

图3-2-5 断词错误案例

(2) 关键词浪费——重复出现多个品类词、品牌词或其他主搜索词：如图 3-2-6 所示，第一个标题中出现了 3 次燕窝，第二个标题中出现了 2 次连衣裙，第三个标题里出现了 2 次项链。理论上这些词出现 1 次就够了，但不排除有些特殊情况，如由于断词原因可能有些词要出现两次，这种情况比较少见。

  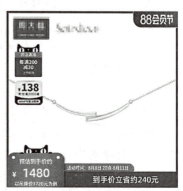

图 3-2-6　关键词浪费案例

(3) 错误看待热词——想当然地认为消费者应该喜欢搜索：如图 3-2-7 所示，这 4 个标题是当前该类目中综合排序前四的商品，第一个、第二个标题中都出现了一个词"加厚"，很多商家也认为有了"加厚"这个词更能让妈妈感觉到能保护宝宝的膝盖，但"加厚"这个词在行业热词榜中排到了 500 名之后，意味着这个词其实并没有多少人搜索。30 个标题词中浪费了两个词的位置。

图 3-2-7　错误看待热词案例

(4) 错过大流量热词——没有及时关注到季节、流行趋势变化带来的搜索热度变化：如果是季节性很强的商品，1 个星期就要看一次行业热搜榜。如图 3-2-8 所示，这 4 个标题是当前该类目中销量前四的商品，只有第三个标题用的"夏天"这个词，其他 3 个都用的是

图3-2-8 错过大流量热词案例

"夏季"。但其实"夏天"这个词在行业热搜榜中排名非常靠前。可能就用这一个词,就会比竞争对手获得更多的免费流量。

(5)关键词乱用——如秒杀、包邮或与商品不匹配的关键词等:图3-2-9所示是汽车用品类目的一个商品,标题中有一个关键词"香膏"。由于"香膏"这个词的流量非常大,商家为了蹭热度把这个词加入标题中,但这个商品实际是香水,并不是香膏产品,加入这个词并不能提升它的流量和转化。因此,选词时,并不是流量越大越好,流量大但如果不精准,在最初平台给这个词极少数的展现时,就没有办法产生点击或成交,这个词的权重就会非常差,长此以往这个词就得不到任何流量。但是这个商品如果成为爆款或类目排名较靠前,是可以加上这个词的。

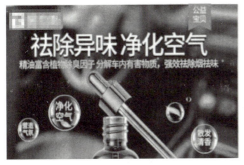 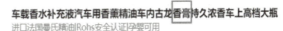 

图3-2-9 关键词乱用案例

四、关键词获取

步骤一,组建网店运营与推广小组。

步骤二,参考淘宝的切词技术,将商品标题的关键词进行拆分。

步骤三,根据商品属性及拆分的关键词,删除无用或重复的关键词。

步骤四,为商品挖掘新的关键词,组合新的商品标题。

步骤五,按照下面5个方面记录实训成果。

(1) 填写任务记录单,如表 3-2-1 所示。

表 3-2-1 任务记录单

实训时间	
实训地点	
小组成员姓名	

(2) 参考淘宝的切词技术,拆分商品原有标题"某麦饭石色不粘锅炒锅家用炒菜锅电磁炉燃气灶专用锅具平底锅",并将关键词进行分类,填入表 3-2-2。

表 3-2-2 标题拆分

核心词	
品牌词	
营销词	
属性词	

(3) 根据图 3-2-10 所示某炒锅的属性信息及拆分的关键词,删除无用或重复的关键词,填入表 3-2-3。

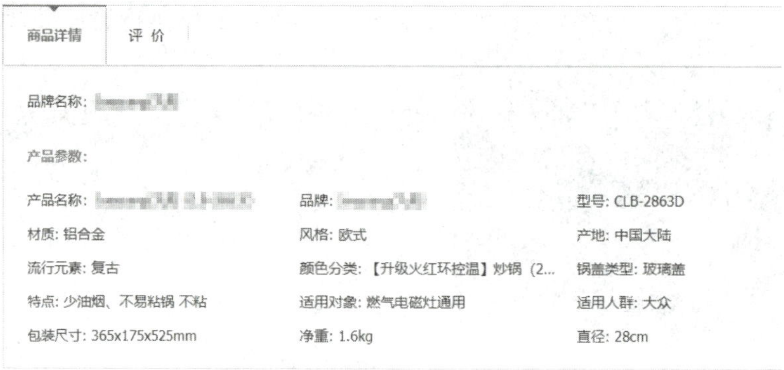

图 3-2-10 某炒锅的属性信息

表 3-2-3 关键词调整

删除关键词	
保留关键词	

(4) 通过淘宝下拉框、生意参谋等方式挖掘关键词,形成动态词库,填入表3-2-4。

表3-2-4 关键词挖掘

核心词	
二级关键词	
长尾关键词	

(5) 运用商品标题优化策略,通过挖掘关键词和保留的关键词组合新的商品标题,填入表3-2-5。

表3-2-5 商品标题组合

采用的关键词	
商品标题	

三 任务评价

通过完成本任务的操作,请按下表检查自己是否掌握了本任务的主要技能。如表3-2-6所示,根据评价表对学习效果进行检查与评估。

表3-2-6 学生自评和教师评价表

评价内容	分值	学生自评	教师评价
能够完成商品标题拆分	10		
能够准确剔除无用或重复的关键词	10		
能够挖掘新的关键词	25		
能够运用商品标题优化策略组合新标题	25		
数据收集、分析能力	20		
团队成员之间合作,共同完成任务	10		
总分	100		

能力拓展

新广告法解读:这些禁用词汇千万不能用(扫描二维码学习)。

新广告法解读

任务三

商品主图与详情页优化

学习目标

1. 了解商品主图和详情页的重要性；了解商品详情页的内容和结构。
2. 掌握商品主图设计的技巧；掌握商品详情页卖点挖掘的方法；掌握商品详情页的设计方法。
3. 遵守《中华人民共和国电子商务法》，不虚假宣传，诚信经营。

任务描述

小刘在上传商品详情页时，只将拍好的商品图片直接上传，没有设计文案。小刘对比其他网店详情页后发现，同样是不粘锅，自己的详情页看着档次很低，而别家的详情页却能让人感受到质量保证。小刘不知道该如何设计详情页，究竟什么样的详情页才能留住客户、提高客户转化率？优化主图与详情页有哪些方面的要求与技巧？为此，小刘组建了一个团队，展开了淘宝平台商品详情页的调研与分析。

任务分析

商品卖点的策划很重要，在挖掘商品卖点的时候一定要有客户思维，要让客户觉得卖家表达的点是他们需要的。当然，在挖掘商品卖点的时候也要基于事实，遵守平台规则，不能故意制造虚假的噱头，应该抓住商品的核心卖点。

通过本任务的训练，要理解商品详情页的含义，理解商品详情页前三屏的重要性，能够比较商品详情页、制作前三屏，并布局商品详情页，从而完成网店的商品详情页优化。

任务准备

为保证同学们熟悉搜索引擎优化相关知识，需要准备相关资源：淘宝网。同时保证网络畅通、计算机设备等正常运行。

任务实施

一、商品主图设计

商品主图是指发布商品时需要上传的 5 张头图，商品展示的第一张图片会出现在自然搜索的结果内，如图 3-3-1 所示。商品主图是客户感知商品的第一窗口，是卖家展现网店的窗口，也是直接关系到客户是否点击的一个因素。商品主图直接影响网店的点击率，间接影响网店的收藏加购及转化率。

图 3-3-1　商品主图

1. **主图策划要求**　商品主图策划的要求主要集中在尺寸、清晰度、布局、色彩搭配 4 个方面。

（1）注意尺寸：每个电子商务平台的商品主图都有固定的尺寸要求。例如，淘宝平台的商品主图大小不能超过 3 MB；700 像素×700 像素以上的图片上传后商品详情页会自动提供放大镜功能。因此设计商品主图时，一定要注意图片尺寸。

（2）图片清晰：模糊的商品图片会给人带来不专业、商品劣质的暗示，所以在拍摄商品和选择图片时要优先选择高清的图片。考虑到空间及浏览显示的速度，图片也不宜过大，否则会影响客户的浏览体验。

（3）布局合理：商品主图中图像角度合理，适当添加文字，图文排版合理，设计主次分明。不要过度使用文字，否则文字会像"牛皮癣"一样占满主图，如图 3-3-2 所示。

（4）注意色彩搭配：商品主图的色彩搭配要合理，不要出现冲突色，还要注意不要用色过多。可以根据商品情况选择合适的颜色，有时颜色鲜亮也能使主图在搜索结果中脱颖而出。

图 3-3-2　"牛皮癣"主图

2. **主图设计思路**　商品主图的设计可以有以下思路。

（1）通过关键词，突出商品优势：客户在电商平台 App 上购物时，都是快速滑动手机屏幕浏览商品，在这种情况下，客户需要在短短的几秒内接收商品所有的有效信息。一张画面简洁、卖点清晰的主图会比"牛皮癣"过多、杂乱无章的主图更让客户感到舒服，使得客户能够在快速浏览众多商品的情况下确认这就是他所要找的那一款。以搜索的关键词"炒锅不粘锅"为例，图 3-3-3 所示的两款同类商品的主图，左边的这款卖点突出，体现了商品"耐

图3-3-3 两款商品的主图

图3-3-4 主图中的细节展示

久不粘"的特质,而右边的主图关键词过多,体现了太多的特点和优势,反而不能突显商品最本质的特点,相比之下,客户会优先点击左边的商品。

(2)突出与竞品的差异:确定好商品的卖点之后,还需要找到我们的竞争对手,分析竞争对手的商品文案。运营者一定要多去看竞品的卖点在哪,哪些是客户购买的理由,从而对自己的文案进行提炼及创新。知己知彼,百战不殆。在图3-3-1中,当竞品的主图都是商品本身时,选择人气明星代言图作为主图,也是一个吸睛的好办法。

(3)商品细节的展示:需要重点突出的商品特点在主图中可以细节的方式进行展示。图3-3-4所示的主图,使用了放大镜突显目标的作图方法,把炒锅的"数控屏显"功能展现得一清二楚。

二、详情页卖点挖掘

商品详情页是展示商品详细信息的页面。客户通过详情页了解商品信息,进行下一步决策。商品详情页也是电子商务网站中最容易与用户产生交集和共鸣的页面,详情页设计得好坏可能会对客户的购买行为产生直接的影响。因此,商品详情页是提高转化率的入口,能够激发客户的消费欲望,树立客户对店铺的信任感,带来一定的销量。

详情页直接影响网店的客户转化率。如果做不好详情页,客户跳失率高,客户停留时间短,卖家就会丢失非常多的订单。商品详情页除了展示商品的详细信息还需要展示商品的促销信息。详情页同时也影响着网店和品牌的形象,好的详情页可以帮助网店客服减少咨询工作。

1. **详情页设计元素**　详情页设计需要分析客户的购物心理,还需要提炼商品自身的卖点,根据风格定位准备设计素材。设计并确定好商品详情页的用色、字体、排版、文案、构图,最后还要烘托出符合商品特性的氛围,这样才能打造一个完美的详情页。详情页的商品图一定要清晰,卖点一定要重点突出,不要添加过多的关联,建议相关内容可添加到详情页中部。详情页的前三屏至关重要,决定了商品是否能卖出去。

2. **详情页设计框架**　新手卖家如果不知道如何对详情页进行具体设计,可以参考优质卖家的详情页或详情页基础模板(图3-3-5)。详情页设计基础模板的架构思路如下。

★ 此知识点为网店运营推广职业技能等级标准(中级)考点。

1) A区:开头的大图是前三屏重点区域,也是客户视觉的焦点。这里应该采取一些能够展示品牌调性及商品特色的图,以吸引客户的眼球。

2) B区:商品卖点体现区域,具体应该呈现更多关于商品的卖点。具体的卖点挖掘方法将在后面讲到。

3) C区:商品参数信息可以引导客户了解商品。任何商品都有自己的参数表,包括尺寸、品牌名标、颜色、材质、使用方式等。采用实物与商品的对比,可以让客户切身体会到商品的实际尺寸,对商品有个心理预期。

4) D区:这里可以是模特展示图,可以让客户产生共鸣,并对商品产生认同感,也可以是一些买家秀,这样可以拉近与客户的距离。

5) E区:在商品细节展示区域中,将商品参数中重点方面进行细节展示。细节展示往往以主推颜色为主,通过放置商品的细节,如服装着装效果、器具操作方式、食品食用方式等进行。还可以把商品放在真实环境中,以展现使用效果。最好能带有相关的文案介绍,但文案不必太多,图片细节则要清晰、有质感,以拉近与客户的距离。

6) F区:如果是有厂家的网店,可以在这里放一些车间的生产图片,还可以放上网店取得的资质证书,从而烘托品牌的实力。

7) G区:这个区域解决客户已知和未知的各种问题,内容越详尽越好,这样可以减轻客服的压力。

A 创意海报大图
B 商品卖点/特性
B 商品卖点/作用/功能
B 给客户带来的好处
C 商品参数/规格
D 模特/商品全方位展示
E 商品细节图片展示
F 商品包装展示
F 网店/商品资质证书
F 店面/生产车间展示
G 售后/物流

图3-3-5　详情页设计基础模板

卖家在设计详情页的时候,应该尽可能地把商品的整体大图、多角度图片、功能参数信息、款式颜色、细节特写、证书认证、说明书等信息展现给客户。展现得越全面,客户才能更好地了解卖家的商品,才会增加客户的下单率。

3. 详情页设计的内在逻辑 观察优质卖家的详情页或详情页基础模板,可以发现详情页的构成框架可以简化为:商品价值+消费信任。详情页的前半部分一般用来表达商品价值,后半部分用来培养消费者的消费信任。消费者的信任感不仅可以通过各种证书、品牌认证图片来树立,还可以通过使用正确的颜色、字体、排版结构来赢得顾客的消费信任。详情页的每一个模块都有它的意义,都要经过仔细地研究和设计。

能否将流量转化为成交量是考核详情页设计成功与否的重要指标。一个优秀的商品详情页会促成消费者递进的心理变化,而这一系列的变化由详情页内页设计的几个逻辑关系产生,如图3-3-6所示。

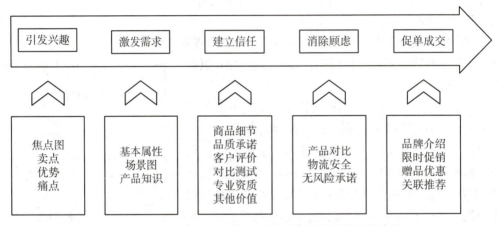

图3-3-6 消费者心理变化对应详情页内页的逻辑关系

三、商品卖点提炼

★ 此知识点为网店运营推广职业技能等级标准(中级)考点。

商品卖点是指商品具备了前所未有、别出心裁或与众不同的特点。在项目二中介绍的FAB法则就是很好的商品卖点提炼法。图3-3-7所示的详情页中,不滴油不挂油油壶能满足做饭人群的需求,这样的详情页能使他们产生更强烈的认同感。

假设现在有一款男款衬衫在网店中销售,通过消费人群的分析发现,该衬衫的客户80%以上属于白领阶层,消费层次属于中等偏上,那我们如何挖掘该商品的卖点并设计详情页呢?

思考这类人群在购买衬衫时主要考虑的问题是什么,平时穿衬衫遇到的最大困扰是什么。根据思考和大数据的调研,得出以下结论。

(1) 消费层级属于都市白领,工作较忙,平时打理服装的时间较少。

(2) 有社交需求,所以对款式要求较高,衬衫款式不能邋遢。

(3) 比较注重衬衣品质,希望在清洗衣服时不缩水、不掉色。

(4)希望衬衣能较容易与其他衣服搭配。

根据这几个条件,我们就可以挖掘出该衬衫的一些卖点,特别是针对白领阶层的卖点:①采用特殊设计,固定领形,材质较好,不用经常熨烫。②高档面料,亲肤,不易沾染灰尘。③品质保障,洗衣不会变色缩水,如遇类似情况可免费更换。④款式百搭,修身,塑造完美身材。

根据挖掘出的都市白领对衬衣的需求,就可以制作直击痛点的主图和详情页了。

四、商品详情页优化

步骤一,组建网店运营与推广小组。

步骤二,选择至少3个类目的商品。

步骤三,搜索每个类目排名靠前的3个商品详情页,进行排序并观察。

步骤四,比较后记录每一个类目中1个详情页的情况。

步骤五,为小刘的烹饪用具网店提出商品详情页优化的策略。

步骤六,按照下面4个方面记录实训成果。

(1)填写任务记录单,如表3-3-1所示。

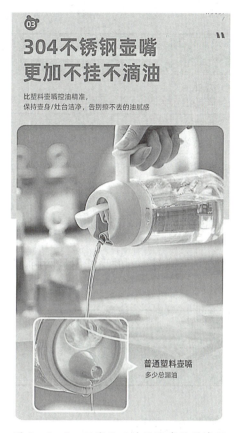

图3-3-7 不滴油不挂油油壶的详情页

表3-3-1 任务记录单

实训时间	
实训地点	
小组成员姓名	

(2)在淘宝平台选择3个以上类目的商品详情页进行调研(包含烹饪用具类目),将选择的类目填入表3-3-2。

表3-3-2 类目选择

类目1	
类目2	
类目3	

(3)每个类目根据搜索词寻找3个排名靠前的商品详情页,观察和分析每个详情页的布局内容,并进行比较,记录每一个类目中1个详情页的情况,填入表3-3-3。

网店 运营推广

表 3-3-3　商品详情页分析

店铺名称 商品标题	详情页模块结构草图	各模块内容描述	分析内容的优劣势
类目 1 商品 1			
类目 2 商品 2			
类目 3 商品 3			
总结分析：			

（4）针对小刘的烹饪用具网店，整理出适合的商品详情页优化策略，填入表 3-3-4。

表 3-3-4　商品详情页优化策略

详情页所包含的内容 及设计框架	
下一步的优化计划	

 任务评价

通过完成本任务的操作，请按下表检查自己是否掌握了本任务的主要技能。如表 3-3-5 所示，根据评价表对学习效果进行检查与评估。

表 3-3-5　学生自评和教师评价表

评价内容	分值	学生自评	教师评价
能比较分析每一个类目中的商品详情页	20		
能对每个调研商品的详情页进行总结分析	20		
能针对指定类目的商品详情页提出优化策略	20		
能够完成指定类目商品详情页的设计框架	20		
信息收集、分析、总结提炼能力	10		
团队成员之间合作，共同完成任务	10		
总分	100		

能力拓展

请自学"淘宝平台规则"中的"淘宝网商品发布规范"（扫描二维码学习）。

淘宝网商品
发布规范

项目三 网店优化

任务四

网店购物路径规划

学习目标

1. 掌握购物路径规划的概念；掌握网店首页布局设计的原则；掌握网店首页店招和导航设计的方法；掌握关联销售的形式，能够完成关联销售的设计。
2. 具备较强的审美能力和敏锐的观察能力。

任务描述

小刘的团队优化完网店的商品详情页后，认为还需要进一步优化网店装修，尤其是首页的店招、导航和焦点图等模块。之后，他们想通过分析烹饪用具类目同行业网店首页布局设计风格，结合自己网店商品属性和目标群体特征，对网店首页布局进行优化设计。

任务分析

卖家将客户引进网店后，若客户不满意当前所看到的商品，那么客户就有可能流失。网店运营需要提高每个客户的利用率，尽可能提升网店转化率。网店首页的店招、导航、焦点图都是非常重要的位置，首页的设计要充分体现网店重要商品的特点。利用好网店首页重点模块来合理分配引导客户流量，减少网店客户流失，提高流量利用率。

通过本任务的训练，理解购物路径的含义，理解不同类目不同网店设计首页导流的原则，能够根据网店情况布局和设计网店首页，能够设计不同形式的关联销售。

任务准备

为保证同学们熟悉搜索引擎优化相关知识，需要准备相关资源：天猫、淘宝。同时保证网络畅通，计算机设备等正常运行。

任务实施

一、首页购物路径规划

大部分网购客户会通过电子商务平台搜索框进行关键词搜索，进入搜索排序页面，排序页面中会呈现各个网店的商品主图。客户会通过视觉判断，点击适合自己的商品，进入商品详情页细致了解商品。在这个过程中，一部分客户会下单结束购物，另一部分客户会继续寻找其他商品。购物路径规划指的是根据客户的购物路径，通过网店的页面布局来引导客户找到引流商品之外的网店其他商品，促进购买、加购、收藏等。

3-29

★ 此知识点为网店运营推广职业技能等级标准（中级）考点。

1. 首页布局　网店首页相当于实体店的门面，用于展示网店形象、商品和导购信息。网店首页展示了网店所推荐的商品、主要的营销活动，向客户传递品牌形象，同时还承担着引导分流、提升客户购物体验和提高网店转化率的作用。因此，规划好网店首页的布局也是网店运营工作的重要内容。网店首页布局又分为PC端首页布局和移动端首页布局。

网店流量数据的统计表明，网店的主体流量集中在商品详情页，大部分客户首先是通过详情页进入网店，如图3-4-1所示。如何减少商品详情页流量的流失，实现商品详情页、商品列表页和网店首页之间的流量循环转化，网店的首页布局起着非常关键的作用。

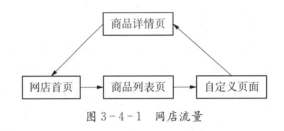
图3-4-1　网店流量

（1）网店PC端首页布局：网店首页作为一个网店形象展示页面，会直接影响到客户对于网店的认同感。随着移动互联网的发展，网店首页的流量占比虽然有所下降，大部分客户是通过商品详情页进入网店，但如果当前的商品无法满足客户需求时，客户便会通过网店首页寻找网店内更多更好的商品。所以，在优化网店首页时需要从客户的角度出发进行合理的布局。

网店首页除了页头和页尾外，中间可自行添加布局单元。页头部分是每个页面通用的部分，是由店招和导航构成。页尾部分和页头一样是各个页面通用的，内容可以根据网店的需求进行编辑。首页中间部分为自定义内容区，网店往往会通过它以Banner形式进行网店活动、网店新品和热销商品的推荐，然后对网店商品进行分类导流。图3-4-2所示是某烹饪用具店铺的首页框架布局。

（2）网店移动端首页布局：网店移动端首页布局不同于PC端首页，由于受移动设备屏幕大小的限制，展示内容有限，要对展示的网店信息进行优先级划分，合理进行布局。对移动端首页划分主次区域，将重点内容置顶，如新品上新、优惠活动、网店热销等，通过自定义模块内容展现这些优质内容吸引客户，再通过商品陈列模块展示网店其他主推的商品。网店移动端首页布局设计要清晰便捷，从客户的角度考虑操作的便捷性和获取需要商品信息的便利性。同时在首页插入关注网店、收藏商品等引导标识，为网店增加一部分固定粉丝。某烹饪用具店铺移动端首页第一屏和商品陈列模块分别如图3-4-3、图3-4-4所示。

（3）首页布局的原则与技巧：为了规划网店的购物路径，引导客户更好地在网店里面"逛"，并找到其所需要的商品，网店的首页布局应该遵循以下原则：①充分利用好店招和导航；②合理分类导航可以缩短购物路径；③首页的第一屏非常关键；④首页的商品陈列风格

项目三 网店优化

图 3-4-2 某烹饪用具店铺的首页框架布局

要统一,重点突出;⑤独立访客(unique visitor,UV)数指标价值高的商品可以在首页重复出现。

首页布局除了要遵循以上原则,还应该知道以下优化技巧。

1)网店的主体色调要提前确定好:例如,网店卖的是机械类的商品,主体色调可以蓝色为主;若销售的商品是食品类,可以搭配大红色的色调。要尽量保持网店的装修色调和商品的色调相统一,不要不协调。好的色调可以让客户进入网店后心情舒畅,激发客户下单的欲望。

图 3-4-3　某烹饪用具店铺移动端首页第一屏

图 3-4-4　某烹饪用具店铺移动端首页商品陈列模块

2）网店的布局要符合客户对网站的浏览习惯：网页的最顶端是店招，店招下面可以是一键导航。导航可以直接分类，左侧需要一个商品的分类模块，因为很多客户习惯在左边通过商品分类寻找想买的商品；接着可以放一个轮播大图，介绍网店的主打商品以及主推的活动；再往下是一个精简的商品推荐模块，建议一行不要超过 4 个商品。

3）文字的格式展示非常重要：网店装修的文字建议尽量统一，不要采用凌乱的字体，字体要与网店整体风格搭配。如果是需要强调的文字，字体颜色可以用红色、白色或者黄色突出显示。

4）切忌盲目模仿：每家网店的主题风格不可能完全相同，针对的人群也不同，因此简单地复制商品详情页可能导致转化率变低。我们可以参考学习优秀卖家的设计思路，并结合自身商品特点，做出差异化设计，凸显商品和网店的卖点。

5）页面设计切忌太长、太复杂：有些卖家为了能让客户更好地了解自己的商品，往往在网店中放很多的页面，把页面做得很长很复杂，其实这么做效果并不一定好。因为页面内容过多,跳转也慢,这也会导致很多流量流失。

2. 店招设计 店招指的是网店的招牌,一般都有统一的大小要求。店招位于网店首页的页头,是网店首页非常重要的位置,利用店招可以充分地做好网店流量的引导。店招的设计可以由"网店名称+网店标语"组成,能加深客户对于网店的第一印象。同时,为了让客户停留更长时间,提高去往其他页面的点击率,还可以在店招上加上网店的收藏关注按钮,或者加上网店优惠券,甚至将网店的主推款放在上面,加上链接。例如,图3-4-5所示为某烹饪用具旗舰店店招,店招的设计突出了网店名称、品牌 Logo 和主推商品;图3-4-6所示为某烹饪用具店铺店招,店招的设计突出了品牌 Logo、网店标语、收藏按钮和搜索模块。

图3-4-5 某烹饪用具旗舰店店招

图3-4-6 某烹饪用具店铺店招

3. 导航设计 导航位于店招的下方,是网店首页的重要部分,在网店页面中的作用是引导客户快速查看需要的商品。通常,网店会将活动页面、自定义页面和商品分类展示在导航当中,很多卖家还会加上每周上新、会员服务、店铺活动、关于品牌等多个导航按钮,在方便客户查找商品的同时也增加了客户对于卖家的信任度。

> ★ 此知识点为网店运营推广职业技能等级标准(中级)考点。

导航的设计比较常见的是单层设计导航和二级子菜单导航。例如,图3-4-7所示的某零食店导航为单层设计导航,展示了"聚划算"页面、"300减200"活动页面、"新品抢鲜"页面以及商品的各个分类页面,这也是为了让客户能够更快地找到想要的商品。某些品类的网店例如服装,商品种类比较丰富,为了让客户能更精准地找到商品,往往会设计成子菜单导航。注意,导航设计要简洁明了。如果客户找一种商品非常困难,就说明导航设计比较失败。

图3-4-7 某零食店导航

4. 海报图设计 在首页的第一屏中,除了店招和导航外,就是网店首页的海报,这也是网店首页视觉非常关键的区域。首页海报图优化需要突出目前网店的主题活动、促销规则、优惠力度。海报图可以将目前网店的主推商品呈现出来,为主推款导流量;也可以将网店的新款商品进行呈现,让客户浏览,提前收藏;也可以体现出网店商品风格或服务的差异。海报图的设计要与网店的整体风格相一致,要能够帮助客户记忆,树立并强化网店的品牌形象。

二、关联销售设计

想要做好关联销售的设计,要明确关联销售在网店中的作用。

1. **关联销售的作用** 除了利用好网店首页布局规划购物路径之外,还可以通过商品详情页的关联销售提高流量利用率,提高访问深度,降低跳失率。关联销售是指寻找商品、品牌、品类等所要营销商品的关联性,在互利双赢的基础上,实现交叉营销,为业务实现深层次、多方位的引导。通过关联销售,可以尽可能多地创造销售机会,提高客单价,让活动款商品盈利。利用好关联销售,可以提高其他商品的曝光量,也可以尽可能多地留住独立访客,促使其转化为长期、稳定的购买力,提高网店的转化率。

2. **关联销售的原则** 商品详情页关联销售的设计可以遵循以下两个原则。

(1) 黏合性原则:关联的商品之间必须有紧密的、互补的、可联想的关联。设置的商品不可与主商品的类目冲突,而且要让客户产生两者搭配起来才完美的消费心理需求。例如,主商品是一件上衣,那么关联的商品可以是与上衣风格一致的裤子,还可以加个外套。外套满足保暖的需求,是和这件上衣呈互补关系的商品。

(2) 价格区分原则:如果关联商品以套餐的形式呈现,那么套餐的价格必须能够让客户感受到套餐比单买优惠。

在设计关联销售时,并不是所有商品的关联都是一样的,每一种商品我们都需要单独去设计关联销售商品。我们需要弄清楚关联营销的目的是清库存、换季销售还是搭配销售,再根据商品的特点结合上述两个原则进行关联销售设计。

3. **关联销售的形式** 常见的关联销售的形式有以下几种。

(1) 搭配建议型:关联商品之间必须符合紧密联系且能够第一时间联想到的原则,着眼于客户应季的需求,催生需求愿望。例如,女装、男装类目可通过上衣、外套、裤子、裙子的搭配激发客户的购买需求。

(2) 替补型:关联的商品基本属于网店的主推款商品,可以关联款式、功能、属性等差不多的商品。如果客户对主商品不是很满意,可能会转到网店其他商品页面去查看。如果没有同类目的商品,客户可能会直接离开网店,这样就减少了同类商品展示的机会,不能为网店增加转化率。因此可以在主商品下关联类型相同的商品,这属于替补型关联销售。

(3) 引导推荐型:所关联的商品与主商品功能互补,能提升功能属性,满足多场景的需求。例如,瑜伽垫可以关联瑜伽球、跳绳等商品。

(4) 数据型:按照客户的购买记录或者浏览路径进行关联商品的挑选,通过对客户购买主商品的同时还购买了哪些商品进行统计,关联购买概率高的商品。也可以通过访客的实时浏览记录,关注客户喜欢浏览的商品,将这些商品进行关联。

当然,关联销售还有一些其他的形式,例如买送型,通过搭配套餐进行销售。网店选择关联销售的商品时要根据网店的商品和数据有针对性地搭配。

三、店铺页面整体优化

在市场行为中,所有运营行为都是基于客户需求,因此有什么样的客户定位,就需要配套相应的运营方案,店铺整体页面的策划也应该围绕客户定位展开。店铺形象设计要符合店铺客户定位,主要指图文、视频所体现出来的品牌层次、商品材质、工艺水平符合客户需要。高端商品对应高端大气的店铺形象设计;中低端商品一般不需要奢华的店铺设计,个性商品则要体现店铺的特点。

一般而言,店铺页面优化主要从整体风格、结构布局、内容安排、手机端竖屏呈现四大方面满足客户需求。

1. **整体风格恰当,符合客户需求和商品特点**　商家可通过店铺色彩、图文格式的统一搭配来表达并满足客户的第一印象需求,具体体现为店铺、商品页面的背景色、背景图片、前景色、前景图片、文字格式、商品摆位方向相统一,包括页面中所涉及的文字字体、大小、颜色的统一,页面中所涉及的图片色彩、构图、元素、尺寸、结构、角度的统一,商品所涉及的标识、拍摄角度的统一,色彩、图、文整体的统一。整体色彩搭配上与店铺 Logo 色调相统一,主色调不要超过 3 种颜色,商品拍摄角度和图文处理前景、背景保持统一。整体色调、风格要体现出行业、商品所传递的感觉,如儿童用品店铺多用亮色调,体现出活泼、生动的风格;大型家电商品多用深色调,体现出精密、稳定的优势。

2. **结构布局简洁清晰,便于客户有重点地查看信息**　结构布局清晰,主要包括店铺导航、商品分类结构清晰以及页面结构设计清晰。

★ 此知识点为网店运营推广职业技能等级标准(中级)考点。

(1) 店铺导航结构清晰:PC 端店铺首页栏目导航可以根据客户对商品的需求,按照主次展示商品分类,也可以根据店铺特质展示新栏目、店铺活动栏目,甚至是会员服务、品牌故事栏目。手机端店铺可以根据后台页面设置选择是否开启视频、活动、新品、买家秀等栏目导航。

(2) 商品分类结构清晰:商品分类尽量能够多维度体现,如健身器材,既能按照健身器材的大小进行分类,如大型、小型健身器材,又能够根据商品品类进行分类,如跑步机、综合训练器、腹肌板等,甚至可以按照价格段、适合人群进行分类,便于不同客户快速筛选商品。

(3) 页面结构设计清晰:页面结构设计清晰主要是指详情页、首页及其他页面内容逻辑结构安排得当。详情页上主要体现商品详情与店铺的促销活动、爆款商品及搭配商品等内容,以促进客户购买或关联消费。首页店招、通栏横幅等突出位置上显示店铺爆款、新品等结构模块以引起客户关注。

总之,合理的结构布局,可以方便客户快捷地查找需要的信息,能大大提升客户体验度从而促进客户消费及品牌形象的传播。

3. **内容安排翔实精准,善于把握客户痛点**　内容安排主要指商品详情页及促销文案、广告图等内容设计,既要能突出客户需要的详细信息,又能体现商品卖点,促进客户购买。

在商品详情页方面,商家需要将场景、商品细节、商品规格、商品使用说明、售后问题甚至包括商家、品牌实力表述清楚,条件允许的情况下可以辅以视频增加客户对商品的认知、信任。

促销文案方面，要求简洁、凝练、主次有序、层次鲜明，突出商品卖点、促销紧迫感，能从商品实力或者情感角度打动客户，促进客户下单。

4. 手机端竖屏呈现，满足移动化趋势　　目前随着移动端比例的不断上升，客户主要通过手机终端浏览店铺，产生购买行为，因此店铺视觉也由 PC 端的横向思维转向手机端的竖屏思维，在淘系端最明显的体现就是在商品发布环节开始支持 3∶4 比例的商品主图和主图视频，且部分类目已出现 800 像素×1 200 像素的规则尺寸的商品竖图。从客户的手机浏览习惯来看，竖屏呈现将会渐渐成为店铺图形设计、视频拍摄、文案设计的主流，如图 3-4-8 所示。

(a)　　　　　　　　　(b)　　　　　　　　　(c)

图 3-4-8　手机端的竖屏呈现

在移动电商时代，竖屏替代了横屏。原有的横屏文案展示在竖屏手机上往往会导致横向位置上内容压缩 1/3，纵向位置上留白 2/3，图片内容展示不充分、文字不清晰、内容臃肿，且竖屏容量出现空余等问题。与此同时，随着客户碎片化浏览时间的增加、浏览深度的下降，横屏信息也无法准确传达商品的真实信息。因此结合手机大像素、高密度、一屏化的特征，店铺视觉设计也应做出相应的改良。

（1）思维模式：摆脱 PC 端横屏惯性思维，培养手机端竖屏思维。

（2）文案原则：凝练内容，做到简洁易懂。

（3）具体方法：店铺页面设计时，由传统的横向左右分栏、左右构图法转向纵向上下分栏、上下构图法，减少左右留白；一屏一个主题，内容简洁明了，主题突出，标题文字行高尽量大于屏幕的 1/10，图文相间，文字内容不要超过 3 行；图文内容分离，不要在图片上面覆盖文字，如果文字太多，可以全屏以文字显示。

四、网店购物路径规划

步骤一，组建网店运营与推广小组。

步骤二，选取烹饪用具类目 5 家不同网店的店招及导航栏，截图并分析店招、导航栏的特点。

步骤三，观察不同卖家的商品详情页关联销售设计，收集 3 种不同形式的关联销售，并分析卖家关联销售的内容。

步骤四，完成小刘网店移动端首页局部设计。

步骤五，按照下面 4 个方面记录实训成果。

(1) 填写任务记录单，如表 3-4-1 所示。

表 3-4-1 任务记录单

实训时间	
实训地点	
小组成员姓名	

(2) 选取烹饪用具类目 5 家不同网店的店招及导航栏，截图并分析店招、导航栏的特点，填入表 3-4-2。

表 3-4-2 店招和导航分析

网店名称	店招分析	导航分析
网店 1		
网店 2		
网店 3		
网店 4		
网店 5		

(3) 观察不同卖家的商品详情页关联销售设计，收集 3 种不同形式的关联销售，并分析卖家关联销售的内容，思考卖家设计关联销售的思路和目的，填入表 3-4-3。

表 3-4-3 关联销售分析

商品	关联销售内容和形式分析	关联销售思路与目的分析
商品 1		
商品 2		
商品 3		

网店 运营推广

（4）通过 Excel 或 PPT 完成小刘网店移动端首页布局的设计，填入表3-4-4。

表3-4-4　网店移动端首页布局设计

移动端首页布局设计	

三　任务评价

通过完成本任务的学习，请按表3-4-5所示，根据评价表对学习效果进行检查与评估。

表3-4-5　学生自评和教师评价表

评价内容	分值	学生自评	教师评价
不同网店店招和导航的分析	20		
不同网店商品关联销售的分析	20		
完成网店移动端首页布局设计	30		
信息收集、分析能力	20		
团队成员之间合作，共同完成任务	10		
总分	100		

能力拓展

1. 移动互联网时代，网店大部分的流量都来源于移动端，那么PC端网店首页的设计还有必要吗？请说明原因。

2. 案例学习（扫描二维码学习）。

案例学习

项目四　网店推广

项目说明

网店推广,主要指网店付费推广,就是在网络平台上做广告。网店推广的平台众多,推广的产品五花八门,推广的费用不尽相同。要做好网店推广,只有平台选得准,方案设计得科学,产品用得精,店铺才会有效益。那么,借用什么样的推广平台,选择哪一类的广告产品,如何设计科学的营销方案,实施什么样的操作步骤,才能争取网店的投入产出最大化呢?

本项目将分别从直通车、引力魔方、超级互动城、万相台4个推广工具入手,系统地讲解搜索类推广、展示类推广、互动类推广和一站式智投推广的基本原理和基本操作方法,从而有效提高付费运营推广的经济效益和培养数智化运营推广能力。

本项目学习导航

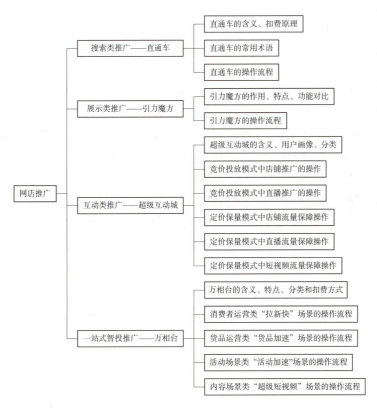

任务一 搜索类推广——直通车

学习目标

1. 熟悉各平台搜索类直通车推广工具的工作环境。
2. 掌握直通车推广的展现逻辑及其扣费原理;掌握直通车的操作步骤,能够共同完成方案设计和实施。
3. 正确理解数字资源的经济价值和社会价值。

任务描述

某主营女装的淘宝店铺,店掌柜不是专门做运营和产品的人员,客服人员有2人,计划在3月底、4月初时销售一批春装。店掌柜先是到周边各大市场跑货和挑货,挑选了30多款女装、半身裙、衬衫、套装等,每件成本在30元左右,采用低价走量销售的方式。因销售时间较少,经他人建议,店掌柜决定投入做直通车推广。

任务分析

该任务主要涉及直通车的测款操作。该店铺需要尽快从挑选的多款女装中选定一些主推款,达到薄利多销的目的。直通车推广可以实现精准营销,但也需要谨慎操作。设置投放平台时,必须保持一样的外部环境,同种商品的投放地区、时间模板要相同,这样测出来的结果才准确、可比。选择关键词时,因款式较多而时间有限,关键词不需要精选,只要符合产品属性即可,建议采用广撒网测试法。关键词出价时,建议设置为广泛匹配,并稍微提高价格以求快速收集数据。投放3天之后,可以选定3～5个点击率和收藏率高的商品为主推款,进行正常的直通车推广,并应根据后期数据波动及时调整和优化。

任务准备

开展该任务实训,店铺主营类目需要符合《阿里妈妈用户准入店铺主营类目限制》的要求,按照账户属性同时需符合相应的条件;所推广商品具备根据国家法律法规规定必须取得的所有资质文件。

任务实施

一、登录首页

搜索"淘宝直通车"关键词,正确选择"直通车"推广入口并登录;或者直接输入网址"https://subway.simba.taobao.com/",选择"密码登录"或者"短信登录",如图4-1-1所示,完成登录。

图4-1-1 直通车登录

1. **什么是直通车** 直通车是按点击付费的营销推广工具。买家搜索关键词展现匹配商品的推广方式,能够将商品精准地展现给有需求的消费者,给店铺带来大量精准流量。直通车对于店铺而言只是一个付费引流工具。直通车能做的是把客户带进店铺,最终是否转化成交还要综合考虑产品的质量、销量、评价、客户喜好等因素。产品那么重要,是不是不用推广了?产品好也怕人不知道,顾客一天也就逛几家店铺,不招揽顾客可能就没机会卖出去了。怎么推广更加合适呢?别人在电视、电梯到处打广告,我也要这样吗?大商家预算充足,可能用了很多的工具、出了较高的价格;小商家预算不足的情况下,用好直通车里的标准推广和智能推广就足够了。

2. **直通车的优势** 直通车具有使用安全、流量精准、经济高效的优势。

(1)使用安全。直通车推广采用点击付费模式,只有买家点击了直通车推广的广告,卖家才需要付费给直通车系统。同时,直通车拥有专业的24小时全天实时无效点击过滤系统,系统会监控多项参数,并通过智能化的算法分析,实时过滤无效点击,从而防止竞争对手的恶意点击,全方位保障直通车用户的推广权益。

(2)精准流量。直通车推广通过关键词锁定有相关购物需求的买家,并通过投放时间、定向人群、投放地域等设置,使投放更精准,使用户获取优质流量。

(3)经济高效。直通车使用全球最大的购物搜索引擎,每天有超过3亿买家使用,有超过百亿的展示力量,有充分的曝光及成交机会。同时,直通车推广按点击收费,且可以设置相应的计划日限额,精准可控推广费用,从而获得理想的推广效果。

3. 直通车推广位置　PC端核心资源位:淘宝网搜索结果页,左侧1~3个宝贝展示位,有标识"广告"字样的位置,以及页面右侧和页面底端有标识"广告"字样的位置。

手机淘宝核心资源位:在手机淘宝App搜索结果页每隔5个或10个商品有1个带"广告"字样的展现位为直通车广告。如1+5+1+5+1+10+1+10+1+……其中"1"为直通车展示位。前述展示位可能受淘宝活动的影响,实际广告位会出现上下波动,如插入活动信息至搜索结果页等官方活动,具体以搜索结果页的"广告"标识为准。

4. 关键词　直通车的关键词就是推广词。对应到买家,那么就是消费者的购物意图。例如,一级意图"口红",一般为行业大词、类目词、主词;二级意图"哑光口红",一般为核心词、主推词;三级意图"哑光口红送女友、哑光口红正红色",一般为主推词、次推词、长尾词;还有更加深入的长尾词,要词的市场表现确定。

关键词有合并相近词逻辑。例如买家搜索"泳裤"或"游泳裤"这种相近词,只要投放了"泳裤""游泳裤"其中一个就有机会展现。在生意参谋能看到两个词的数据,实际投放过程中只要选择其中一个即可。通过关键词添加重复,可以查看是不是相近词,如果是相近词投放一个即可。

5. 直通车的展现逻辑及其扣费原理

> ★ 此知识点为网店运营推广职业技能等级标准(中级)考点。

(1)展现逻辑:直通车是根据关键词质量分和出价获取的综合得分,并根据综合得分确定商品的排名。

$$综合得分 = 出价 \times 质量分$$

(2)扣费原理:直通车按点击扣费,扣费金额不高于您的最终出价。

$$单次点击扣费 = (下一位出价 \times 下一位质量得分)/您的质量分 + 0.01 元$$

直通车采用点击扣费模式,按二价逻辑进行扣费,即如果相同关键词,你的扣费就是下一位的出价乘于下一位的质量分,除于您的质量分,再加上0.01元,也就是说质量分越高,相对扣费越低。例如:关键词"手机"只有AB两个商家出价,A最终出价2.5元,质量分10分,B最终出价3元,质量分8分,A综合得分$25 = 2.5 \times 10$,B综合得分$24 = 8 \times 3$,所以A获得了第1坑的位置,实际A的扣费是$3 \times 8/10 + 0.01 = 2.41$元。

> ★ 此知识点为网店运营推广职业技能等级标准(中级)考点。

6. 质量分　直通车质量分是衡量关键词与推广商品和淘宝用户搜索意向三者之间相关性的综合指标,为1~10分制。影响质量分的因素包含创意质量、相关性及买家体验3个方面,如图4-1-2所示。

(1)创意质量:推广创意近期的关键词动态点击反馈。

(2)相关性:关键词与商品类目、属性及文本等信息的相符程度。

(3)买家体验:根据买家在店铺的购买体验和账户近期的关键词推广效果给出的动态得分。

项目四 网店推广

质量分介绍

质量分计算维度包括:

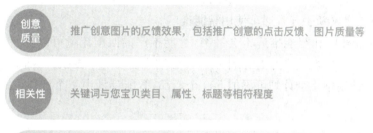

图 4-1-2 直通车质量分

二、新建一个计划

在"天猫直通车"工具的"推广"栏,选择"新建推广计划"即可。

1. 适宜开通直通车的情形

(1)流量较低的店铺。开店初期,新手卖家采用的第一步往往是优化商品的标题和详情页,设置商品的促销方式,期望可以依靠自然搜索排名,达到获取流量的目的。但是,数据显示,这样操作常常毫无效果;相应的,如果开通直通车,效果会大大改观。由于直通车推广是付费的,对于资金充足的商家来说,可以持续使用;如果资金不足,建议卖家在新品发布初期,依靠直通车推广力量,达到快速引流、提高销量的目的,待销量稳定后再逐步提高自然搜索排名。

(2)发展遇到瓶颈的店铺。店铺运营不是一帆风顺的,如果店铺经过多方努力,订单始终增加缓慢,甚至原地踏步,可以选择开通直通车。对于资金有限的店铺,可以通过直通车的访客人群功能,针对不同人群做溢价投放,使流量更具针对性,做到精准引流。

(3)打造爆款的店铺。爆款可以带来流量,有了流量才有销量。打造爆款是每个店铺都会经历的过程,而使用直通车打造爆款则是最常用的方式之一。

(4)新款测试的店铺。当产品面临更新换季,而市面上新款众多时,卖家往往把握不准哪一款产品才是买家所喜欢的。如果仅仅依靠自然搜索排名获得免费流量去判断,往往所需时间较长,浪费大好时机。这时,卖家可以对新款商品进行直通车推广,投放一些热门的关键词,并提高出价,抢占比较靠前的排名位置,判定哪一款产品更适应买家需求。

> ★ 此知识点为网店运营推广职业技能等级标准(中级)考点。

2. 直通车计划推广方式 计划推广包括标准推广和智能推广两种方式。标准推广是手动设置推广,当商家设置的关键词和买家搜索关键词相匹配即有机会获得展现,是综合排序搜索竞价。标准推广,从日限额到出价,从人群到创意,所有的信息均可以自己手动设置,推广费用精准可控。而智能推广是直通车提供的智能化托管功能,商家只需要进行简单的计划设置,即可开始直通车推广。相对于标准推广,智能推广可以快速智能化获取优质流量,平均效果高于标准计划,效果更好;极简便捷的推广设置,1分钟即可完成推广,效率更高;同时支持单个商品和多个商品推广,满足日常销售、新品测款和活动引爆的不同需求,场景更多。建议新手开直通车使用智能推广。

1个商品同时上标准推广和智能推广不会冲突,智能推广的匹配流量可以更好地为商品补充流量。直通车一般可以新建8个标准计划。根据推广需要和审批条件,商家也可以申请更多的计划。标准计划中1个计划可添加500个商品;智能计划中1个计划可添加30个商品。

三、选择营销场景

营销场景指营销的目的。营销场景的选择如图4-1-3所示。

图4-1-3 选择营销场景

营销场景需要根据商家的推广目的选择,包括"日常销售""宝贝测款""定时上架""活动场景"等。如果推广目标为日常商品销售,则可选择"日常销售"推广方案,该方案主要用于平衡转化和流量,在流量的选择上会更偏向于高成交流量。如果推广目标为商品测试,则可选择"宝贝测款"推广方案,该方案下系统相对均匀地测款商品快速获取流量,以便商家在短时间内得到测款结果。如果商家为了快速获取更多优质流量,促进活动期的爆发,则可选择"活动场景"推广方案,该方案适用于店铺活动、大促活动和常规营销活动。

四、设置计划名称及日限额

设置计划名称和日限额,如图4-1-4所示,从而有效控制花费,提升投放效益。

图4-1-4 设置计划名称和日限额

1. **直通车日限额** 每个推广计划可以单独设置每日扣费的最高限额,即所谓的日限额。当推广计划的总消耗达到限额时,这个推广计划下的所有推广商品都会下线,第二天再自动上线,超过日限额费用也会自动返还;如果消耗没有达到限额,会按照实际金额进行扣除。具体扣费金额以第二天的直通车报表数据为准。

日限额的设置十分必要,尤其对于预算有限的中小卖家而言,一定要设置好,否则超预算的花费将无法承受。设置日限额可按照实际需要选择"标准推广"或"智能化均匀投放"。一般新手在无法判定访客高峰期时间段时,建议选择"智能化均匀投放",待摸索到规律后,再根据实际情况选择"标准推广",自行设置日限额。

2. **直通车关键词的精确匹配和广泛匹配** 精确匹配是指买家搜索词与所设关键词完全相同(或是同义词)时,推广商品才有机会展现。热门搜索词的搜索量较大,竞争更激烈,相应的价格也会较高,建议对这类关键词使用精确匹配。

★ 此知识点为网店运营推广职业技能等级标准(中级)考点。

广泛匹配是指买家搜索词包含了所设关键词或与其相关时,推广商品就有机会展现。精确长尾词,因搜索量较少,竞争不大,相对来说价格较低,可使用广泛匹配吸引流量。

关键词是直通车的根基,了解得越深入透彻,调整的时候才能越有方向。关键词的选择决定以后调整的方向,一定要慎重。不管是店铺自然流量还是付费流量,关键词都是需要重点把握的。商品核心引流关键词权重高,搜索排名、直通车竞价排名都会靠前,这样我们所需的流量才能吸引到位。

3. **直通车精选人群溢价** 精选人群是指商家可以通过对于不同人群设置溢价,针对高价值人群可以设置高溢价,例如,商家可以针对收藏未购买过的店铺访客设置溢价,如关键词设置1元,溢价比例设置50%,那么针对收藏未购买过的店铺访客,搜索了此关键词的出价 $=1\times(1+50\%)=1.5$ 元。

五、选择推广的商品

选品是开直通车的第一步,也是最重要的一步。卖家可以利用通过市场需求和消费者的喜好、商品的流量、访客、转化、收藏,确定商品的受欢迎程度,决定是否适合上直通车推广;也可以在直通车系统提供的3个优选条件"优选宝贝""优选流量""优选转化"中进行筛选。"优选宝贝"指根据该商品历史数据预测适合推广的商品,"优选流量"指根据该商品历史数据预测在引流方面有潜力的商品,"优选转化"指根据该商品历史数据预测在转化方面有潜力的商品。卖家可根据自身投放直通车的实际需求,筛选相应的商品进行投放,也可以按照类目筛选或自主筛选。在智能推广下,选择需要推广的商品,计划内最多可以选择30个商品同时推广。

不同的选品原则适用于不同的店铺卖家。如果是新手卖家并且是首次开通直通车推广的,可以参考以下原则:①符合市场需要:做市场需求量大的商品;②无违规降权:违规降权的商品不利于自然流量和直通车的推广效果;③收藏量高:高收藏说明商品的受欢迎程度高;④应季品:应季的商品能够保证商品的畅销度,尤其是季节性明显的类目;⑤利润空间大:利润过低的产品不适合做直通车推广;⑥特色明显:商品的独特性强则客户的黏度大;⑦库存充足:供应链越稳定直通车越有保障;⑧质量保证:差评太多的商品是不利后期推广的。对于较成熟的店铺,商品已经有了一定的销量,在进行选款时则比较客观,即数据化选款,可以借助生意参谋等数据来源。

六、创意设置

添加商品后自动生成商品的创意标题,点击下一步,设置推广方案,如图4-1-5所示。

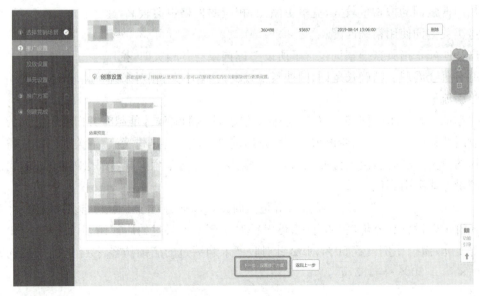

图4-1-5 创意设置

直通车创意就是消费者在搜索时能看见的推广图片等。区别于商品主图，通常情况可以上传4张主图。创意类型包括图片创意、视频创意和智能创意。图片创意表现为正常方形图片和长图片。关于视频创意，现在直通车后台支持 AI 制作视频上传，不需要额外投入人力进行制作。智能创意主要针对推广标题和副标题，系统根据产品特性、店铺情况、行业趋势组合关键词投放展示，该标题不影响投放的实际关键词。创意投放方式包括轮播和优先。轮播会根据流量情况，尽可能平均分配图片展现次数，通常用在测图时期。优选则根据实际展现点击情况，保障大部分流量展现到点击率更高的图片上。

七、设置关键词及出价

在标准推广下，由于新手开直通车没有设置关键词的概念，可以开启流量智选，如图4-1-6所示。

图4-1-6　标准推广的流量智选

在智能推广下，设置默认出价上限，如图4-1-7所示，完成推广。

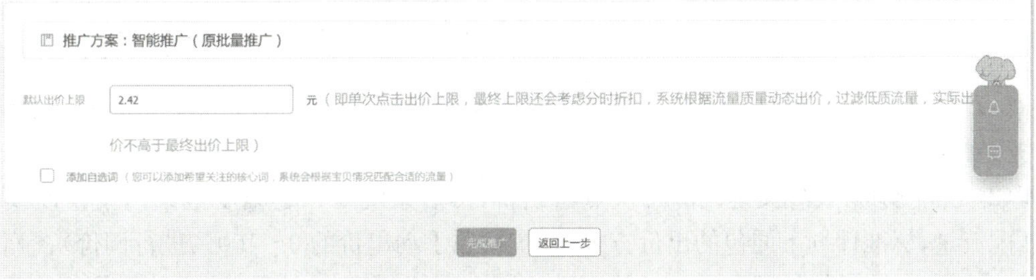

图4-1-7　智能推广的默认出价设置

在智能推广下,默认出价上限是指商家可接受的单次点击出价上限。最终上限还需要考虑分时折扣等,系统根据流量质量动态出价,过滤低质流量,实际出价不高于默认出价上限。系统支持区分计算机和移动设备修改出价上限。如果选择"添加自选关键词",系统会同时通过自选关键词加上智能匹配为商品匹配不同的流量。

1. 流量智选　　流量智选是一种系统自动买词工具。商家开启流量智选,打开流量智选词包,即可获得新流量拓展,解决流量拓展难的问题。流量智选词包开启一段时间后,系统会将词包内优质关键词披露,商家可以购买优质关键词至自选词中进行单独管理,发现优质新词。流量智选词包可托管长期无展现自选词,进行托管设置后有流量就自动推广,解决长尾词管理问题,释放自选词空间,给自选词管理减负。商家可以选择手动回收,每次需要手动进行操作,也可以进行系统回收,按照设置的时间周期系统进行主动托管,从而更好地管理关键词。

2. 直通车的出价形式　　虽然直通车只有一种最终的出价和扣费逻辑,是对每一次的点击进行出价,按照二价计费,最终通过每次点击进行收费,但是为了满足不同商家的不同投放需求,直通车存在多种出价形式,按照可设置参数从小到大排列依次为:手动出价、智能调价、控成本和最大化拿量4种形式,如图4-1-8所示。

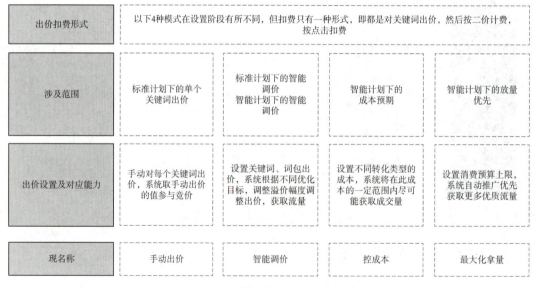

图4-1-8　直通车底层4种出价形式

(1) 手动出价:直接对关键词的每次点击出价;存在于标准计划下每个关键词的手动出价,是最精细的设置参数方式。

(2) 智能调价:设置关键词的每次点击出价,然后系统在一定幅度范围内调整,获取优质匹配流量,标准计划下词包的出价方式(系统按照手动出价的0~100%进行调价)、标准计划下的智能出价(系统按照商家设置的幅度,对手动出价进行正负幅度的调价)、智能计划下的智能调价(系统按照手动出价的±30%进行调价),这三者都是这种模式。

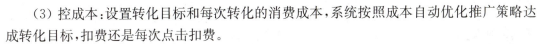

项目四　网店推广

（3）控成本：设置转化目标和每次转化的消费成本，系统按照成本自动优化推广策略达成转化目标，扣费还是每次点击扣费。

（4）最大化拿量：设置消费预算上限，系统自动推广优先获取更多优质流量，扣费是每次点击扣费。

3. 出价和扣费在竞价过程中的计算逻辑　直通车在出价过程中还存在很多影响价格的因子，下面以标准计划下最大生效的因子计算举例。例如 A 商家对某关键词"连衣裙"手动出价 1 元，智能溢价 30%，人群 30 岁女性溢价 40%，抢位助手溢价 50%，时间折扣 80%；该词质量分为 9 分；再假设一个 30 岁女性消费者 S 搜索了关键词"连衣裙"，且是最优质流量生效智能溢价 30%，抢位助手先显示抢位成功生效溢价 50%，那么 A 商家本次面向消费者 S 搜索"连衣裙"的最终出价为 1×(1+30%)×(1+40%)×(1+50%)×80%＝2.184元；此时 B 商家也对关键词"连衣裙"出价了，计算溢价因子后最终出价为 1.9 元，质量分为 10 分。A 商家出价 2.184 元，质量分为 9 分，那么 A 商家获得了 S 这次的展现位置（2.184×9＝19.656 大于 1.9×10＝19）；如果 S 点击 1 次，那么 A 需要花费的金额为 1.9×10/9＋0.01＝2.12 元。

另外，溢价的计算环节是同步生效的，不存在先计算某个溢价再去判断是否满足另外一个溢价因子。以上述例子 A 商家举例，是以最终的出价 2.184 元判断是否抢位成功，而不是先计算人群、智能溢价、分时折扣后得到出价 1.456 元判断是否抢位成功。

八、点击完成推广

完成以上操作后，点击"完成推广"即可。

1. 直通车人群　人群就是人的合集，通过各种不同的标签可以识别具体的消费者。直通车人群是在关键词展现的情况下才存在。如果没有关键词，搜索"连衣裙"的人群中有 20 岁、30 岁、40 岁等女性，也不存在人群概念。如果关键词本身展现过小，不建议加入人群投放，或者加入最相关的人群投放。

误区 1：商品定位是男性、30 岁、月均消费 1 000，产品早期推广直接用这类人群？不建议。产品早期的人群定位和实际情况可能有所差异，还有其他人群会进行购买消费。产品早期推广更加建议用精准的关键词匹配积累数据，可开通智能拉新人群功能，后续查看实际表现好的人群加入推广（推广 7～15 天后）。

误区 2：不同推广工具使用相同的人群标签集合，最后数据应该差不多？不一定。有的人目标性强喜欢搜索购买，有的人喜欢推荐购买，可能两类人是一个寝室的大学生，那么最后实际投放效果可能差异很大。

误区 3：直通车智能拉新优质人群，自定义筛选相同标签后投放效果一样好？不一定。人群标签有非常多，智能拉新人群还会考虑这个人对于产品的偏好度、喜欢看什么电影、登录淘宝的频次等等其他因素，所以相对而言比自定义筛选的结果更加精准，可能效果更好。

误区 4：低关键词出价（行业均值 50% 以下），高人群溢价效果更好？不建议。关键词有海选机制，如果出价过低，可能没有展现机会。人群是在关键词推广的前提下才存在，这种推广方式计划的权重只有在这些特定人群下才有,后续想扩大投放会出现数据下调风险(即所谓的翻车)。

2. 商品没有展现量的原因分析 推广的商品没有展现量主要是直通车各个流量入口没能获得展现或点击。

关键词是展现量的大头。首先,关键词的选择要恰当。热门词与长尾词的流量层级不同,特别的长尾词可能无流量。其次,关键词的数量不宜少。过少的关键词,犹如一个没有入口的店铺一般,无法多方位地引入流量。最后,键词出价不宜低。较低的出价会导致关键词的综合排名靠后,质量得分高的关键词可以适当地提高价格;需要通过后台的实时排名工具,了解该词的参考出价,再结合实时排名,调整出价。当然,还要分析定向推广等其他流量入口的使用效果。

3. 有点击量无转化量的原因分析 首先,通过直通车报表查看关键词的转化和收藏加购的数据,效果较好的关键词可以重点推广,也可以添加和商品精准度较高的关键词。其次,商品描述页面是促成买家成交的重要因素,需要不断优化,具体方法包括通过添加更多商品实物图和细节图、做好关联销售以提高买家在店铺的停留时间、尽量详细地介绍该商品的相关说明、买家好评截图放在商品描述页面等。最后,建议每周优化一轮直通车关键词,把没有流量的关键词删除,按照点击率的标准删除关键词,删除添加关键词可以按照质量得分排序。

任务评价

通过完成本任务的学习,请你按表 4-1-1 所示,根据评价表对学习效果进行检查与评估。

表 4-1-1 学生自评和教师评价表

评价内容	分值	学生自评	教师评价
能完成直通车推广设置,共同完成直通车的操作过程	10		
能分析店铺运营现状特点,明确开通直通车的目的,提出直通车初步方案	20		
能熟练使用两种以上关键词选词方法,完成选词任务	20		
能掌握选品原则,完成测款操作和定款步骤	20		
能根据推广效果,共同对直通车方案进行优化	20		
能够挖掘数字经济中数字资源的经济价值和社会价值	10		
总分	100		

能力拓展

1. **直通车推广优化的技巧分析与应用训练** 请针对直通车中质量得分不高、点击率较低等问题,运用本任务的分析方法,对直通车推广效果进行准确分析与应用。

2. **搜索类推广在京东店铺等平台上的应用训练** 运用本任务的思路和方法,登录京东店铺或其他平台进行推广,需要明确推广目的,尽可能降低直通车出价,尽快提高店铺流量。

任务二 展示类推广——引力魔方

学习目标

1. 熟悉引力魔方推广的工作原理,理解获取展示类流量的设计思路;根据店铺特点和运营目标,正确选定定向人群,优选资源位,合理选择出价。
2. 掌握图片和视频素材创意的制作和设置,完成新计划的建立。
3. 能够在创意制作过程中勇于创新,精益求精。

任务描述

某淘宝玩具店经营多年,新进一批新款玩具,成本低,款式好,预计利润可观,计划引流打爆款,因直通车推广受阻,准备尝试用引力魔方完成推广目标。

任务分析

该淘宝玩具店直通车效果不佳的原因复杂多样,可能有三方面:一是因为受众有限,无合适关键词做营销,点击量太低;二是因为搜索场景营销成本高,高客单转化率不高,定价不准;三是因为新品发育成长慢,免费流量不足。如果想利用低成本的优势,快节奏,打爆品,可以发挥引力魔方的功能,挖掘多年经营积累的资源优势,力求完成预定目标。根据引力魔方"低成本大流量曝光——智能点击效果优化——加购成本调价优化——7天成交打爆"的新品打爆链路,建议该玩具店在引力魔方中聚焦常用人群中的关键词人群,优化关键词人群相关度,优化目标促点击,智能调价扩流量,依据加购成本调价完成计划管理。

任务准备

开展该任务实训,网店需要符合"引力魔方用户准入要求"。无论是完成店铺推广(含自定义推广)还是商品推广,店铺主营类目需要符合《阿里妈妈用户准入店铺主营类目限制》的要求,按照账户属性同时需符合相应的条件。

任务实施

引力魔方是一种阿里巴巴集团旗下的覆盖淘宝首页的猜你喜欢流量、淘宝焦点图等展示类优质精准流量的付费推广产品。消费者从入淘浏览、点击收藏、加购到订单成交后，引力魔方流量资源场景均有覆盖，全量解决了商家生意投放的流量瓶颈。阿里妈妈引力魔方是超级推荐的升级版本，原生的信息流模式是唤醒消费者需求的重要入口，全面覆盖了消费者购买前、购买中、购买后的消费全链路。它的操作过程主要包括登录首页、新建计划、创意添加与管理、管理计划、账户设置等5个主要环节。

一、登录首页

搜索"淘宝引力魔方"关键词，正确选择"引力魔方"推广入口并登录；或者直接输入网址"https://tuijian.taobao.com/"，选择"密码登录"或者"短信登录"，如图4-2-1所示，完成登录。

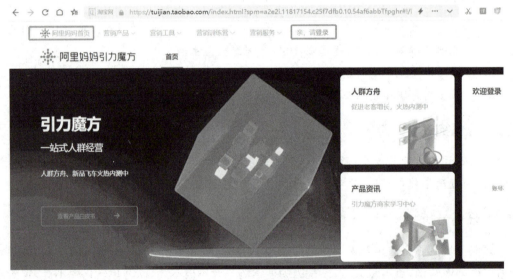

图4-2-1　引力魔方登录

1. 引力魔方的作用　引力魔方拥有更畅快的人群组合投放能力。搭载全新人群方舟的人群运营计划，引力魔方可以帮助商家自由投放各类定向组合人群，例如相似商品人群、相似店铺人群、行业特色人群、跨类目拉新人群等。在目标人群中，引力魔方总能帮助商家找到成本低、效率高的那部分流量。让淘内的人群流量运营简单、高效、透明。

引力魔方拥有最低的人群流转成本。从一个潜客变为一个店铺新客，产生进店、收藏加购和首次购买，这样的流转成本，引力魔方可以做到全淘宝最低。

引力魔方助力提升店铺整体流量。原生的信息流模式是唤醒消费者需求的重要入口，全面覆盖了消费者购前、购中、购后的消费全链路；焦点图锁定了用户入淘第一视觉，覆盖了淘系全域人群。通过两者的有机结合，同时基于阿里巴巴大数据和智能推荐算法，帮助店铺潜在目标消费者,激发消费兴趣,高效拉新,强效促转化,完成营销闭环,促进店铺生意增长。

2. 引力魔方的特点

(1) 资源更丰富:引力魔方囊括淘系核心渠道,包括手淘首页焦点图、手淘猜你喜欢(首页、购物车、支付成功)、高德、优酷、支付宝等淘内外核心资源,规模空前,助商家引爆店铺流量。

(2) 人群更精准:引力魔方推出"目标人群拓展"功能,将基于商家选定的人群特征,在广阔的流量海洋中定位高价值高意向人群,极大地拓展投放规模,助力商家生意持续增长。

(3) 出价更智能:引力魔方运用阿里大数据+业界领先的深度学习技术,在给定的出价成本及预算下,从 PV 颗粒度帮商家精准筛选出潜在消费者,实现营销目标最大化。

(4) 创意更省心:引力魔方引入创意组件和智能化创意,在有效降低商家投放成本的同时,通过智能算法,帮助商家实现创意的千人千面,与消费者建立有效沟通,吸引更多目标用户。

(5) 管理更自由:引力魔方在后台中打造创意库能力,实现创意的可管理、可沉淀和可复用;其自定义报表能力,打破报表常规,由商家自由组合,打造最贴合商家需求的报表;同时推出多个产品工具,帮助商家提升投放效率。

(6) 个性化后台:引力魔方推出个性化后台,将根据客户所在的不同阶段匹配不同的产品能力,帮助商家有效提升投放效率与操作体验。

3. 引力魔方新旧版核心功能对比

引力魔方不仅是"超级推荐"的优化,而且自身也在不断升级改造。引力魔方新旧版的核心功能对比如表 4-2-1 所示。

表 4-2-1 引力魔方新旧版核心功能对比

模块	改动&升级		new!新增能力
	超级推荐	阿里妈妈引力魔方	
资源	信息流资源位	保留	新增焦点图资源位
	基础流量包	升级为优选资源位	
主体	商品、橱窗	保留	新增店铺、自定义主体
定向	智能定向	升级为 AI 优选	新增目标人群 AIPL 能力 新增行业专属定向 新增计划再营销定向
	常用人群	模块整体保留,仍为常用人群	
	更多人群	模块整体保留,仍为更多人群	
出价	手动出价	当营销目标选择促进曝光、促进点击时可选	强化自动出价能力
	系统出价	当营销目标选择促进加购、促进成交时可选	
	时间折扣	手动出价下,支持时间折扣	
创意	各类信息流资源位对应创意	保留	新增创意库 新增智能化创意 新增组件化创意

(续表)

模块	改动&升级		new！新增能力
	超级推荐	阿里妈妈引力魔方	
计划结构	计划/单元/创意	升级为计划组/计划/创意	——
报表	系统默认报表	升级为高度自定义报表	新增投放后 AIPL 洞察/流转报表
	新老客洞察报表	保留	
工具	超级管家	升级为投放管家	冷启动加速
	账户优化助手	升级为智能诊断	
其他	无线小程序	保留	——
	拉新、爆款等营销场景计划类型	自定义类型，可在自定义下通过人群等方式调节实现	

二、新建计划

计划创建为"计划组-计划-创意"三层结构，其中，"计划组"用于选择计划整体的类型，以及对于计划进行管理；"计划"用于设置投放主体、定向人群、资源位和预算与排期；"创意"用于绑定创意，并完成计划创建。操作步骤依次为设置计划组、设置计划、设置创意和完成创建4步。

1. 设置计划组　计划组类型默认为"自定义计划"，如图4-2-2所示。计划组名称可以自定义。

图4-2-2　设置计划组

2. 设置计划　设置计划包括投放主体、定向人群、资源位和预算与排期4部分内容。

> ★ 此知识点为网店运营推广职业技能等级标准(中级)考点。

（1）投放主体：投放主体是商家投放计划的核心内容。它分为"商品""店铺"和"自定义url"3个类型。投放主体的选择，将直接影响资源位，其中选择"商品"时，可投放焦点图及信息流场景资源；当选择"店铺"和"自定义url"时，仅可投放焦点图场景资源。

当投放主体选择"商品推广"类型时，可以选定多种商品。每条计划最多支持的商品主体上限为10个，如图4-2-3所示。如果商家希望对每一个商品进行单独的策略调整，可对每一个计划绑定1个商品的方式进行。同时，当商家选择多个商品时，可点击高级设置下的"自动拆分计划"按钮，完成计划创建后将把创建计划时选择的多个商品，拆分为多条计划，每条计划中仅含1个商品主体，所有计划在1个计划组下，如图4-2-4所示。

图4-2-3　"商品推广"主体类型

图4-2-4　商品推广类型"高级设置"

当投放主体选择"店铺"类型时,系统将自动获取账号背后绑定的店铺进行投放,如图 4-2-5 所示。

图 4-2-5 "店铺"主体类型

当投放主体选择"自定义 url"时,系统将根据创意绑定的 url 进行投放,如图 4-2-6 所示。自定义 url 包括淘积木、店铺二楼、商品、店铺首页等店铺私域页面。如果商家希望同时投放商品和店铺时,也可以通过此方法实现。

图 4-2-6 "自定义 url"主体类型

(2)定向人群:定向人群分为 AI 优选人群和自定义人群两种方式,两者相互独立,不可同时选择。

当定向人群选择"AI 优选"时,如图 4-2-7 所示,系统会根据兴趣点、人口属性等特征,

图 4-2-7 "AI 优选"定向人群

通过大数据自动圈选与商家投放主体契合的人群，实现智能人群定向。由于 AI 优先人群存在学习过程，建议拉长投放周期观测效果。

当定向人群选择"自定义"时，商家可以根据推广目标，如图 4-2-8 所示，对"常用人群"中的"关键词""店铺相关""宝贝相关""小二推荐"细分人群进行自定义圈选，以达到营销目的。其中，"关键词"细分人群是基于各类关键词进行人群圈选，支持系统推荐以及自定义表现填写；"店铺相关"人群是根据消费近期与店铺行为进行智能化圈选，包含店铺智选、相似店铺、店铺优质人群等；"宝贝相关"人群是相似商品的兴趣人群，商品行为人群是店铺内某商品的兴趣互动人群，优质商品人群基于商品行为人群特征进行拓展；"小二推荐"人群是活动推荐的人群。

图 4-2-8 "自定义"定向人群的"常用人群"

当定向人群选择"自定义"时，商家可以选择"更多人群"，如图 4-2-9 所示，实现标签圈选。其中，新建人群指提供热门标签、消费者基础属性、兴趣行为属性、渠道属性进行自由圈选；已保存人群指新建人群后保存的人群以及通过达摩盘、数据银行（new）渠道同步的人群；营销沉淀人群指淘内淘外渠道投放后沉淀的人群。

当定向人群选择"自定义"时，商家可以使用"目标人群拓展"功能，即系统将基于选择人群的特征，实时计算并拓展具有相同特征且对商家推广内容感兴趣的人群，为商家寻找更多优质人群，如图 4-2-10 所示。

图 4-2-9 "自定义"定向人群的"更多人群"

图 4-2-10 "自定义"定向人群的"目标人群扩展"

当定向人群选择"自定义"时,商家可以使用"人群过滤"功能,即在已选择的基础上,帮助屏蔽近期对店铺产生过进店、收藏、加购和成交人群,如图 4-2-11 所示。

在"新建计划"右上角有"投放信息提示"浮窗,如图 4-2-12 所示。它展示商家所选的人群在计划所选的资源位上每日人群规模预估,以及预估当日最大展现量,从而实现了人群规模预览功能。

（3）资源位:资源位分为焦点图和信息流资源位场景,支持多选,且平台提供了资源位

项目四　网店推广

图 4-2-11　"自定义"定向人群的"人群过滤"

图 4-2-12　"新建计划"的"投放信息提示"

的流量、成本、竞争热度值作为商家投放的参考。当商家数据置于左侧资源位上时,右侧预览图将展示对应资源位样式,如图4-2-13所示。注意:资源位范围与投放主体选择绑定,若投放主体选择"商品",则可投放信息流及焦点图场景;若投放主体选择"店铺"或"自定义url"时,则仅可投放焦点图场景。

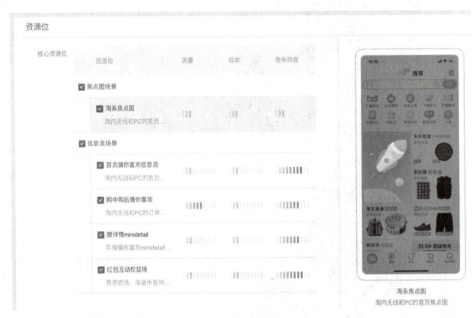

图4-2-13 资源位

除了商家已选的核心资源位之外,系统将从高德、今日头条等资源中优选,提供优质资源位,以帮助商家计划进行拿量,如图4-2-14所示。

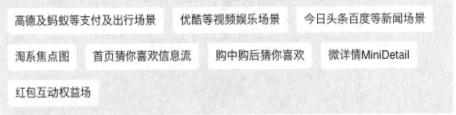

图4-2-14 优质资源位

(4)预算与排期:预算和排期是为了设计广告预算及投放时间,分为"优化目标""出价""预算"和"高级设置"4个模块,其中不同的优化目标选择,将影响不同的出价方式,如图4-2-15所示。

图 4-2-15 预算和排期

当优化目标为"促进曝光"时,则系统会通过出价、人群、资源位帮助商家筛选更多曝光流量。出价方式为手动出价,同时支持对计划整体进行出价及对不同人群及资源位进行出价和溢价。"统一出价"不区分人群及资源位,计划采用唯一出价。"详细出价"可以对计划每一个人群进行单独出价,同时支持对资源进行溢价。例如 A 人群出价 1 元/点击,A 资源位溢价为 10%,则 A 人群在 A 资源位上出价为 1.1 元/点击。结算方式为按照曝光出价,按照曝光扣费。

当优化目标为"促进点击"时,出价方式为手动出价,结算方式按照点击出价,按照点击扣费。相对促进曝光,促进点击增加"智能调价"能力,同时以点击维度进行出价,如图 4-2-16 所示。可开启智能调价(调价幅度为正负 100%),同时支持对计划整体进行出价及对

图 4-2-16 智能调价

不同人群及资源位进行出价和溢价。除"统一出价"不区分人群及资源位、计划采用唯一出价外,"详细出价"可以对计划每一个人群进行单独出价,同时支持对资源进行溢价。当开启智能调价后,系统出价将存在出价区间。例如A人群出价1元/点击,A资源位溢价为10%,并开启智能调价,则A人群在A资源位上出价区间为0~2.2元/点击。

当优化目标为"促进加购"和"促进成交"时,出价方式都为"智能出价",按照点击或者加购出价,按照曝光扣费。相对于手动出价,自动出价能够进行全局最优调节,通过每个消费者颗粒度进行出价,在限定预算的情况下,拿到更多需要的营销目标量。

引力魔方中含有多种手动与自动出价方式。手动出价是以商家出价直接参竞,没有系统优化空间或优化空间较小;自动出价是根据商家目标,系统进行出价,系统优化空间大。手动出价和自动出价无论在效果表现,还是在拿量能力上都有较大差异。

"预算设置"用来设置当前计划的可用预算,如图4-2-17所示。如果在主体选择多个商品,并勾选拆分计划时,那么预算为每个计划的预算值。

图4-2-17 预算设置

"投放时间及高级设置"的"投放日期"默认为365天后结束,可以自定义设置;"投放地域"可选偏好的省份,并能够保存为模板;"投放时段"可设置每周需要投放的时间段,并支持对选择投放的时间设置折扣,可保存模板,如图4-2-18所示。

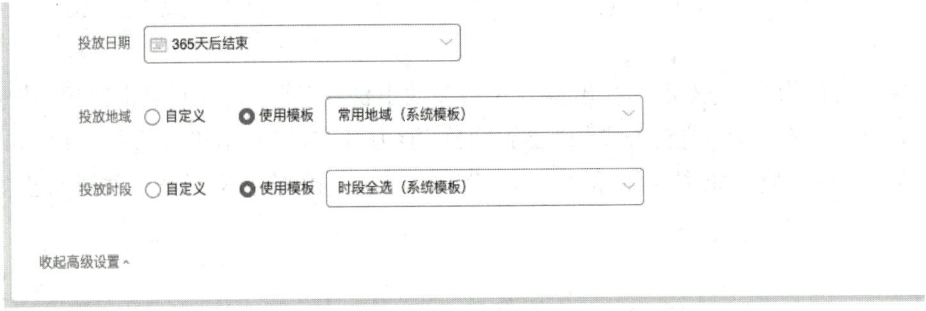

图4-2-18 投放日期及高级设置

3. 最大化拿量投放策略　　最大化拿量是目前业界公认的极具拿量能力优势的投放策略。拿量即获取"目标量",包括拿展现量、点击量、加购量、成交量,对应不同计划的营销目标,所拿的"目标量"对应有所变化,如图4-2-19所示。在该模式下,商家无须进行出价,只需选择"促进加购"或"促进成交"营销目标,并选择"最大化拿量",填写"每日预算",系统即会在该预算下,帮助商家获取尽可能多的目标量。最大化拿量为自动出价计划,存在数据积累过程。随着投放进行,成本将更平缓,效果表现将更佳。

项目四 网店推广

图 4-2-19 最大化成交量

三、创意添加与管理

创意添加与管理是指引入创意组件和智能化创意,在有效降低商家投放成本的同时,通过智能算法,帮助商家实现创意的千人千面,与消费者建立有效沟通,吸引更多目标用户。

★ 此知识点为网店运营推广职业技能等级标准(中级)考点。

创意添加即"设置创意"。"设置创意"包括"自定义创意"和"智能创意"模块。"自定义创意"支持创意库选择及本地上传图片、视频创意和创意库已保存的创意。"智能创意"系统根据商品相关元素及自定义创意,自动制作适配各尺寸的创意,如图 4-2-20 所示。

图 4-2-20 设置创意

创意管理是对"已添加创意"完成预览及管理。"已添加创意"显示已添加在计划中的不同主体、不同尺寸的资源位下的创意绑定情况。若部分尺寸创意缺失,可在下方的添加创意中单独添加,如图4-2-21所示。当选定某个尺寸时,图中右侧即显示对应资源位。智能化创意是指系统根据商品相关元素以及自定义创意,进行千人千面的最优元素组合来打动不同资源场景的消费者。每一个主体最多绑定20个创意,即选店铺或者自定义url主体时,一条计划最多20个创意。当选择商品时,每条计划最多10个商品主体,最多可绑定10×20=200个创意。

图4-2-21 已添加的创意

1. 图片素材制作 图片有广告素材、智能素材和淘宝素材3个分类。其中,广告素材是展示已经从各个广告BP落库的图片素材,支持按尺寸、比例、来源筛选,支持查看详情;智能素材是基于图文工具实时生成的推荐图片;淘宝素材包括来自主站图片空间的图片素材和商品主副图。在"素材库"页面中,选中任意图片,若尺寸符合图片条件,点击确定可直接使用,如图4-2-22所示。可以通过"详情"查看该图片的详细信息(包括图片名称、图片ID

图4-2-22 素材库

等信息),并可对该图片打自定义标签方便后续查找。选择应用后,若不符合当前条件,则出现页面提醒,点击"编辑"进入裁剪页面。二次编辑后的素材会在库内置"首位",同时,该素材可沉淀于素材库中。确认并返回创意设置页,选中的图片创意支持"替换""删除",右侧可预览创意效果。

若图片不符合要求,则可用系统自带剪辑工具进行裁剪,如图4-2-23所示。

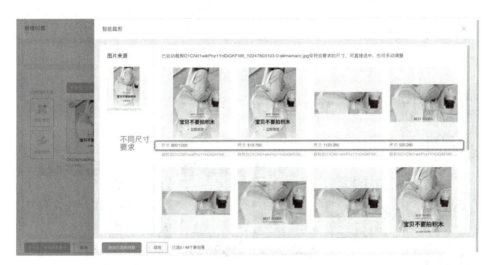

图 4-2-23 智能裁剪

若均不符合要求,则可使用图文编辑器进行调整,如图4-2-24所示。

图 4-2-24 图文编辑器

2. 视频素材制作 视频有广告素材、智能素材和淘宝素材3个分类。其中,广告素材是展示已入各个广告BP落库的图片素材,支持按尺寸、比例、来源筛选,支持查看详情;智能素材是根据商品的主图视频由算法生成的或者创意制作工具(绘剪)生成的推荐素材;淘宝素材是展示的淘宝短视频和主图视频。在"素材库"页面中,选中任意视频,可以浏览视频内容(鼠标轻放在素材上即可),点击确定可直接使用,如图 4-2-25 所示。可以通过"详情"查看该视频的详细信息(包括视频名称、视频 ID 等信息),并可对该视频打上自定义标签方便后续查找。选择应用后,若不符合当前条件,则出现页面提醒,点击"编辑"进入裁剪页面。二次编辑后的素材会在库内置"首位",同时,该素材可沉淀于素材库中,即使从其他广告位后台进入素材库,同样可以看到并使用该素材。确认并返回创意设置页,选中的视频创意支持"替换""删除",右侧可预览。同时,算法会为商家推荐 1 个视频封面,该封面支持"自定义替换"。

图 4-2-25 视频版—素材库—广告素材

不符合条件的视频,点击进入在线编辑,如图 4-2-26 所示。

图 4-2-26 在线视频编辑

添加视频或图片后,智能标题下拉标题推荐选择标题。填写创意信息页,每行创意的"推广标题"列,点击标题入口,唤起"创意中心—系统推荐标题"浮层,如图 4-2-27 所示。若创意已经关联商品主体,则会自动生成推荐标题,商家可直接选中,也支持重新键入关键词后生成推荐标题;若创意未关联主体或主体不是商品时,点击"更多推荐标题>"键入关键词后生成推荐标题。标题只支持汉字、字母、数字、下划线,最多 32 个字。

图 4-2-27　推荐选择标题

素材规格与所选商品规格相同的本地视频,可以选择本地文件上传(一次最多同时上传两个),并点击确认。本地上传的素材可沉淀于素材库中,即使从其他广告位后台进入素材库,同样可以看到并使用该素材。

四、管理计划

计划组的结构分为"计划组—计划—创意"三层,其核心用于查看实时数据、调整数据字段、新建及调整计划组、计划和创意。其中此处所展现的数据为实时数据。在详细数据模块中,点击右侧设置,可对显示字段及字段列宽进行调整。

1. 计划组管理　　打开"创意"标题,选择"新建计划组"菜单,查看计划组数据,修改计划组名,完成计划组管理。

2. 计划管理

(1) 单个计划查看与修改

1) 方法一:点击需要查看的计划即可进入计划次级页面,可查看主体、定向、资源位和创意数据,并支持修改。其中,"手动出价"计划支持对于人群资源位出价调整;"自动出价"计划与新建计划一致,可对计划维度进行出价调整,不可对分人群或资源位进行出价,如图 4-2-28 所示。

图4-2-28 单个计划查看与管理

2）方法二：可新建计划，查看计划数据，编辑计划。点击查看计划—详情，可查看计划细分数据，包括整体、分时、主体、定向、资源位维度实时数据，如图4-2-29所示。

图4-2-29 查看计划详情

（2）批量管理计划：选择所需要查看的计划，点击批量查看，即可快速查看多个计划的人群与资源位数据，同时支持修改，如图4-2-30所示。

项目四 网店推广

图4-2-30 批量管理计划

在计划列表页选择所需要的计划,即可快速对计划进行投放时间或者分时折扣调整,如图4-2-31所示。

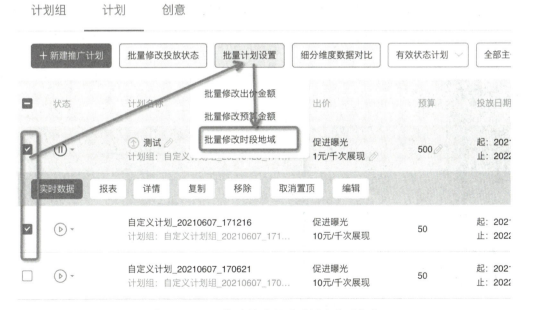

图4-2-31 快速修改投放时间和分时折扣

3. 创意管理 创意管理可以新建"添加创意",也可以查看创意数据。创意的推广标题,可在创意库修改,不可在"计划 tab"下直接修改。

五、账户设置

1. 账户充值 通过后台首页及菜单栏中"账户"下的充值按钮进行充值,支持个人及企业支付宝支付,如图 4-2-32 所示。

图 4-2-32 账户充值

2. 账户提醒设置 账户提醒设置包括"自动充值余额提醒"和"计划预算提醒"两个模块,如图 4-2-33 所示。"自动充值余额提醒"是指假如商家设置的提醒条件为"账户余额小于1000 元时",一旦商家的实时账户余额低于 1000 元,系统将立即通过短信、阿里旺旺通知商家。"计划预算提醒"是指假如商家设置的提醒条件为"尽快投放计划的日预算在当天 20 点前小于 100 元时",系统将在 00:00—20:00 点实时监测商家各个尽快投放计划的剩余预算,一旦有计划的剩余预算低于 100 元,系统将立即通过短信、阿里旺旺通知商家。

图 4-2-33 自动充值及提醒

项目四 网店推广

任务评价

通过完成本任务的学习,请你按表 4-2-1 所示,根据评价表对学习效绩进行检查与评估。

表 4-2-1 学生自评和教师评价表

评价内容	分值	学生自评	教师评价
能独立完成引力魔方推广设置,完成其操作流程	10		
能正确分析店铺运营存在的问题,明确引力推广的目标,提出推广的初步方案	20		
能理解手动出价和自动出价的原理,合理设置预算和排期	20		
能掌握创意开发原则,完成图片素材和视频素材的制作	20		
能根据推广效果,共同对引力魔方推广方案进行优化	20		
能够勇于创新,精益求精	10		
总分	100		

能力拓展

1. 引力魔方定制报表训练　在引力魔方中,打开"报表"模块,熟悉报表模块的操作界面,理解报表各指标说明;结合推广计划,查看各类报表,正确解读报表数据;设计相应的报表并下载,在报表上手动制作透视图,分析指标变化,提升推广后的调优效果,以达到更好的推广调优目的。

2. 冷启动加速工具训练　在引力魔方推广计划建立初期,由于计划的数据量过少,系统预估存在困难,导致计划前期拿量速度较慢,计划表现少则需要 1~2 天,多则 3~6 天,甚至需要 10 天,因此平台推出了冷启动优化功能,以帮助商家快速度过冷启动期。主要操作有:投放计划选择为"促进加购"或者"促进成交",选择自动出价方式,在"目标出价"下方出现"冷启动加速"按钮时,点击打开。完成操作后,结合报表数据,对加速启动的运营效果进行分析。

网店 运营推广

任务三　互动类推广——超级互动城

学习目标

1. 理解超级互动城的含义及其分类。

2. 能够完成竞价投放模式中店铺推广和直播推广的基本操作流程；能够完成店铺流量保障、直播流量保障和短视频流量保障的基本操作流程；能够灵活运用比较思维，分析总结不同类型活动在目标决策、人群定位、出价调价、创意开发和营销效果等方面的区别与关联性。

任务描述

某六层级的天猫店，经营类目为食品类目，客单价在100元左右，支付转化率5%左右。食品类目复购率较高，拉新和粉丝沉淀效果决定店铺发展潜力。由于食品行业平均点击单价较贵、推荐流量基数较小，只依靠基础付费引流工具沉淀粉丝成本过高；店铺正常引导收藏加购不能有效提高关注。为了快速沉淀店铺粉丝量，引爆大促期间销售额，该网店打算在大促期间通过超级互动城低价引入足够的潜在流量，借助直播间主播引导"0元入会"提高粉丝数，希望获得满意的付费推广效果。

任务分析

该网店的营销目标和营销方案是可行的，建议实施"超级互动城＋直播间＋0元入会"操作。大促期间通过超级互动城就可以用最低的价格引入大规模平台流量，而直播间和"0元入会"可以有效承接超级互动城的流量效果。在大促期间利用平台流量爆发的阶段不但可以实现流量蓄水目标提高店铺销售额，更是为店铺积累了潜力粉丝人群，后期可以持续引导成交和建立店铺黏性。

首先建立超级互动城计划。进入超级互动城，选择"新建计划"，模式可以选择"店铺"（活动蓄水期使用，重点通过"0元入会"增加会员）和"直播"（直播时间投放，通过主播提高店铺粉丝关注）。模式选择为出价方式的"出价控制"，优化指标为"关注"或者"入会"，投放地域根据生意参谋成交人群画像选择"符合自身最优先地域"，投放时段为"只投放高转化时间段"，投放策略为"均匀投放"，添加创意为"投放直播间"或者有0元入会的淘积木页面以提高流量承接入会效果，定向人群为"智能拓展"，人群出价为"120元"，完成计划创建。

其次，开通直播间。活动期间可以直接把流量引入直播间，直播间如果可以直接引导成交最好，借助活动期间直播间的高转化效果。在直播间流量应该部署3种不同玩法，如果店铺客单价低，突出使用店铺优惠券直接完成成交，主播的主要任务应该以引导直接成交为主；如果是在活动前蓄水阶段，重点部署购物金，通过购物金锁定买家购物资金，提高大促蓄水效果;但是最重要的部署"0元入会",提高店铺粉丝量为整体店铺完成蓄力。超级互动城为直播间引流的好处之一是可以辅助直播间打榜,在大促期间直播间访客数大、互动数多、成交量大时,可以提高店铺直播间排名,进而提高直播间在直播广场中的免费流量,相当于付费拉升免费流量。

再次,购买"0元入会"功能。由于淘宝平台有一个规律"高转化付费工具、PPC 贵;低转化付费工具、PPC 低",而超级互动城引流成本很低,所以一定会造成转化率非常低,所以落地页面不能直接完成成交。要提高引流效率就需要降低承留能力,所以可以在服务市场中购买"0元入会"功能,将店铺推广落地页面直接引导到免费入会,完成承流。

最后,配合专属客服。店铺拥有更多的关注粉丝数可以配合专属客服,可以通过专属客服进行客户触达,包括专属客服、优先接待、1对1专属接待、补货提醒、异常物流提醒、裂变券分享进度提醒等,在大促期间可以用最快的方式将店铺优惠信息推送给买家,可以提高店铺转化率以及消息盒子、淘宝旺信等流量入口,进而提高大促活动的销售效果,形成流量闭环。

任务准备

开展该任务实训,网店要符合阿里妈妈超级互动城软件服务用户的准入要求。推广的商品或信息须符合"主营类目"要求。主营类目需要符合《阿里妈妈用户准入店铺主营类目限制》的要求,按照账户属性同时需符合相应的条件。

任务实施

一、登录首页

搜索"超级互动城"关键词,正确选择"淘宝超级互动城"推广入口并登录;或者直接输入网址"https://hudongcheng.taobao.com/",如图 4-3-1 所示,完成超级互动城的登录。

图 4-3-1 登录超级互动城

1. <u>超级互动城的含义</u> 超级互动城指在手机淘宝环境下跟用户互动有关的所有场景及其玩法的统称,是典型的互动类电商付费推广产品。这些场景包括芭芭农场、淘金币、淘宝人生、火爆三连消等,玩法各具特色、灵活多样。超级互动城因拥有面向淘宝、天猫、飞猪及达人主播账户开放,只要符合阿里妈妈风控准入规则,即可直接访问地址进行登录,具有商家广、门槛低的特点;在我的淘宝中拥有高优先级固定流量入口,日活跃用户规模超亿级,具有用户多、流量稳的特点;全新的互动式营销场景,优质的互动用户,具有场景新、用户优的特点;投前自由圈人,投中灵活调整,投后数据沉淀,具有产品能力强、成熟度高等优势,受到商家的青睐。

2. 超级互动城的用户画像　　超级互动城的互动用户对比手淘大盘的用户,具有高学历、高消费力及高互动性三大特点:高学历指互动用户以一二线城市,20世纪80—90年代出生,女性白领用户为主;高消费力指用户消费能力高,频次高,品牌调性高,注重品牌也注重性价比;高互动性指用户热衷直播、微淘等互动形式,超高黏性,人群回访率高达90%以上。

3. 超级互动城的分类

(1) 按流量来源不同,超级互动城分为日常互动及大促互动两种形态。日常互动形态指在手淘中长期存在并可以使用的互动场景和互动玩法,例如芭芭农场、淘金币、淘宝人生、火爆三连消等。大促互动形态指在手淘中仅在大促节点上线的"快闪型"特殊互动玩法,例如"618""双11""双12""年货节"等。日常形态叠加大促形态手淘互动,联合构成超级互动城商家营销阵地。全新互动式营销场景通过任务机制的有效设计,吸引消费者主动、深度交互,15秒超长停留时间,助力品牌心智建设。

(2) 按资源功能不同,超级互动城分为导流类和曝光类两种类型资源。导流类资源又称效果类资源,侧重导流,包含各互动场景任务及信息流(feeds);曝光类资源侧重强势曝光,包括各互动场景开屏、弹窗及事件位等,如图4-3-2所示。导流类资源按进入二跳落地页PV(page view)量计费,曝光类资源按一跳曝光量计费。

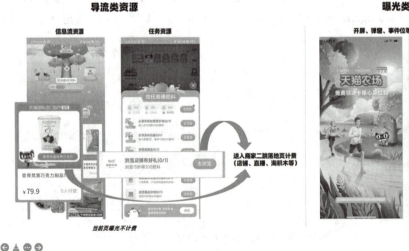

图4-3-2　导流类资源和曝光类资源

(3) 按投放模式不同,分为竞价投放和定价保量两种模式。竞价投放模式指普通计划推广主体,包括店铺推广和直播推广两个模块,其特点是预算灵活和竞价方便;定价保量模式指保量订单推广主体,包括店铺流量保障、直播流量保障和短视频流量保障3个模块,其特点是流量具有确定性,如图4-3-3所示。

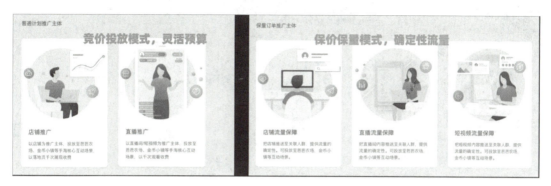

图4-3-3 竞价投放模式和定价保量模式

二、竞价投放模式中店铺推广的操作

1. 新建店铺推广计划

(1)进入互动产品投放后台—首页—点击右下方"新建推广计划",如图4-3-4所示。

图4-3-4 新建推广计划

(2)普通计划推广主体—店铺推广/直播推广,选择店铺推广并点击"新建计划",如图4-3-5所示。

商家可根据自身店铺需求,选择新建"用户认知"(拓展A人群)为主的投放计划或新建"用户兴趣"(拓展I人群)为主的投放计划,确定"营销场景",如图4-3-6所示。

图 4-3-5 店铺推广

图 4-3-6 营销场景

> ★ 此知识点为网店运营推广职业技能等级标准（中级）考点。

2. 设置计划　填写计划基本信息，并点击"下一步"设置推广单元，如图 4-3-7 所示。该操作中的"计划名称"由店铺自定义投放计划名称，没有统一规定，商家自己能够识别就可以。两种出价模式中的"出价控制"是期望出价的 CPM(cost per mille)，"预算控制"要在预算范围内，最大化地获取流量。出价要跟进运营诉求，选择其一，在大促期间建议选择"出价控制"，并适当提升溢价。由于"预算控制"冷启动时间较长，特别是在小预算规模、大流量场景下，系统会为避免超预算投放而造成获取流量速率较慢，对流量速率有强诉求的商家而言，建议选择"出价控制"。

项目四 网店推广

图 4-3-7 设置计划

3. 设置单元基本信息 完善推广单元基本信息,店铺可以自定义设置方便识别的"单元名称",如图 4-3-8 所示。

图 4-3-8 设置单元基本信息

4. 设置单元添加创意 可以选择根据模板创建,也可以选择店铺自己制作的创意界面,如图 4-3-9 所示。

5. 设置定向人群 选择"定向人群",完成人群圈选。建议选择"达摩盘精选人群",系统会根据店铺属性进行系统算法推荐,如

★ 此知识点为网店运营推广职业技能等级标准(中级)考点。

4-39

图4-3-9 添加创意

图4-3-10所示。其中,智能拓展会根据店铺现有人群扩展,店铺标签不精准需慎用,人群流量大精准度差;相似店铺人群会根据店铺类目人群扩展,店铺类目过多需慎用;关键词人群需要选择符合自己店铺产品的关键词,购物意图关键词会有周边流量引入,并不是所有都是对应的精准搜索流量,所以小类目流量精准度略低,但却是所有人群标签中最精准;相似商品人群是根据商品属性人群进行扩展。

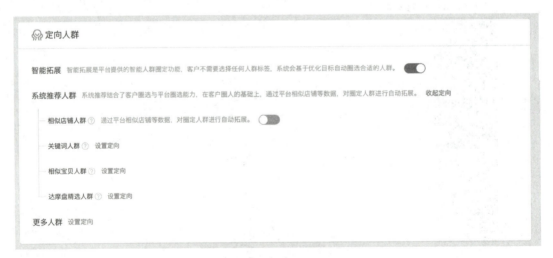

图4-3-10 设置定向人群

6. 设置人群出价并完成推广创建 根据不同人群进行出价,点击"下一步,完成",从而完成创建,如图4-3-11。由于互动场景的流量较大,系统无法基于小额预算而及时停止流量流入,存在实时数据会超出预算上限的情况,建议商家在能承担的预算范围内,尽可能提高预算上限,给系统留出及时停止流量流入时间。

图 4-3-11　选择人群出价

三、竞价投放模式中直播推广操作

1. 新建直播推广计划

（1）进入互动产品投放后台—首页,点击右下方"新建推广计划",如图 4-3-12 所示。

图 4-3-12　新建推广计划

（2）普通计划推广主体—店铺推广/直播推广,选择直播推广并点击"新建计划",如图 4-3-13 所示。

图 4-3-13　选择直播推广

> ★ 此知识点为网店运营推广职业技能等级标准（中级）考点。

2. 设置计划基本信息 填写计划基本信息，内容包括"计划名称""投放日期""日预算设置""出价方式""优化指标"等。商家可以自定义投放"计划名称"，没有统一规定。"出价方式"中的"直播观看量控制"指输入每10分钟期望获得的场观数量，"出价控制"指期望出价的千次观看收费，"预算控制"指在预算范围内的最大化获取流量。这3种出价模式要跟进运营诉求，选择其一。在大促期间，建议选择"出价控制"，并适当提升溢价。由于"直播观看量控制"和"预算控制"的冷启动时间较长，特别是在小预算规模、大流量场景下，系统为避免超预算投放，获取流量速率较慢，如果对流量速率有强诉求，建议商家选择"出价控制"。商家还可以根据自己的营销需求，对应"有效观看、拉新涨粉、成交转化"的营销目标，完成"优化指标"选择。

3. 设置添加创意 设置互动入口创意，包括"列表任务"和"信息流任务"两个栏目。其中的"列表任务"为芭芭农场&淘金币任务列表处文字链＋店铺Logo，"信息流任务"为芭芭农场内信息流第二坑资源位。如果对直播推广时效有强需求，可选择"即刻上线"，系统默认推广创意，快速机审通过，提升审核时效。

> ★ 此知识点为网店运营推广职业技能等级标准（中级）考点。

4. 设置定向人群 选择"定向人群"，如图4-3-14所示。建议选择"达摩盘精选人群"，系统会根据店铺属性进行系统算法推荐。

图4-3-14 设置定向人群

5. 设置人群出价并完成推广创建 根据不同人群进行出价，点击"下一步，完成"，从而完成创建，如图4-3-15所示。由于互动场景的流量较大，系统无法基于小额预算而及时停止流量流入，存在实时数据超出预算上限的情况，建议商家在能承担的预算范围内，尽可能提高预算上限，给系统留出及时停止流量流入时间。

图 4-3-15 设置人群出价

四、定价保量模式中店铺流量保障操作

1. 新建店铺流量保障推广计划

(1) 进入互动产品投放后台—首页,点击右下方"新建推广计划",如图 4-3-16 所示。

图 4-3-16 新建推广计划

(2) 保量订单推广主体—店铺流量保障/直播流量保障/短视频流量保障,选择"店铺流量保障"并点击"新建计划",如图 4-3-17 所示。

图 4-3-17　选择店铺流量保障

> ★ 此知识点为网店运营推广职业技能等级标准（中级）考点。

2. 设置基本信息　完成"设置计划"中"基本信息"的选择创建，如图 4-3-18 所示。"套餐包"是商家需要购买的资源包。商家首先要保证并提前确认账户余额超过资源包金额，然后进行购买。创意发布后，如果账户余额不足，系统会提示进行充值；当账户余额小于资源包金额时，创意无法完成创建。是否购买成功，要以后台"资源包采买"的"计划创建成功"为准。计划创建过程中会进行流量预估，如果选择购买日期的流量已经被占用，则商家需要重新选择投放周期和时间段，直至流量预估满足采买量级。

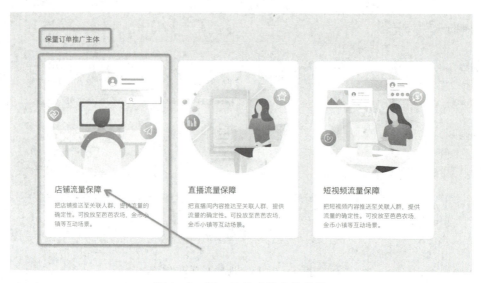

图 4-3-18　设置基本信息

3. **人群定向创建** 人群定向创建有偏好人群定向和品牌人群序列化定向之分,如图 4-3-19 所示。偏好人群定向指基于系统所提供的标签进行人群选择,系统将以所圈选作为偏好人群进行投放;品牌人群序列化定向指可在更多人群中选择达摩盘同步到超级互动城的标签进行人群圈选。

图 4-3-19 人群定向创建

4. **查看订单锁量状态** 系统会基于投放周期以及定向人群,进行流量锁量。可以在"订单列表"页面,查看订单锁量状态,如图 4-3-20 所示。

图 4-3-20 查看订单锁量状态

5. 确认锁量成功,并添加创意

> ★ 此知识点为网店运营推广职业技能等级标准(中级)考点。

(1) 若锁量成功,订单状态显示为"等待投放",此时已冻结预算,可以继续添加创意。

(2) 基于所购买资源包中的资源位,系统会生成相应投放计划。商家需要基于不同计划和资源位完成创意上传及绑定,如图4-3-21所示。

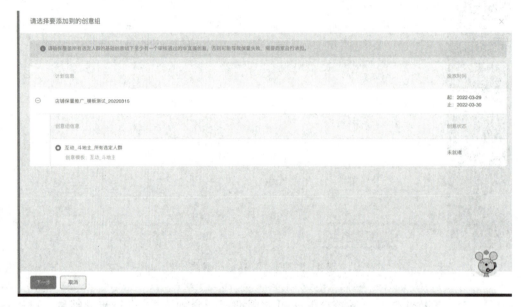

图4-3-21 选择要添加到的创意组

(3) 在"创意类型"中,"店铺首页"和"订阅店铺",至少选其一。创意设置完成并发布成功后,点击左下角的"设置互动入口素材"继续编辑并编写成功后,点击发布即可,如图4-3-22所示。

6. 订单状态为"锁量失败"的解决方案

当订单状态显示为"锁量失败"时,预算未冻结。可以点击"编辑订单",进行人群拓展,增加最多8个的人群包,或者在达磨盘编辑人群标签。也可以回到第一步,延长投放周期,重新新建订单。

五、定价保量模式中直播流量保障操作

1. 新建直播流量保障推广计划

(1) 进入互动产品投放后台—首页,点击右下方的"新建推广计划",如图4-3-23所示。

(2) 保量订单推广主体—店铺流量保障/直播流量保障/短视频流量保障,选择"直播流量保障",并点击"新建"计划,如图4-3-24所示。

图 4-3-22　设置互动入口素材

图 4-3-23　新建推广计划

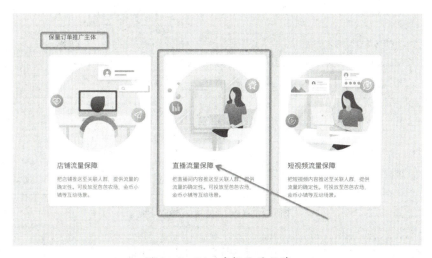

图 4-3-24　直播流量保障

2. **定量计划创建** 完善订单基本信息,直播保量投放为单天单场直播保量,需选择1天,并选择相应的直播时间段,如图4-3-25所示。时间段需要大于或等于连续3小时,在直播开始时会自动放量。务必选择正确的直播开播时间和结束时间,否则会造成流量预估不准确导致保量目标无法达成。

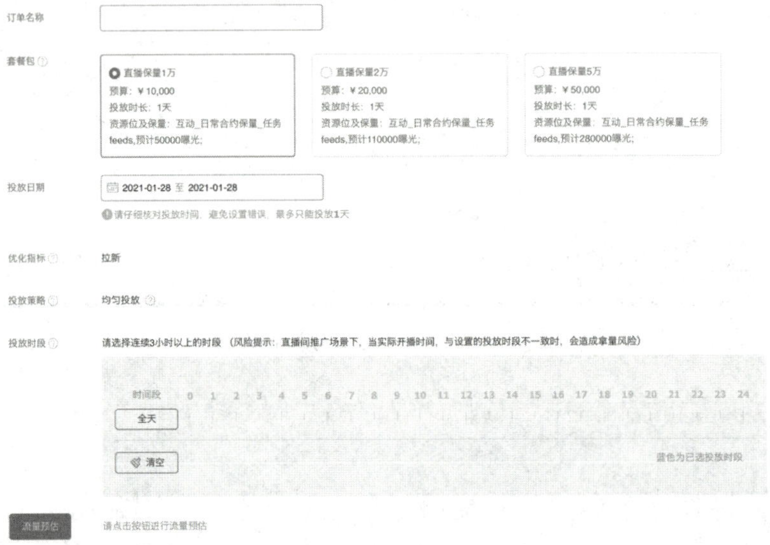

图4-3-25 定量计划创建

3. **完成人群圈选** 系统支持多样人群圈选方式,支持达摩盘自由圈人,如图4-3-26所示。点击"更多人群"设置定向,进入已保存人群,前往达摩盘进行人群圈选并同步至超级互动城渠道。人群为偏好人群逻辑,非精准人群,系统优先触达圈选人群,并智能进行相似人群拓量。

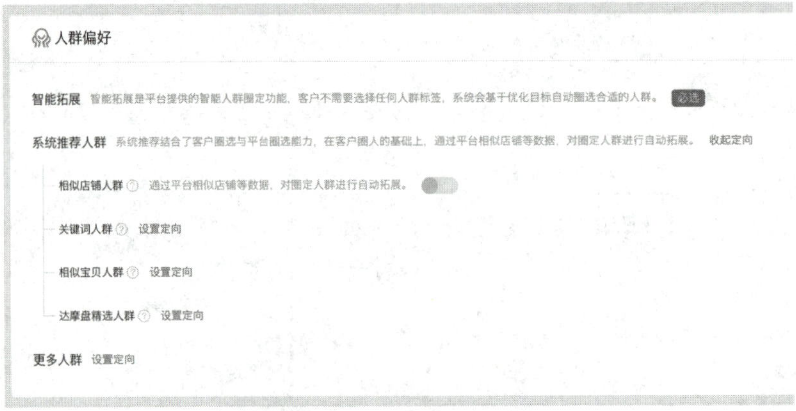

图4-3-26 设置人群偏好

4. **提交订单进行锁量** 点击"下一步,提交订单进行锁量"。

5. 确认锁量成功,并添加创意 若锁量成功,订单状态显示为"等待投放",此时已冻结预算,可以继续添加创意。

若锁量失败,订单状态显示"锁量失败",表示当前所选时段无足够库存量级,且此时未冻结预算。点击"编辑",延长投放时段,并点击"重新锁量"。

★ 此知识点为网店运营推广职业技能等级标准(中级)考点。

6. 添加创意并完成直播间配置

(1)点击添加创意,配置直播间。直播间自动调取账户关联的淘宝直播,直播推广仅能为账户关联直播进行流量投放,点击"设置互动入口素材",进入入口素材配置。

(2)按规范和要求,完成素材的标题和图片上传,之后点击左下角的"完成",完成创意配置。

7. 完成直播计划创建 点击"下一步",完成直播计划创建,等待投放。计划一旦创建,将无法修改时间,无法暂停,不支持退款,所以一定要谨慎操作。

六、定价保量模式中短视频流量保障操作

因超级互动城投放的短视频需要经过淘宝公域内容审核和阿里妈妈风控统一审核的两道审核,因此建议投放前先确认要投放的短视频已经在光合平台成功发布,从而缩短审核时间,确保当天就能够正常投放。

推广目的不同,需要选择不同类型的视频。爆款视频适合任何场景,因为爆款视频已经在淘宝公域拿到比较大的流量,是有效观看率、进店率、加购率等较高的内容,在广告流量中更容易滚雪球,对免费流量也有一定撬动。直播预告和直播切片适合直播爆发型商家,因为直播前短视频预告+直播互动组件、直播中短视频引导直播间+直播互动组件、直播后的混剪内容并去除无效片段,用来追投未购买人群,这套投放方法效果明显,但操作成本较高,建议针对最重要的某一场直播运作。主推视频因新视频的效率未得到验证,需要多关注推广效果,若表现不好就要及时更换推广的视频内容。

1. 新建推广计划

(1)进入互动产品投放后台—首页,点击右下方"新建推广计划",如图 4-3-27 所示。

图 4-3-27 新建推广计划

（2）保量订单推广主体—店铺流量保障/直播流量保障/短视频流量保障，选择"短视频流量保障"并点击"新建计划"，如图4-3-28所示。

图4-3-28　短视频流量保障

2. 完善订单基本信息　因为投放时间最长支持7天，最短支持1天，所以选择"完成"后要点击"流量预估"。如果提示流量不足，说明选中日期中已有日期被提前锁定，导致库存不足；请选择其他时间段进行重新评估。

3. 完成人群圈选　系统支持多样人群圈选方式，支持达摩盘自由圈人，如图4-3-29所示。商家可以点击"更多人群"设置定向，进入已保存人群，前往达摩盘进行人群圈选并同步至超级互动城渠道。人群为偏好人群逻辑，非精准人群，系统优先触达圈选人群，并智能进行相似人群拓量。

图4-3-29　设置人群偏好

合约保量计划创建成功，系统会基于投放周期以及定向人群，进行流量预估，如图 4-3-30 所示。如果所选周期流量不足，会提示重新圈选投放周期；如流量预估充足，则计划创建成功。

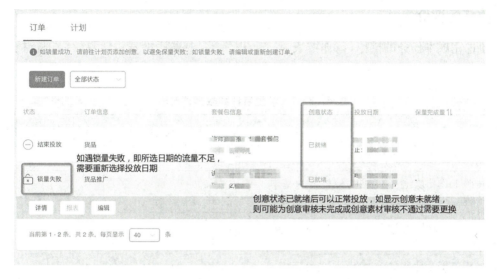

图 4-3-30　新建订单

4. 添加创意　点击"添加创意"，添加需要推广的短视频创意，系统最多支持 10 条短视频同时推广，如图 4-3-31 所示。短视频为自动调取，上传至淘宝短视频公域内容会通过接口直接调取至超级互动城。

★ 此知识点为网店运营推广职业技能等级标准（中级）考点。

图 4-3-31　添加创意

5. 完成短视频计划创建 点击"下一步",完成短视频计划创建,等待投放。因为一旦计划创建成功,将无法修改时间,无法暂停,所以一定谨慎操作。同时,短视频需要符合阿里妈妈风控推广规则,否则无法进行推广。

任务评价

通过完成本任务的操作,请你按表4-3-1所示,根据评价表对学习效果进行检查与评估。

表4-3-1 学生自评和教师评价表

评价内容	分值	学生自评	教师评价
能够阐述超级互动城的含义及其分类	20		
能够按照工作方案独立完成5种类型的基本操作流程	20		
能够熟练完成其中1种类型的1次计划推广活动	30		
能够正确分析5种类型活动的不同出价策略	20		
能够灵活运用比较思维破解学习生活中遇到的问题	10		
总分	100		

能力拓展

1. 查看并分析实时投放数据报表 读图读表能力是电子商务从业人员的必备素质。在超级互动城顶部导航中有"报表"栏目,选择对应投放计划,则可找到对应的订单投后报表数据,如图4-3-32所示。

图4-3-32 报表

在报表中,可查看包括浏览量、停留时间、互动率、新客等投后数据。点击右上角齿轮按钮,可勾选更多投后数据查看维度,如图4-3-33所示。

请结合实际任务,利用超级互动城中的数据和表格,完成投放计划效果的分析。

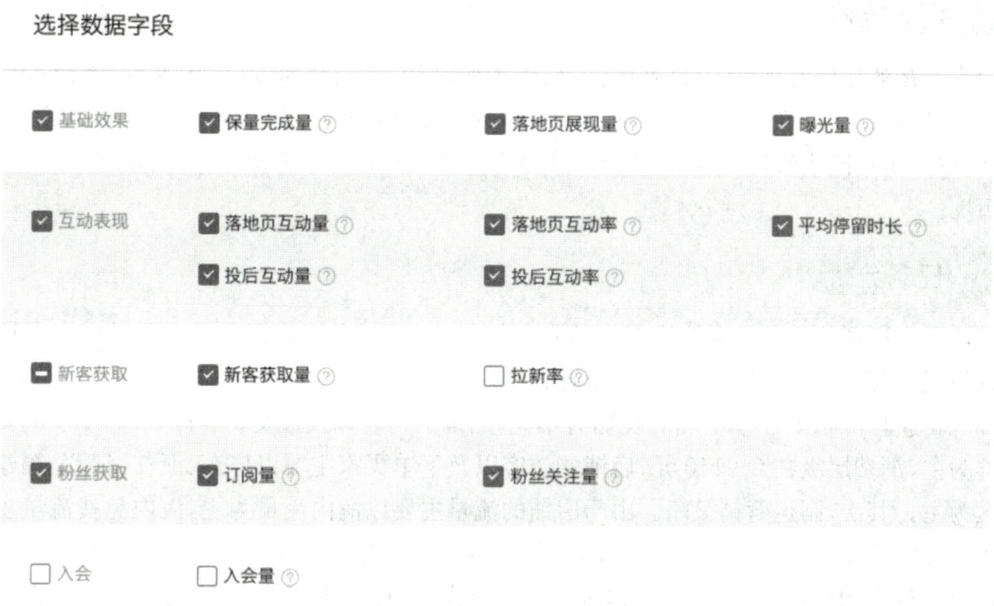

项目四 网店推广

图 4-3-33 选择数据字段

2. 货品加速推广操作训练　货品加速推广益处多多,实现途径也不少。在超级互动城上,商家通过发布"货品推广"创意、在超级互动城后台提交订单进行锁量、完成创意绑定与发布等3部分的操作后,就可以实现货品的加速推广。具体步骤包括:①选择对应的"货品推广"模板;②组件管理中删除"店铺卡片"组件;③勾选优惠券和商品 ID;④发布落地页;⑤确认超级互动城后台账户余额大于 2 000 元;⑥新建"店铺货品保量"推广计划;⑦完善套餐包订单信息,设置定向人群包并提交订单锁量;⑧完成创意添加绑定;⑨页面编辑。

请结合实际任务,在超级互动城上完成 1 次货品加速推广操作。

任务四

一站式智投推广——万相台

学习目标

1. 理解万相台的开发原理和主要智能化场景的作用。
2. 掌握拉新快、货品加速、活动场景和超级短视频的操作步骤,能够独立完成操作。
3. 能够理解数智化经营在现代经济活动中的必要性和重要性。

网店运营推广

任务描述

某女鞋类目的网店，属于通勤风格，处于第四层级，月销售额 50 万元左右，面向人群为 26～35 岁女性，客单价在 60～190 元。目前该网店遇到拉新难、转化率低、成交占比率低、店铺无爆款、起量慢等问题，试图通过使用直通车和万相台付费工具解决，提高新客增长率，走出困境。

任务分析

该网店遇到的问题是运营推广中的常见情景。首先，进行数据分析。通过生意参谋的数据发现，该网店的类目结构主要以单鞋、高帮鞋为主，单鞋支付金额占全店的 21%，高帮鞋占 20%，随季节需求变化，类目占比略有不同；店铺的访客以及成交访客以 26～35 岁的女性人群为主，消费层级在 0～140 元；店铺的访客以及下单买家主要以广东、浙江、江苏、福建等地区为主。其次，制定营销策略。由于店铺的流量主要以淘内流量为主，淘内免费流量主要以手淘搜索和手淘推荐流量为主，手淘推荐的转化率偏低，付费中万相台的转化率不错，所以可以通过万相台拉新、增加曝光和转化率。再次，设计营销方案。从筛选款式讲，根据生意参谋近 7 天的商品数据，筛选加购率大于 10% 以及转化率较高的商品进行推广；从投放目的讲，店铺的痛点主要是无爆款、起量慢、访客较少，通过万相台的货品加速进行推广，提升商品的访客以及销量；从投放人群讲，通过系统根据商品所在类目抓取高意向及成交人群和触达潜在关联类目下的优质消费者，无侧重人群投放；从投放策略讲，根据目的选择货品运营中的货品加速计划，助力主推商品实现流量飙升。最后，细化投放策略。整体投放过程分为蓄水期、发展期和成交期，如图 4-4-1 所示。蓄水期要收集基础数据，营销目标为曝光、吸引新客点击和引导收藏加购，目标人群为新客；发展期要关注转化效果，营销目标为拉新、

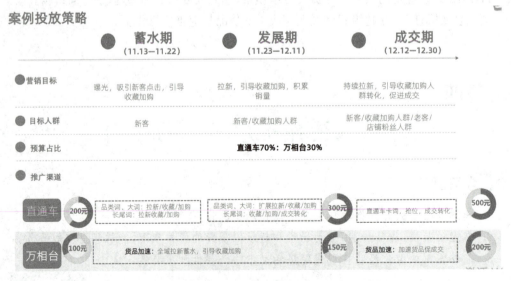

图 4-4-1 案例投放策略

引导收藏加购和积累销量,目标人群为新客和收藏加购人群;成交期是收获的季节,营销目标为持续拉新、引导收藏加购人群转化和促进成交,目标人群为新客、收藏加购人群、老客和店铺粉丝人群。预算占比方面以直通车为主,直通车占70%,万相台占30%。推广渠道中的万相台,选择货品加速计划,在蓄水期和发展期要全域拉新蓄水和引导收藏加购,在成交期要加速货品促成交,预算从蓄水期的100元逐步提高到发展期的150元和成交期的200元。

实践证明,以上一系列的推广措施实现了预期效果,万相台操作相比直通车和引力魔方更智能和方便,万相台的货品加速场景对于店铺的拉新和打爆款效果显著,该网店的数智经营力得到大幅度提升。

任务准备

开展该任务实训,网店需要符合"万相台用户准入要求",店铺主营类目需要符合《阿里妈妈用户准入店铺主营类目限制》的要求,按照账户属性同时需符合相应的条件。用户应确保在使用万相台服务期间所发布的商品具有国家法律法规规定必须取得的所有对应的资质文件。

任务实施

一、登录首页

搜索"淘宝万相台"关键词,正确选择"万相台"推广入口并登录;可以通过产品登录地址 https://adbrain.taobao.com/、卖家中心—营销中心—万相台、达摩盘—万相台3个渠道进入万相台,如图4-4-2所示。

图4-4-2 登录万相台

1. 万相台的含义 万相台是阿里巴巴集团从商家营销诉求出发,围绕消费者、货品、场景,整合阿里妈妈搜索、猜你喜欢等资源位,通过智能算法跨渠道分配预算,实现人群在不同渠道流转承接,从而高效提升广告效果及降低引流成本的一站式数智化经营付费推广操作系统。它就像是互联网营销行业的自动驾驶技术,一旦输入目的地,就会自动匹配相关资源,并进行智能动态调整,凭借精准投入而得到确定性回报。

> ★ 此知识点为网店运营推广职业技能等级标准(中级)考点。

2. 万相台的特点　万相台是基于经营者的多元需求,通过智能匹配搜索、信息流、直播、互动、购后等多维用户场景,助力商家高效实现经营目标,提升商家的数智化经营能力。它具有以下4个层次的技术创新能力和特点。

(1) 场景创新:把测款上新、货品加速等经典的营销场景提炼出来,匹配用户需求。

(2) 投放策略创新:这是该系统数智能力的集中体现,可以对商家营销投放的各个环节——预算、出价、定向、创意等,做到智能匹配,达到最佳效果。

(3) 全域营销创新:它将所有能够触达用户的场景集中进行一站式解决,既包含搜索、展示、互动等淘系场景,也包括淘系外的各大合作平台。

(4) 底层数智经营指标体系——深链经营(deeplink)创新:它是一套以消费者为中心的指标体系,通过基础指标和运营指标两个维度评估和指导品牌,制定灵活的经营策略。

3. 万相台的场景分类　万相台从"人、货、场"3个营销场景出发,多场景满足营销诉求,设计出"消费者运营、货品运营、活动场景和内容场景"4个大的场景计划,在大场景计划中根据各自的应用小场景的不同又分为不同的子场景计划。目前,"消费者运营"大场景包括拉新快、会员快、获客易3个子场景,"货品运营"大场景包括测款快、上新快、货品加速3个子场景,"活动场景"包括活动加速1个子场景,"内容场景"包括超级直播和超级短视频2个子场景。

4. 万相台的资源位和扣费方式　目前万相台覆盖了淘系站内全资源位,是目前站内覆盖资源位最全的营销工具。其主要核心资源位有首页、购中、购后的猜你喜欢、搜索结果页、芭芭农场、金币小镇、信息流全屏流、外投等。

万相台是根据算法自动出价的智能投放产品。算法会根据当前的竞价激烈程度,根据商家的选品、商家设置的套餐包金额、核心优化目标、投放模式、创意设置等参数,进行实时竞价,跨渠道智能动态分配预算,实时优化。在不同时期的市场环境下,投放同样的产品,效果可能会不同。增加投放金额时,需要注意边际效应的存在。对于同样的产品在单位时间内消耗金额的增加,获取更多增量的转化成本随之增高。

二、消费者运营类拉新快场景的操作流程

消费者运营类场景是万相台从运营人的角度出发而设计的智能化场景,包括拉新快、会员快、获客易3个子场景。拉新快子场景的操作流程包括新建计划、计划设置、查看数据、投放计划管理和推广商品管理5个主要步骤。会员快子场景是一款淘内会员专属的营销场景,旨在全域激活品牌会员资产。获客易子场景是一款专为轻电商行业(医美、汽车、家装、本地生活等)提供的整体解决方案,包含一键起量、客源多、超级社群3种引流模式,旨在高

效帮助商家获取更多优质客户资源。

1. **新建计划** 进入首页,选择"拉新快",点击"进入",点击"新建推广计划",如图4-4-3所示。

图4-4-3 新建计划

拉新快子场景是万相台"消费者运营"的核心场景,旨在快速获取网店新客,助力全店拉新提效。其特点如下:①拉新单品,算法选取最适合拉新的单品推荐供客户选择;②智能人群,算法选取最有可能成交的新客进行投放,并且实时调整出价策略,以最低的价格在最适合的渠道对新客做投放;③全渠道拉新,覆盖搜索、推荐、首焦、购中、购后、互动等渠道。

2. **计划设置**

(1)人群设置:目标人群包括"店铺新客"和"品牌新客"。店铺新客指过滤店铺自定义周期内的新客人群的店铺新客。品牌新客指过滤所选品牌的OAI人群。根据需要选择"店铺新客"或者"品牌新客"。

在"店铺新客"栏目下,根据投放目标,选择"访问新客""兴趣新客"和"首购新客",添加人群。

★ 此知识点为网店运营推广职业技能等级标准(中级)考点。

(2)商品设置:点击"添加商品"—"添加商品弹窗",原首单直降子场景商品打标显示"首单礼金",如图4-4-4所示;新增商品标签筛选,默认文案"全部商品分组",支持不同商品标签筛选,规则同计划管理页—商品列表—商品分组筛选。

(3)设置预算及排期:预算方式有持续推广和套餐包两种。当选择"持续推广"时,优化目标为促进进店,系统自动匹配新客人群设置,最大程度加持广告效果,如图4-4-5所示。投放模式中的"最大化拿量"指预算范围内系统根据优化目标智能出价最大化拿量。"控成

图 4-4-4 添加商品

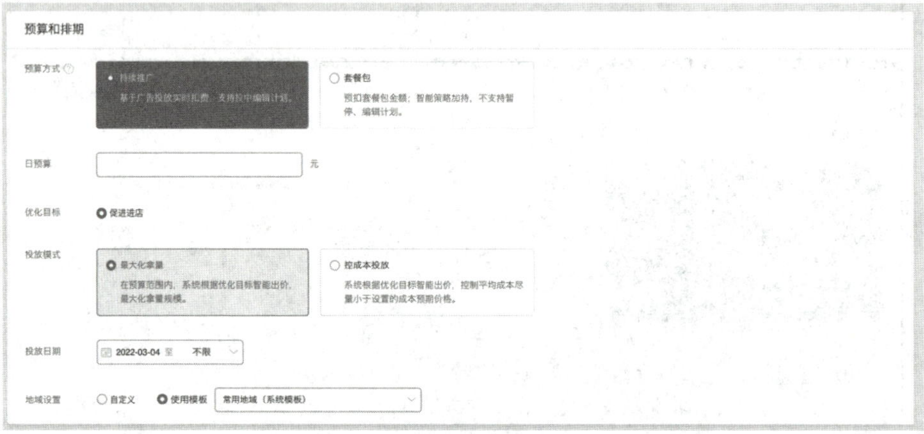

图 4-4-5 选择"持续推广"

本投放"指系统根据优化目标智能出价,且控制平均成本尽量小于设置的预期价格。"投放时间"中开始时间默认当天,结束时间不限。"地域设置"是非必填项,系统默认全投。(注意:投中可以暂停计划,暂停计划再开启不再经历1~2天算法调优阶段。)

当选择"套餐包"时,"优化目标"为自动匹配新客人群设置,最大限度加持广告效果,如图4-4-6所示。套餐包仅支持投放模式"最大化拿量",在预算范围内系统根据优化目标智能出价最大化拿量。"投放时间"支持自定义投放周期,实际投放结束时间以算法调控为准。(注意:推广中的商品不支持在原先计划中加投,而商品新推广时需要算法1~2天冷启动,所以建议重点推广的商品选择的推广面额尽量保持5000元以上甚至更大面额。)

(4)创意设置:"打底创意"为商品主图或商品主图+副图。商品主副图指的是店铺PC端商品详情页的5张图,第一张为主图。"自定义上传创意"指所有场景支持上传自定义创意,创意形式包括方图、竖图创意、长形视频和方形视频。"创意预览"指所有场景支持创意预览。(注意:保健、健康等特殊行业建议选择"自定义上传创意"方式,创意图务必符合阿里妈妈风控审核要求,才可正常投放。)

(5)资源位预览:可投放资源预览,不可操作仅供参考。

3. 查看数据

(1)单计划数据报表:首页选择"拉新快"点击"进入",拉至"计划列表",选择"单个计

图 4-4-6 选择"套餐包"

划",点击"数据",可以看到"历史数据""实时数据""分商品数据""创意数据""人群画像"等多种数据。

(2)场景数据汇总:首页导航点击"推广",进入"消费者运营",点击"结案报告",点击"拉新快",进入"推广数据汇总",可以看到"访问新客""兴趣新客""首购新客"等数据,如图4-4-7所示。

图 4-4-7 场景数据汇总

(3)数据下载:点击"报表",再点击"批量报表下载",如图4-4-8所示,支持账户粒度、场景粒度、计划粒度、创意维度的数据下载。

(4)人群回流再营销:可以在达摩盘后台搜索"一站式智投再营销"找到对应回流数据,如图4-4-9所示。

4. 投放计划管理　点击进入拉新快场景,切换至"计划列表",可通过筛选条件或计划名称搜索,找到对应计划。针对单个计划,可查看数据、置顶计划、套餐包退款、计划编辑、创意编辑、详细结案、删除操作。

网店 运营推广

图 4-4-8 数据下载

图 4-4-9 人群回流再营销

5. 推广宝贝管理 点击进入拉新快场景，切换至"宝贝列表"，展示基于投放商品聚合列表，方便检查商品库存及对应计划管理。

三、货品运营类货品加速场景的操作流程

货品运营类场景是万相台从运营货品的角度出发而设计的智能化场景，包括测款快、上新快、货品加速3个子场景。测款快是专门为测试新款而推出的货品运营场景，具有投放过程中各商品间的消耗近似相等、人群同质、科学解答是否测款完成和测款报告更详细的特点，旨在帮助商家快速识别市场潜力相对较好的新款设计，快速识别新品的潜在市场人群，快速验证哪些新品更具有市场潜力。上新快是专门为新品孵化打造的整合淘内搜索等多个资源位的跨渠道投放场景，商家可以通过一个投放计划完成淘内外各个资源位的投放，旨在促进新人进店、收藏加购和成交。货品加速是针对不同类型的货品赛道，与行业共建选品，通过万相台功能及行业联动，提升货品力促进营销转化，旨在帮助商家解锁独特的流量资源，实现流量飙升，高效成交。创建货品运营广告计划的操作流程包括选择营销场景、投放

主体和落地页、预算和排期、人群设置、搜索关键词设置和创意设置等。

1. 选择营销场景

（1）新建计划：进入首页营销场景，点击"＋新建推广计划"，如图4-4-10所示。

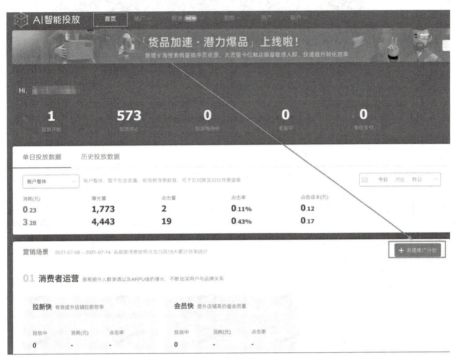

图4-4-10 首页新建计划

（2）选择货品加速：点击"新建推广计划"，在"选择营销场景"中选择"货品加速"，如图4-4-11所示。

图4-4-11 选择货品加速

（3）选择子场景：默认选中"货品加速"，选择子场景，如图4-4-12所示。

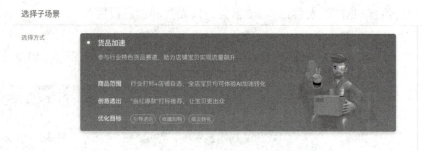

图 4-4-12 选择子场景

2. 投放主体或落地页

> ★此知识点为网店运营推广职业技能等级标准（中级）考点。

（1）选择主体"添加商品"：投入主体类型为"商品"，选择主体"添加商品"，如图 4-4-13 所示。设置全店商品可以在货品加速投放，1个计划最多添加 10 个商品，设置可见各类货品标签，筛选商品类目，筛选商品 ID 或名称。

图 4-4-13 添加商品

（2）设置落地页：落地页选择"商品详情页"，如图 4-4-14 所示。

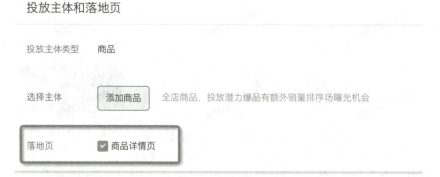

图 4-4-14 设置落地页

3. 设置预算和排期

(1) 选择计划类型：计划类型可选择固定"套餐包"推广或者"持续推广"，输入计划名称，如图4-4-15所示。

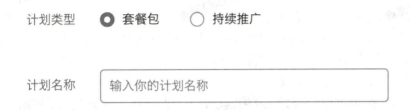

图 4-4-15 选择计划类型

(2) 选择预算包和优惠券：当选择"套餐包"推广时，可输入的自定义套餐包金额范围1 000～100万，预算按100元增加，建议重点推广的商品选择的推广面额尽量保持5 000元以上甚至更大面额，商家可使用账户内生效的阿里妈妈发放的红包或者优惠券，如图4-4-16所示。当选择"持续推广"时，设置每日日预算必须大于等于100元，小于20 000 000元，且为正整数。

图 4-4-16 选择预算包和优惠券

(3) 优化目标：优化目标可以在"促进成交"和"促进收藏加购"间选择，如图4-4-17所示。

图 4-4-17 优化目标

(4) 投放模式:当计划类型为固定"套餐包",只支持优先拿量。优先拿量指在此模式下算法投放策略会优先保障商家的拿量速度,在投放时间内尽可能快速地获取更多流量。当计划类型为"持续推广"时,可选择投放模式"优先拿量""效率优先"和"设置点击成本预期、兼顾点击成本拿量"。

(5) 设置投放日期:当选择"套餐包"推广时,自动生成系统建议的投放时间,也可以自定义输入投放开始和结束时间,算法会根据输入时间做调控;默认时间周期仅供参考。系统会基于投放时段和投放数据表现持续进行策略调优,建议至少投放两天后再查看投放数据。当选择"持续推广"时,时间默认不限。

(6) 地域设置:商家可以选择"自定义"设置或者直接使用地域模板,如图4-4-18所示。

图4-4-18 地域设置

4. 人群设置 在场景智能投放的基础人群上,以并集逻辑添加白盒人群投放。当使用侧重人群的功能时,算法优先侧重人群的触达规模,智能高溢价获取侧重人群触达机会。

(1) 黑盒人群是系统根据商品所在类目抓取高意向及成交人群和触达潜在关联类目下的优质消费者。

(2) 添加侧重人群:套餐包和持续推广计划都可以使用侧重人群,在场景智能投放的基础人群上,以并集逻辑添加白盒人群投放。达摩盘精选人群可选择"货品加速"专属人群。"自定义人群"同步商家达摩盘账户的自定义人群。

(3) 投放种子人群和扩展人群,如图4-4-19所示。它指投放商家选择的种子人群,以及基于种子人群画像相似性和搜索浏览行为相似性进行拓展的人群。建议种子人群规模在500万以上,否则拓展人群画像可能与种子人群画像有较大偏差。

(4) 屏蔽人群:可选择屏蔽人群。

图 4-4-19 人群设置

5. **搜索关键词设置** 设置屏蔽关键词。屏蔽关键词功能只针对精准关键词进行屏蔽，不会屏蔽宽泛匹配的关键词。

6. **创意设置**

（1）选择创意：打底创意为商品主图或商品主图＋副图。自定义上传创意指所有场景支持上传自定义创意，创意形式包括方图、竖图、长形视频、方形视频、首焦竖图、首焦竖视频等。可为每个商品添加多个创意。如果未上传首焦资源位创意，则默认不投放首焦资源位流量。

（2）查看创意审核：点击"自定义创意详情"，可以查阅上传创意的审核状态及风控审核拒绝的原因，确保可以正常投放。

（3）创意预览：不同场景可投放资源位不相同，以线上所选场景的预览为准。

四、活动场景类活动加速场景的操作流程

活动场景为万相台专门为大促活动打造的整合淘内搜索、淘内信息流推荐、购后推荐、外投等多个资源位的跨渠道投放场景。它满足商家在"618""双 11"等大促期间，活动全周期目标（进店—收藏加购—成交）投放，帮助商家实现加速活动卡位，超越竞争对手的经营目标。整体投放操作流程分 5 步：选场景、设计划、定人群、做创意和锁预算。

1. **选择"活动场景"** "营销场景"包括"消费者运营""货品运营""活动场景"和"内容场景"4 个部分。登录后台，先点击左侧的"选择营销场景"栏，再在右侧的工作区选定"活动场景"板块中的"活动加速"，准备设置投放计划。

2. **设置"投放计划"** 设定计划名称和投放主体、选择优化目标、确定投放模式、确定投放时间、确认投放地域设置。

> ★ 此知识点为网店运营推广职业技能等级标准（中级）考点。

（1）投放主体：可以选择投放商品或者投放店铺，如图 4-4-20 所示。店铺可以是有活动氛围的店铺首页，或者自定义的活动集合页面。商品指大促期间为活动报名成功的商品，日常时期为店铺所有商品；重点推荐活动报名成功的商品分为现货商品和预售商品，如图 4-4-21 所示。活动支持店铺内全部商品进行投放，实现全店商品参与大促期间流量的抢夺。

图 4-4-20 选择投放主体

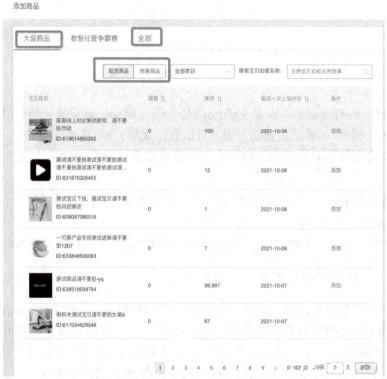

图 4-4-21 添加商品

(2)投放模式:可以为套餐包或持续推广模式。套餐包是固定金额,可设置消耗时间,到期如果未消耗完将自动延期。系统将一次性预扣除套餐包金额。投放开始后,将基于设置的投放目标及投放表现持续调优。由于策略迭代需要数据积累,因此投放过程中不支持暂停、编辑操作,同时建议至少投放2天后再查看投放效果数据。投放满5天或商品售罄下架后,可点击申请自助退款。持续推广是无预算上限,长期投放,系统将基于广告投放实时扣费。投放开始后,商家可以基于投放效果调整部分计划配置,也可以实时暂停、重启、结束投放计划。

(3)预算和排期:选择"优化目标",如图4-4-22所示。1个套餐包只能选择1个优化目标。

项目四 网店推广

图 4-4-22 选择"优化目标"

在持续推广模式下,可支持设置"自动流转",如图 4-4-23 所示,按照活动推广节奏,分别设置"促进进店""促进加购收藏"和"促进成交",系统实现优化目标自动流转,高效智能获得不同诉求的流量,一个计划完成整个活动的投放节奏。如果选择"固定目标",则此计划在设置的投放时间段内,只遵循设置的目标进行投放。

图 4-4-23 设置"自动流转"

设置"投放模式",如图 4-4-24 所示。消耗优先模式下,算法投放策略会优先保障消耗速率,在商家设定的目标推广时间内将优先以消耗完预算为目标,适用于在确定周期内尽可能花完预算拿到流量的商家。效率优先模式下,算法投放策略会优先保障商家的投放效率,为达效率最优系统将会自动延期推广时间,适用于对流量确定性不强求,但是对投放效率有严控的商家。兼顾点击成本拿量模式下,目前仅白名单测试客户开通,预估点击量为预估值,仅做参考。

4-67

图 4-4-24 设置"投放模式"

3. 设置"投放人群"　行业官方人群是在场景智能投放的基础人群上,以并集逻辑添加白盒人群投放。自定义人群是在场景智能投放的基础人群上,以并集逻辑添加白盒人群投放。

4. 设置"投放创意"　当投放主体为商品时,可选择"打底创意"或"自定义上传创意"。"打底创意"可以选择商品主图或主图加副图轮播展出。当投放主体为店铺时,需要商家上传自定义创意,进行投放。

5. 完成计划设置　预览资源位,完成并支付。

五、内容场景类超级短视频场景的操作流程

内容场景类是万相台从运营场的角度出发而设计的智能化场景,包括超级直播和超级短视频2个子场景。超级直播子场景专为淘宝主播和商家提供的在直播过程中快速提升观看量、增加互动,进而促进转化的一站式直播推广工具。超级短视频子场景是专为商家提供淘宝短视频推广的工具,具有高覆盖和大流量的特点,旨在帮助商家发挥短视频的促进观看、引导进店和种草破圈的作用。

1. 选择"内容营销"　进入万相台,选择"推广"栏的"内容营销",如图 4-4-25 所示。

图 4-4-25 选择"内容营销"

2. 选择"视频加速"　选择"超级短视频—视频加速(新)",选择"新建推广计划"。

3. 选择"视频"　填写计划名称,添加推广视频。当前视频上传的通路有通过光合平台上传,发布或投稿到"猜你喜欢"。通过审核后,即可在超级短视频后台中直接选择,建议使用。不建议在超级短视频后台内新增视频上传。视频创意越多,越容易跑出高效率视频,建议推广视频数量大于10支。

项目四 网店推广

4. 设置"预算""投放日期""推广目标"和"出价" "设置预算"最低 300 元/天,如图 4-4-26 所示。"选择出价"参考智能出价。"推广目标"为促进点击量或促进观看量。"促进点击量"是按点击行为计费,即 CPA 计费方式,每次点击的价格,其中点击包含首猜点击、短视频页转赞评、关注、进直播、收藏、加购、进店等行为。"促进观看量"是按视频播放计费的即 CPM 计费方式,千次播放的价格。

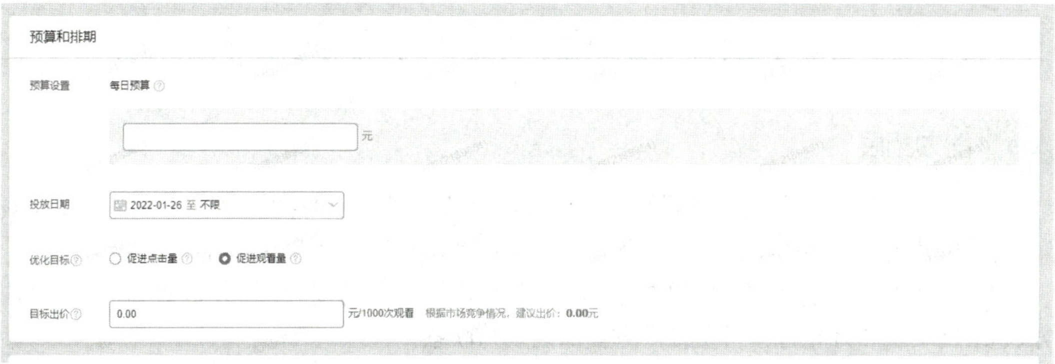

图 4-4-26 设置"预算"

5. 设置"人群定向" "智能人群"是系统根据商家的品牌、短视频商品、短视频内容、访客粉丝等优选出对店铺短视频感兴趣的人群进行投放。"自定义人群"根据商家的优化目标,自定义圈选细分人群,包括平台精选及达摩盘已保存人群。

6. 完成其他操作
（1）配置视频组件:配置视频组件:每个视频可以选择任一种视频组件,包括商品链接、订阅店铺、直播和加购等。
（2）完成创建并投放:完成创建并选择投放。
（3）在计划推广页可直接查看报表。

任务评价

通过完成本任务的操作,请按表 4-4-1 所示,根据评价表对学习效果进行检查与评估。

表 4-4-1 学生自评和教师评价表

评价内容	分值	学生自评	教师评价
能阐述万相台的含义及特点	15		
能阐述万相台的扣费原理和主要场景	15		
能完成拉新快场景的操作	15		
能完成货品加速场景的操作	15		

(续表)

评价内容	分值	学生自评	教师评价
能完成活动场景运营的操作	15		
能完成超级短视频场景的操作	15		
数智化运营推广意识强化和提升	10		
总分	100		

能力拓展

1. 请搜索查找资料，自学并操作完成消费者运营大场景中的会员快和获客易2个子场景、货品运营大场景中的测款快和上新快2个子场景，内容场景中的超级直播子场景。

2. 从设计理念、操作流程、扣费原理、推广效果等多个角度，比较分析直通车、引力魔方、超级互动城和万相台在付费推广方面的区别与联系。

项目五　营销转化

项目说明

　　一切的营销活动都是为了转化,只有转化才可以为企业带来直观的利益。对于网店商家来说,提升店铺的转化率是每个商家在电商运营中的重要指标,所以掌握一定的转化技巧是卖家必备的。影响网店增加转化量的因素有很多,只有对网店进行合理的营销活动策划才能吸引客户,从而提升店铺流量,从而完成潜在流量到目标流量到忠实流量的转变。

　　本项目将根据店铺运营需求从视觉营销、店铺服务以及活动促销3个方面,系统地讲解营销转化方法及策划,有效增加网店的转化量。

本项目学习导航

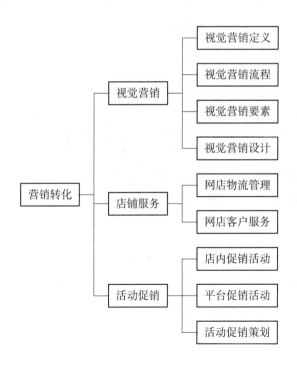

网店 运营推广

任务一

视 觉 营 销

学习目标

1. 了解视觉营销的定义及视觉营销流程。
2. 掌握网店视觉营销要素;掌握店铺首页、店铺详情页及店铺页尾模块的视觉营销设计要求和基本设计方法。
3. 引导学生掌握具有中国特色的视觉要素,设计包含中国元素的店铺,增强学生的爱国主义情怀。

任务描述

本任务将根据淘系平台网店营销需求,分析网店视觉营销要素,对店铺首页、店铺详情页及店铺页尾进行视觉营销设计。掌握店标、海报、店招、主图、细节图等设计形式和设计要点。

任务分析

在网店运营中,商品本来就是看得见,摸不着的,所以买家对网店的信任感很重要,良好的视觉营销能给买家带来视觉享受,所以视觉营销对店铺转化具有重要意义。当卖家在规划店铺布局的时候,要注意合理规划页面架构做到主次分明、重点突出,使客户产生良好的第一印象。同时产品的风格与店铺的风格要保持一致性。网店的视觉营销始终需要以营销为目的,做好商品主图、店招,注意视觉元素的统一等。

任务准备

为了达到更好的实训效果,熟悉电商平台店铺视觉营销设计工作,保障店铺的运营需求,需要准备淘系平台账户一个,同时保证网络畅通、计算机设备等正常运行。

任务实施

一、视觉营销定义

视觉营销英文为 Visual Merchandising,简写为 VM 或 VMD,也称商品计划视觉化,即在市场销售中管理并展现以商品为主的所有视觉要素的活动,从而达到表现品牌或商品的特性以及与其他品牌或商品差异化的目的。

视觉营销的核心是商品计划,同时必须要依据企业的品牌理念来做决定。而其实现的过程就是利用色彩、图像、文字等方式充分展现品牌或商品,从而吸引顾客的关注,由此增加人们对品牌和产品的认可度,同时产品描述的视觉展示就用视觉来传达产品的性能与优势,最终达到营销制胜的目的。即视觉是手段,营销是目的,而营销是通过视觉呈现。因此,视觉营销可以用一个公式来表示:"视"即看到的所有一切+"觉"即感受和想到的+"营"即营造+"销"即销售机会。

二、视觉营销流程

从视觉营销定义可以看出,视觉营销主要是为了更好地推广商品。要达到这个目的需要掌握视觉营销的流程,它不但能提升视觉效果,还能提高运作速度。一个完整的视觉营销流程包括调研、规划、设计、投放4个步骤,如图5-1-1所示。

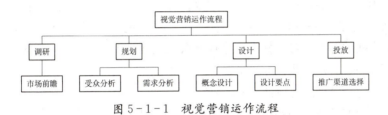

图5-1-1 视觉营销运作流程

1. 调研　　调研是视觉营销的第一步,主要用于保证视觉营销计划的可行性,使其具有明确的目的性和针对性。调研的目的是对市场形成初步的认识,市场的竞品情况,把握好商品的定位和方向。

电子商务在搜集商品的使用反馈上有着先天的优势。商品的销售数量越多,经过一段时间积累的真实评价也就越多,对于评价的分析统计就能够更真实有效地反馈出商品的势和不足。网店可以通过对商品详情页的内容进行分析,可知卖点设计需要新颖,在消费人群特征、风格的传达及情绪暗示方面,需要有明显的展示。

2. 规划　　视觉营销的第二步是规划。规划的主要任务是思考分析第一步中收集到的调研数据,包括确定受众的生活方式、消费习惯、审美取向,以及用户群的需求等,以便将其体现在设计中。

3. 设计　　根据前面调研分析的数据和内容,在视觉营销的第三步中,综合运用图片、文字、素材进行设计,使规划的效果在设计中得到体现,并在展现中得到传达。

4. 投放　　视觉营销的最后一步就是设计图文及营销内容的投放,就是将设计好的内容通过店铺活动和促销等不同的方式、渠道进行推广,使店铺流量最大化。

三、视觉营销要素

视觉营销重点要处理好色彩、风格及图片的应用,通过巧妙地处理这些要素,吸引买家的关注,最终达到营销制胜的目的。网店视觉营销要素包括了色彩、风格、图片3个方面。

1. **色彩** 看一家网店时,首先吸引买家的是店铺的色彩布局和搭配,其次才是店铺的细节和文字。每种颜色有不同的含义,不同时间、不同地点、不同场合的用色要求不一样。还有一些颜色的搭配,例如色彩搭配要应季,春天和夏天用绿色会多一些,冬季用红色或白色会多一些等。

(1) 色彩的基本分类:自然界中的颜色可以分为非彩色和彩色两大类。非彩色指黑色、白色和各种深浅不一的灰色,而其他所有颜色均属于彩色。

(2) 色彩的属性:色彩的属性包括色彩的色相、饱和度和明度。任何一种彩色都具有这3种属性。色相是色彩的相貌,根据波长的不同,产生不同的色彩,如红色、绿色、蓝色等;饱和度指色彩的鲜艳度;明度指色彩的亮度,也就是色彩的深浅。

2. **风格** 风格是给人一种整体的形象和感觉,如何把握好店铺的整体风格非常关键。一般店铺在设计风格时可以考虑以下几个方面。

(1) 统一的外观,界面友好,易使用:统一的外观是指店铺的每个页面外观都是一样的,如整个店铺只有一个店招、一个导航菜单、主题风格统一等;界面友好是指店铺的配色不能让浏览者看久了觉得很累;易使用是指店铺的分类要方便买家找到他想要的东西。

(2) 突出店铺的标准色彩。标准色彩代表公司的企业文化、商品特色等,所以在选择标准上一定要慎重,而且主色调不能超过3种。

(3) 突出 Logo:尽可能将店铺 Logo 放在每个页面醒目的位置,一般是页面的左上角。

(4) 相同类型的图像采用相同的效果:相同类型的图像采用相同的效果非常重要,如导航菜单的效果要统一、每一种商品分类的图片效果要统一等。这样会在无形中暗示浏览者,这是同一类型的商品。

3. **图片** 在网上购物主要通过图片深入了解自己感兴趣的产品,包括商品的颜色、款式、质地、尺寸等方面的内容。买家通过图片了解商品的详细信息,就像在实体店通过自己的观察、触摸、体验以及销售员的介绍,做出是否购买的判断。因此产品的图片要在3秒钟内吸引顾客的眼球,信息要真实、全面、清晰,图片要体现出产品的品质、质地、色彩、形状、大小等,从不同维度清晰地展示细节,真实美观地展现商品原貌,同时要兼顾美感。例如服装商品,最好用模特做参考。

四、视觉营销设计

下面将以淘系平台 PC 端店铺视觉营销设计为例进行介绍。

> ★ 此知识点为网店运营推广职业技能等级标准(初级)考点。

1. **店铺首页视觉营销设计** 店铺首页设计包括店标、焦点海报图、产品和公司实力展示等模块。一个好的店标不仅可以吸引顾客,增加店铺浏览量,还可以让人记住你的店。焦点海报图占据网店中的黄金第一屏,是对店铺最新商品、促销活动、商品推荐、店铺形象等信息进行展示的区域,是买家进入店铺首页中观察到的最醒目的区域。

产品展示模块则可以展示目前店铺热销商品,让买家可以更快速触达商品。设计制作好这3大模块,能让店铺首页成为展示公司和品牌形象的重要板块。

(1) 店标视觉设计

1) 店标设计要求:①格式:GIF、JPG、JPEG、PNG。②文件大小:80 kB 以内。③尺寸大小:官方建议尺寸为 80 像素×80 像素(大于 100 像素×100 像素店标会无法显示)。

2) 店标设计规则:①在淘宝店铺 Logo 当中不能有淘宝官方 Logo 或者是淘宝网这 3 个字以及相关的信息出现。②在店标当中不能有淘宝网其他品牌 Logo 或者相关的信息出现。③不能使用淘宝官方的图标和服务类,包含但不限于消费者保障服务类图标、卖家星级、头衔等,擅自使用可能会被淘宝网投诉并承担相应的赔偿责任。④不能使用夸大自身产品的内容或者是素材。⑤不能使用其他商家已经注册的商标或者是 Logo 标志。⑥不能使用未授权的人像或者公众人物的 Logo。⑦不能使用国家相关 Logo 和素材,除获得官方正式的授权以外。

3) 店标的设计技巧:店标是传达信息的一个重要手段。店标设计不仅仅是一般的图案设计,最重要的是要体现店铺的精神、商品的特征,甚至卖家的经营理念等。一个好的店标设计,除了给人传达明确信息外,还在方寸之间表现出深刻的精神内涵和艺术感染力,给人以静谧、柔和、饱满、和谐的感觉。

店铺的 Logo 设计颜色不能过多,最好不超过 3 种颜色,因为颜色多了会产生混乱。建议选择色彩视觉冲击比较强的颜色,这样更加突出重点。避免选择背景颜色为纯白或者太浅,对消费者的视觉刺激不够,很难引起注意或留下印象。常见的有黑色、黄色、红色、橙色等。

应突出产品形象。如果你是一个初创品牌,除了要在设计上考虑品牌形象传播外,更重要的一点是诠释品类。通过图形/文字直接给用户展示你是卖什么产品的,或者提供什么服务,切忌选择过于隐晦难懂的图形。

建议店铺 Logo 的字数不要超过 4 个,如果店铺的品牌名过长,建议可以突出重要字母或者重要的文字,可以参照首字母图标 Logo 设计形式,还有上面案例中这种,文字和图形结合的 Logo 创意样式。

(2) 焦点海报视觉设计:首页焦点海报是非常重要的,买家进入店铺的第一眼看到的就是这张图。通常是店铺焦点海报或者投放到淘宝首页吸引买家的钻展图片,如图 5-1-2 所示。

1) 首页焦点图设计要求:①尺寸:640 像素×200 像素,<150 kB。②格式:JPG、PNG。

2) 焦点图设计要求:①背景:要使用能凸显整体气氛,不要有太过华丽的元素;不得大面积使用黑色背景。背景不得太过复杂。②构图:要突出卖点,信息不得太分散、文字/Logo 不得太贴边。中间底部 100 像素×40 像素为轮播图,为避免文案/Logo 或重要产品被遮挡,请勿在此范围内放置。底部 15 像素内勿出现文字、店铺 Logo、商品标题等关键信息,以免被弧形局部遮挡。③文字:建议使用深色背景使用浅色文字,浅色背景使用深色文字;文字字体不超过 3 种,保持易读性;文字识别需清晰,建议不得有发光、浮雕、描边等粗糙效果。④图片:应清晰可读,抠图完整。避免模糊、边缘锯齿及像素杂点。商品主体建议占图片 50%以上,整体呈现饱满感觉,避免留白过多。

3) 焦点海报图布局技巧:①不杂乱,细节作点缀:首页焦点海报中的主体商品不能太

图 5-1-2 焦点海报图页

多,否则会造成画面杂乱的感觉,影响店铺整体的视觉美观度。在细节上,海报要做到前后呼应,而不能为了细节而添加细节。②元素排列有序,分主次:焦点海报的主题一般从背景、商品和文案中进行体现,而这些元素往往是杂乱无章的,需要对其进行有条理的分类整理、精简提炼,突出主要信息。同时,海报布局要分清主次,背景不能比主体突出,促销信息也应该醒目显示。③留白:客户在浏览了多个店铺首页后,眼睛往往会在不同的颜色和结构切换中感到疲劳,因此海报设计可以适当留白,以减轻客户的视觉负担。例如,在海报周围留出一些空白的空间,给客户简单舒适的视觉体验,从而对店铺产生好的印象。

(3)店招视觉设计:店招即店铺的招牌。店招是店铺内曝光量最大的模块之一,消费者不管是进入店铺首页还是商品详情页,都可以看到店招。店招中可以包含文字、图片、形状等视觉设计元素,通过这些元素的组合,可以形成诸如品牌 Logo、店铺广告语、促销商品、优惠信息、活动信息等常见的内容,除此之外,也可根据需要添加关注按钮、搜索框、店铺公告以及联系方式等其他内容。

1)店招的类型:一般来说,店招主要包括以品牌宣传为主、以活动促销为主、以产品推广为主的 3 种店招。①以品牌宣传为主:这种店铺一般有着雄厚的实力,给力的产品,或者是想把店铺里面的产品打造成为自己的一个品牌,我们在做设计的时候主要突出的就是产品的品牌形象,首先我们要想好一个店铺名称,设计一个符合品牌形象的 Logo,我们可以在店招里面加上关注按钮和收藏按钮,以便让更多买家关注我们的店铺,如图 5-1-3 所示。②以活动促销为主:这种店铺主要是为了冲销量,走的是一条薄利多销的路线。所以我们在店招上要展现出更多的就是店铺的活动了,我们先把活动的内容计划好,然后在店招里面放上重点的促销信息,当然店招的风格也要根据活动的主题设定,营造出一个活动氛围。我们

项目五 营销转化

图 5-1-3 以品牌宣传为主的店招

可以在店招上适当地加入一些红包或者优惠券领取的按钮,如图 5-1-4 所示。③以产品推广为主:这种类型的店铺就是为了增加店铺主推产品的销量,像这种类型的店铺都会在店招上放上两三款的产品,然后在旁边标注价格,这相当于具有推广的效果,买家进入店铺的第一眼就会看到店招上的产品,很多买家都会被这些产品给吸引了,如图 5-1-5 所示。

图 5-1-4 以活动促销为主的店招

图 5-1-5 以产品推广为主的店招

2) 店招制作规范:店招的表现形式较多,可以是静态店招,也可以是动态店招。在淘宝网中,店招的制作有一定的规范性,下面对其注意事项进行介绍。①格式:GIF、JPG、PNG。②尺寸:950 像素×120 像素,大于该尺寸的部分将被裁剪掉。自定义尺寸可以制作成全屏通栏的宽度,即 1 920 像素×150 像素。图片大小不能超过 100 kB。

2. **店铺详情页视觉营销设计**　店铺详情页除了能告知客户该商品的基本情况外,还能通过一些细节展示和文字描述来打消客户的购买疑虑、售后顾虑,从而促成购买。

(1) 详情页视觉设计流程

1) 确定页面风格:页面风格主要是根据产品本身来定的,如产品的属性、产品功能等。如果产品没有特定的风格属性,可以根据目标销售人群、季节、节日或主题活动来定。

2) 产品和素材搜集:前期实拍素材,进行整理和分类。我们也要在设计的过程中要学会整理搜集自己的素材库,做好备份。

★ 此知识点为网店运营推广职业技能等级标准(初级)考点。

3)构架布局框架:根据文案内容,结合实际产品,建立有效的布局,可以从以下 8 个方面入手操作:①产品海报——引起注意;②产品属性功能——提升兴趣,了解产品;③产品全景——提升兴趣;④产品细节展示——提升兴趣,了解产品;⑤痛点挖掘——拉近客户;⑥检测报告——建立信任;⑦卖点优势——体现产品价值;⑧好评分享展示——进一步增强购买欲望。

4)确定配色方案:已有店铺视觉规范的可以直接延续使用。如果没有,可以从产品本身提取,或者从 Logo 中提取或从产品联想属性提取。在配色过程中,无论用几种颜色组合,首先要考虑用什么颜色作为主色调。

5)选择合适字体类型:字体相当于一个桥梁,主要用于对产品进行解释说明,方便顾客阅读,同时,也是对重要信息起引导作用,可通过大小字体搭配重点显示某项内容。字体使用时一般选择符合产品定位的字体并且不超过 3 种字体;在重点内容部分进行加粗突出显示,以加深买家对该信息的印象。

6)整个详情页排版:怎么对图片和文案内容进行排版设置,考验我们平时积累的设计水平。越是简约大气的页面,元素一般不会太多,页面多留白,可参考优秀案例。多学习,多总结,扩展想法,拓展思维,建立自己的设计风格。

(2)详情页商品主图视觉设计

1)商品主图设计规范:为了提高消费者的消费体验,方便消费者更快地找到自己所需要的商品,主流的电商平台都对商品主图的制作进行了规范。不符合品类主图设计规范的商品主图,往往会被搜索降权,因此在设计商品主图之前,必须了解商品主图的制作规范。以下为淘宝的商品主图的制作规范。

图片形式:白底图。

图片尺寸:正方形。

图片大小:必须 800 像素×800 像素。

图片格式:JPG。

图片大小:图片需>38 kB 且<300 kB。

主图要求:无 Logo、无水印、无文字、无拼接、无"牛皮癣"、无阴影。图片中不能有模特,商品平铺或者挂拍,不可出现衣架、商品吊牌等。商品需要正面展示,不可侧面或背面展现。图片美观度高,品质感强,商品尽量平整展现。构图明快简洁,商品主体突出,居中放置。每张图片中只能出现一个主体,不可出现多个相同主体。图片中商品主体完整,展示比例不能过小。

在淘宝 PC 端的首页,也会根据消费者的购物行为进行商品推荐,如图 5-1-6 所示。淘宝 PC 端的首页展示也依然对商品主图有类似要求。

2)商品主图的设计形式:①展示商品的全貌:利用白色背景展示商品的全貌是商品主图最常规的设计形式,是电商平台常规的一种商品主图形式。大多数行业通过白底背景或纯色背景展示商品,如图 5-1-7 所示。使用单色背景可以更清晰地展示商品的外观、细节、颜色等,重点突出商品本身,让消费者快速直接地获取商品信息。②场景化的设计:场景化商品主图是指将商品展示在真实的使用环境中,如图 5-1-8 所示。根据商品的特点,为

图 5-1-6　详情页商品主图

图 5-1-7　白色背景商品主图设计

其搭建生活化的场景,这样既可以直接体现商品的适用范围和人群,又可以让消费者直观地感受到商品的实际使用效果,产生对商品的使用联想,从而增加其点击商品的概率。③拼接式设计:拼接式设计就是将多张商品图片合成一张商品主图,如图 5-1-9 所示。这种设计形式的优点是信息丰富,不但可以同时显示商品的外观和实际效果,还可以让买家对商品的可选颜色一目了然;缺点是众多的商品图片放到一起,商品特征不够突显。④商品卖点设计:突出商品卖点包括商品的功能、作用、特点以及营销优惠等。这种方式可以有效地让买家识别品牌,唤醒老客户的消费记忆,吸引新客户

图 5-1-8　场景化商品主图设计

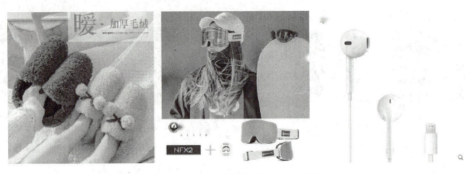

图 5-1-9　拼接式商品主图设计

的关注和消费,如图 5-1-10 所示。使用卖点展示
商品主图时需注意,文案信息应简单清晰,便于阅读,控制好文字的数量和排版,防止被平台判定为商品主图不规范,从而对商品进行降权。

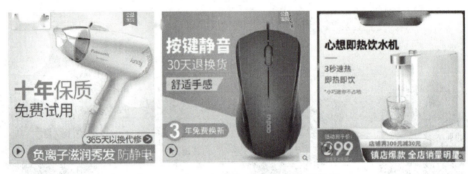

图 5-1-10　突出卖点的商品主图设计

3) 商品主图文案视觉设计:商品主图是吸引消费者了解商品和进店浏览的关键,因此要充分利用商品主图的画面空间,在主图上添加一些描述商品特色和卖点,以及刺激消费者购物欲望的文案,进一步吸引消费者点击商品主图。可根据店铺具体活动采用新品营销文案、节日营销文案、情感营销文案、痛点营销文案等形式进行视觉营销的设计。①新品营销文案:新品营销文案是对新品进行推广时使用的营销文案,可以围绕新品各个方面的内容进行把握和创作。其实很多新品在推广时依然以卖点为主,通过卖点营销文案吸引消费者的注意力,如图 5-1-11 所示。②节日营销文案:节日营销文案是利用节日进行促销的文案形式,主要通过营造节日气氛开展促销活动,如图 5-1-12 所示。常见的中国传统节日、西方重要节日,以及现在的"618""双 11""双 12"等电商节日等,都可用作节日营销。节日营销文案一般基于节日特点进行写作和设计。③情感营销文案:情感营销文案指通过挖掘商品对消费者的情感意义而设计的商品文案。情感营销文案可以唤起消费者的情感需求,从情感上影响和打动消费者,如图 5-1-13 所示。④痛点营销文案:痛点是指消费者未被满足或亟须解决的需求。痛点营销文案即针对消费者亟须解决的需求设计文案,通过突出痛点打动消费者,促使其购买商品,如图 5-1-14 所示。

项目五　营销转化

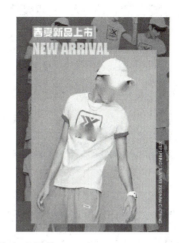

图 5-1-11　新品营销文案设计

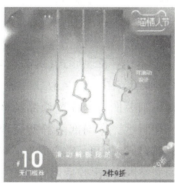

图 5-1-12　节日营销文案设计

图 5-1-13　情感营销文案设计

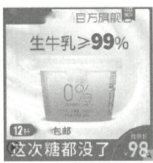

图 5-1-14 痛点营销文案设计

痛点营销文案的设计往往建立在了解消费者的需求之上,商家必须熟悉自己这个行业的商品,了解消费者最迫切需要满足的需求是什么,甚至可以主动让消费者明白在面对这件商品时他们最应该关注的是什么。

在添加主图文案时,需要注意两点:①文案的表达形式要简洁明了,要有引发消费者产生点击冲动的诱惑力;②文案不能遮挡商品主体。

(3)详情页商品细节图设计

1)商品细节图的表现形式:①指示型表现形式:指示型表现形式就是先将商品完整地展示出来,再把需要突出展示的局部细节图片以类似放大镜的形式排布在完整商品图的四周,并利用线条、箭头等设计元素将细节图片与完整商品图连接起来,有时还会用简单的文字对细节进行说明,如图 5-1-15 所示。②局部图解型表现形式:局部图解型表现形式的设计更简单,只需将商品的局部细节放大即可,不需要对细节位置进行指示。但是,局部图解型表现形式可以增加说明性的文字内容,比较适用外观简单、部件少的商品及日常用品的细节展示,如图 5-1-16 所示。

图 5-1-15 指示型商品细节图设计

项目五　营销转化

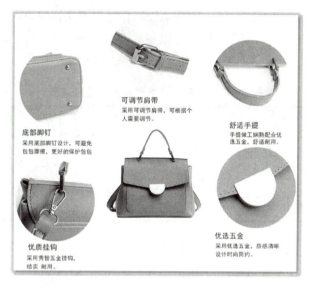

图 5-1-16　局部图解型商品细节图设计

消费者在选购商品时往往会花更多的时间关注款式和外观之外的信息,如面料、材质、成分、设计特点、版型、尺码等细节。在商品详情页中做好这些细节的呈现,不仅仅是为了客观地传递商品信息,更是为了解答阻碍消费者做出购买决定的种种问题,给予消费者买下这件商品的理由。

2)商品细节展示区设计:要让消费者全方位了解商品的特点,只能依靠文字进行说明。①利用文字对细节进行说明。标题文字对商品细节图的内容进行概括和归纳,应用画龙点睛的关键词进行文案设计;段落说明文字详细阐述该细节图的内容,可对标题文字进行展开说明,如图 5-1-17 所示。②素材让细节展示更直观。在细节图中运用箭头、聊天气泡、圆形、矩形等素材,既能将商品整体外观图与细节图联系起来,具有引导视线的作用,又能用于修饰细节图,使文字和图片一一对应,准确传递商品信息。

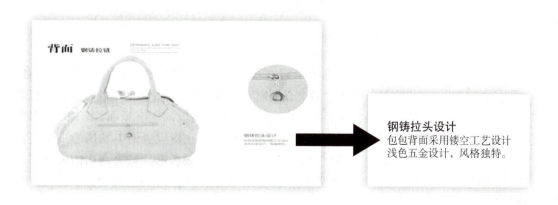

图 5-1-17　利用文字说明的商品细节图设计

3）详情页商品功效简介区设计。商品功效简介区是商品详情页的一部分，其设计宽度受到商品详情页宽度的限制，高度上则不受限制。表5-1-1为淘宝、天猫的商品详情页设计尺寸规范。

表5-1-1　商品详情页设计尺寸规范表

电商平台	商品详情页设计尺寸规范
淘宝网	详情页左侧边栏宽190像素，中间空10像素，右侧宽750像素，加起来总宽度为950像素。如果关闭左侧边栏，就可以显示950像素宽，不然只显示750像素宽
天猫商城	详情页布局与淘宝类似，不同之处在于天猫商城新版页面的宽度由750像素变为790像素

商品功效简介区的设计重点是对商品的功效进行总结与归纳，通过文字、色彩和修饰元素的完美搭配来提升文字的可读性。如图5-1-18所示，将商品的功效分为几个不同的关键点进行介绍。

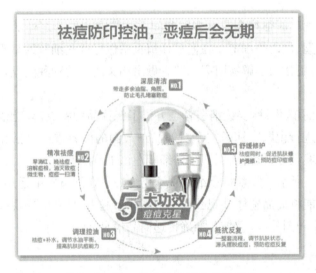

图5-1-18　商品详情页功效区设计

★ 此知识点为网店运营推广职业技能等级标准（初级）考点。

3. 店铺页尾模块视觉营销设计　页尾模块用于展示快递物流、售后服务以及帮助中心等内容。因为处于首页的最后，比较容易被忽略。但是它同店招一样，会出现在店铺内的所有页面，出现的频率也决定了它是一个不能被忽略的模块。在淘宝店铺中默认的页尾模板就只有一个，属于自定义的页面，页尾模板必须符合网店的风格以及主题，色彩需要一致，内容可以添加消费者保障、售后服务、7天无理由退换货、购物流程、联系方式等，如图5-1-19所示。

网店页尾模块设计要点包括。

（1）客服联系方式。这个内容很多淘宝店家都会设置在页面的左右两边，设置到页尾

图 5-1-19 店尾视觉营销设计

的目的就是页头和页尾属于共同页面,增加展示机会,方便顾客咨询。

(2) 发货须知。添加这个内容的目的就是让消费者对店铺增加信任,并且发货须知是确定的,其中发货时间由店家来定,所以统一的发货时间可以让店家节省很多时间。

(3) 购物流程、返回首页。这个内容可以提高消费者体验度,因为不是每一位消费者都知道购物的流程,那么我们就需要把购物流程展示出来,让消费者可以按照流程去购买商品。

(4) 友情链接。链接加上姐妹店铺、合作店铺、同盟等。

(5) 关于我们。主要讲解网店的特色、文化、内容等,网店加入了哪些保障服务协议等。

三 任务评价

通过完成本任务的学习,请你按表 5-1-2 所示,根据评价表对学习效果进行检查与评估。

表 5-1-2 学生自评和教师评价表

评价内容	分值	学生自评	教师评价
能根据网店定位,分析色彩等视觉传达元素对网店进行视觉营销设计,塑造个性化的网店风格	25		
能根据网店营销需求,结合商品定位,完成网店首页布局	25		
能根据商品主图设计规范,结合网店营销需求,设计并制作商品主图,提高商品点击率	35		
团队成员之间合作,共同完成任务	15		
总分	100		

能力拓展

1. 店铺详情页商品细节视觉设计应用训练 请找出 5 个不同类目的店铺,并分析它们的商品细节展示区有何异同。

2. 店铺首页店招视觉设计应用训练 请为家电类店铺设计一个店招,并说明自己的设计思路。

网店 运营推广

任务二　店铺服务

学习目标

1. 熟悉网店常用的主要物流方式及商品包装的基本知识；熟悉网店经营中常见的客户服务岗位工作内容。

2. 能够根据网店店铺特点选择合适的物流发货方式及进行物流模板的设置。

3. 掌握网店客户服务岗位操作技能；掌握网店客户服务岗位的基本技能及素质要求，培养学生爱岗敬业的职业精神。

任务描述

本任务通过介绍物流的选择方式、物流设置和商品包装等，掌握网店常用的物流方式及物流设置和管理的基本知识。通过针对客户服务、售前服务、售中服务、售后服务、沟通技巧服务等常用客户服务知识的介绍，掌握网店客户服务的基本内容和岗位操作技能。

任务分析

物流管理与客户服务都是网店经营者非常重视的问题，因为它们直接关系着店铺的评价。物流管理会影响客户对网店的忠诚度，客户服务的质量直接影响着消费者的体验和消费行为。

本任务将通过物流管理、客户服务的主要工作，学习淘系平台下网店运营人员的物流管理与客户服务工作，掌握选择物流方式、物流设置、商品包装、客户服务具备的技能等知识。

任务准备

为了达到更好的实训效果，熟悉物流管理、客户服务的工作内容，需要准备淘系平台账户一个，同时保证网络畅通、计算机设备等正常运行。

任务实施

一、网店物流管理

买家在浏览店铺商品时，影响其下单的一个主要因素是DSR评分，而物流服务是DSR评分的其中一个参考因素，可见物流在网店运营中起着至关重要的作用。下面将介绍淘系平台、京东平台的物流管理模式。

1. 淘系物流的选择 淘宝本身没有下属的快递公司,而且是O2O的电子商务类型,其物流配送方式也是以物流配送为主。O2O物流配送模式下,物流公司根据客户的各种需求,对货物进行分类、编码、整理、配货等操作,在约定时间和地点将商品送给客户。当前,淘宝在与物流公司合作之前,都会就物流服务的价格、内容、方式、优惠条件、赔付条款、监控监督等签订协议,规范双方的责任和义务。实际物流业务中,作为平台提供者的淘宝,只作为与其签订协议的物流公司的推荐者和监督者以及投诉的裁决者,并不绑架其客户的选择权,而是由客户自行比较,自主选择淘宝推荐的物流公司。

★ 此知识点为网店运营推广职业技能等级标准(高级)考点。

淘系平台网上商品的主要发货方式包括快递公司、邮政业务和物流托运3种类型。

(1)快递公司:快递发货是目前淘宝网商家采用最多的一种物流发货方式。快递公司的发货速度快,价格比较适中,支持上门取货和送货上门,同时还可以通过网络跟踪商品物流的进度,为买卖双方的货物收发都提供了很大的便利。快递公司通过铁路、公路和空运等交通工具,对客户货物进行快速投递,其特点是:点到点,快速方便。

我国快递企业分为3类:外资快递、国有快递、民营快递。外资快递一般用于发往境外的货物。国有快递具有资金实力雄厚、覆盖范围广、运营成本较低等特点。民营快递具有运输时间短、方便灵活、反应速度快、适应性强等特点。目前,淘宝网店为买家发货选择的物流方式主要是民营快递。大型民营快递企业包括顺丰速运、宅急送、申通快递、韵达快递、圆通快递等。

(2)邮政业务:邮政业务是比较常见的一种邮寄方式。平邮是最慢的运送方式,但是价格比较实惠,而且网点多,适合偏远地区使用。平邮一般运送时间全国7~30天,不像快递提供送货上门服务,邮递员事先会将通知单发送到家庭信箱或门卫,用户需要凭通知单和收件人身份证去就近邮局领取包裹。选择平邮的商家,自己打包商品,针对商品的情况,也可选择一些保障服务,如保价、回执等。

(3)物流托运:不方便使用物流运送的大件物品,或超重物品,可以使用物流托运。在托运之前必须对物品进行包装和标记。需要注意的是在委托物流公司托运的时候,要事先了解物流托运公司,以避免出现货物丢失、货物破损等情况。一般来说,物流托运主要有汽车托运、铁路托运和航空托运等形式,所需的时间汽车托运较长,铁路托运次之,航空托运最快,而托运价格则是航空托运最贵,铁路托运较便宜。

2. 淘系平台物流设置

(1)物流服务商设置:平台会向商家提供"推荐物流、网货物流推荐指数"作为选择物流公司的参考。但物流公司在服务质量、服务价格等方面参差不齐。

选择物流公司时,要考虑到自己的实际情况,综合考虑多种因素确定。选择方法为登录商家中心,在"物流管理"栏中单击"物流工具"超链接,进入物流工具管理中心,在该页面中可以查看和设置现在主流的物流服务商,如图5-2-1所示。

(2)运费模板设置:运费模板就是为一批商品设置同一个运费。修改运费的时候,关联商品的运费将一起被修改。并非所有地区在设置运费模板时都选择全国包邮,对于一些偏远地区应该直接选择不发货,或者增加一些发货费用,使买家能控制成本。具体的费

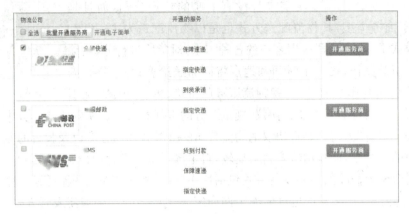

图 5-2-1 设置物流服务商

用设置还应该根据商家发货的实际成本进行调整。以下为商家包邮及不包邮运费模板设置。

1）商家包邮运费模板设置：商家包邮是一种厂家促销手段，无论客单价是高是低，买家都偏爱购买一些包邮的产品，这不仅是省事，而且看起来是比较划算的价格。因为人们都不愿意在购买一种单品时花额外的费用，这会令消费者感觉吃亏。尤其是一些高客单价的单品，买家花了高价购买产品，如果还不包邮，会让买家觉得商家"小气"，没有感受到"VIP 服务"，可能就会直接选择跳转。所以对于高客单价的单品，大部分都是包邮，除了一些对于快递要求比较高的单品，会额外选择运费服务质量高的快递公司。

商家包邮在"物流服务"—"运费模板"里面设置，确定包邮的单品则直接选择商家包邮，如图 5-2-2 所示。但是这个包邮的费用需要提前算出来计入成本，然后把一些不能包邮的地区取消。

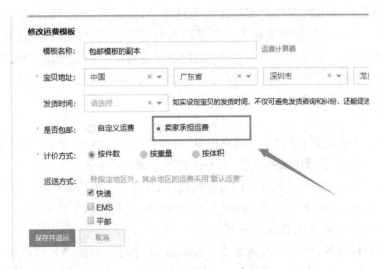

图 5-2-2 设置包邮运费模板

2) 商家不包邮运费模板设置：当单品客单价比较低，尤其是属于厂家货源，对于一次购买量少的商家，每个单独发快递，即增加自己的工作量，也不会刺激买家一次多下单，所以此时可以设置按照件数或者重量收取运费。设置一个最低折扣额，如果买家真有需求，一次就会采购多件，节约综合成本。

商家不包邮的地区需要先按地区分类，根据不同地区所需要的运费设置不同的价格，当然也可以取一个最高运费值设置模板。设置时要了解产品的计数方式，是按照重量还是件数计数，如图5-2-3所示。

图5-2-3　设置不包邮运费模板

（3）编辑地址库：地址库即商家的地址，用来保存自己的发货、退货地址，网店店铺最多可添加50条地址。编辑地址库的方法为：登录淘宝"商家中心"—"物流管理"—"物流工具"—"地址库"，可以编辑发货、取货、退货的地址，如图5-2-4所示。

图5-2-4　编辑地址库

二、淘系平台商品包装服务

1. 常用的包装方法　一般商品根据包装方法的不同,选择不同的包装材料,常见的包装材料主要有纸箱、编织袋、泡泡纸、牛皮纸以及内部的填充物等。

(1) 纸箱:纸箱是使用比较普遍的包装方式。其优点是安全性强,可以有效地保护物品,而且可以适当添加填充物,可对运输过程中的外部冲击产生缓冲作用;缺点是增加了货物的重量,运费也会相应增加。

(2) 编织袋:编织袋适用于各种不怕挤压与冲击的商品。优点是成本低、重量轻,可以节省运费;缺点是对物品的保护性比较差,只能用来包装质地柔软、耐压耐摔的商品。

(3) 泡泡纸(袋):泡泡纸(袋)不但价格较低、重量较轻,还可以比较好地防止挤压,对物品的保护性相对比较强,适用于包装一些本身具有硬盒包装的商品,如数码产品等。另外,泡泡纸也可以配合纸箱进行双重包装,增加商品的运输安全系数。

(4) 牛皮纸:牛皮纸多用于包装书籍等本身不容易被挤压或摔坏的商品,可以有效防止商品在运输过程中的磨损。

2. 不同商品的包装方式

图 5-2-5　礼品饰品类商品包装

(1) 礼品饰品类:礼品饰品类商品需要用包装盒及纸箱包装。商家可以在当地的批发市场或在线购买礼品盒以及适合礼品盒尺寸的外包装纸盒。由于这种包装方式属于"盒中盒"的情况,并且为了克服运输中发生的颠簸,一定要在使用纸箱包装时添加填充物,这样才能将礼品盒固定在纸箱里。作为礼品类商品,还可以提供一些附赠服务,例如饰品的认证证书、品牌说明、祝福卡片代签服务等。图 5-2-5 所示为使用包装盒包装的图片。

(2) 衣服、床上用品等纺织品类:衣服等纺织品,可以用布袋包装,并且最好采用白色棉布或其他干净、整洁的布。纺织类商品一般不用担心挤压的问题,商家主要需解决配送中的磨损、浸水、褶皱等问题。由于商品质地较为柔软,可以直接选用袋装产品作为第一道包装材料,选择适合商品大小的袋子,在防水的同时还能起到保持商品整齐度的作用。一般来说,服装类的商品可以选择价格较低的 PE 包装袋,床上用品类的商品普遍比较厚重,单薄的自粘袋已经不能起到很好的封存作用,这时候就需要 PVC 材质的软包袋。

(3) 电子产品类:电子类商品属于易损坏的贵重物品,出现轻微的碰撞都有可能对其造成损坏,因此包装也很讲究。为了减少商家的损失,其包装要注意防水、防震、防压,因此最好使用包装盒并使用泡沫或者充气袋等专业填充材料。包装时一定要用气泡膜包裹结实,再在外面多套几层纸箱或包装盒,多放填充物。提醒买家在收到商品后,应当面检查确定完好再签收。

(4) 食品类:食品的包装没有太多要求,需要干净和抗挤压。某些食物的保质期很短,如水果、糕点类非真空包装的食品,考虑到买家的迫切心情,主要通过快递公司发货。这类商品发送要注意两点:一是包装要干净,不管是装食物的袋子,还是邮递用的纸箱,都要求干净整洁;二是重量一定要足,卖家可以在货物中附一个清单明细,注明食品名称和订购量,清单一式两份,买家一份,自己留一份。

(5) 易碎品:易碎商品包装一直是个难点,特别是易碎品的运输包装。这类商品包括瓷器、玻璃饰品、CD、茶具、字画、工艺笔等。

为了保证商品在运输过程中不被损坏,通常会按照一定的技术方法对这些商品进行缓冲包装。外部包装是保护易碎商品免受损坏的有效方法,通常要求易碎商品外包装应具有一定的抗压强度和抗戳穿强度。最典型和最常用的易碎商品外包装是瓦楞纸箱。部分大而重的易碎商品采用蜂窝纸板包装箱。

需要在易碎商品四周包上泡沫放到盒子或箱子里,使其不会在里面晃动。再找一个比原来的物品箱四周大一些的箱子,用泡沫把底部四周全部塞满,在箱子四周写上易碎商品勿压、勿摔,可以提醒快递人员在装卸货过程中避免损坏。如图 5-2-6 所示为易碎品的包装。

图 5-2-6 易碎品商品包装

3. **商品包装技巧** 优质的商品包装往往具有最醒目的标签或最具创新性的包装形状,在吸引消费者的同时可以明确标识商家的品牌。这不仅可以提醒快递人员注意寄送,还可以宣传自己的网店。

(1) 建立品牌识别:无论是在商店、电视还是广告中,包装通常是客户与商家的产品进行的首次互动。为了在竞争者中脱颖而出,清晰、可识别的包装至关重要。优质的商品包装能从产品、企业、人、符号等层面定义出能打动消费者并区别于竞争者的品牌联想,与品牌核心价值共同构成丰满的品牌联想,是品牌营销者希望创造和保持的,能引起人们对品牌美好印象的联想物,将指导品牌创建及传播的整个过程,因此商品包装设计必须具有一定的深度和广度。

(2) 保持一致性:企业品牌想要让商品包装设计能够更有效、更准确地传递商品信息,就要使包装具有良好的可视性、可辨性和可读性,使其与同类商品有明显的差异性,具有鲜明的个性特征和良好的识别性。同时,商品包装设计各个要素和谐统一,有良好的整体视觉效果,才能吸引消费者。色彩设计还必须与企业形象、企业标准色、企业象征色、市场营销、产品设计和广告策略等联系在一起,在设计和实施时保持风格一致。

(3) 体现实用性:商品的包装想要用户买单,不仅仅是令人印象深刻,还需要考虑包装材质、使用价值和实用性。实用性包括包装的功能、形状和尺寸。

三、淘系平台客户服务

客户服务作为销售过程中必不可少的一个环节,是网店利润的直接转化因素之一,在网店权重中所占的位置也十分重要。随着顾客对服务要求的逐渐增加,服务质量在交易活动中所占的地位越来越重要,优秀、别致和贴心的客户服务甚至成了店铺的标志之一,非常利于扩大店铺的影响力。

> ★ 此知识点为网店运营推广职业技能等级标准(初级)考点。

1. 网店客户服务岗位类型 客户服务是网店必须设置的一个岗位,大中型网店由于订单繁多、咨询量大、售后内容多,对客服的分工要求更加严格。通常有一个专门的流程化的客服系统和模式,对网店客服进行明确的分工,一般分为售前客服、售中客服、售后客服3种类型,让客服人员各司其职,有条不紊地开展工作。

(1) 售前服务:售前服务主要是一种引导性的服务。当买家对商品抱有疑虑时,需要客服人员提供售前服务。从买家进店到付款的整个过程都属于售前服务的范畴,具体包括接待客户、解决客户的询问、推荐产品、识别客户等内容。

1) 接待客户:网店售前客服的第一项内容就是接待客户。客户之所以会进店,说明对产品有兴趣,而大多数订单的成交,都是因为客服让客户的兴趣变成强烈的购买欲望。因此当客户咨询时,先说一句"您好,我是客服××,很高兴为您服务,请问有什么可以效劳呢?"这样的问好诚心诚意,会让客户有一种亲切的感觉。迎接问好时可以运用幽默的话语,使用客服平台的动态表情也可以营造愉悦的气氛,可以让客户感受到客服人员的热情和亲切感,增加其对客服人员的好感,这对交易成功有所帮助。

2) 解决客户的询问:无论在实体店购物还是在网上购物,客户都会对商品及服务提出一些疑问,这需要客服人员进行解答。客户询问店铺产品时,售前客服需要专业且正确的回答。客服人员对客户提出的疑问一一进行解答,而且力争解答过程的耗时最短,回答最正确、有效。这就需要客服人员对商品、物流等相关信息有全面的认知和了解。

3) 推荐产品:当客户询问产品并得到解答后,这时不管客户是否有购买意向,客服都需要向客户推荐店铺其他产品,可以大幅提升店铺的客单价,带动店铺其他产品的销量(表5-2-1)。

表5-2-1 商品推荐参考话术表

客户行为	参考话术
考虑或再看看	亲,还有什么疑问或者相关的问题吗,或者我哪里没有讲清楚
认为价格偏高	亲,一分价钱一分收获嘛!相信亲也是相信我们的品质才会到我们家来,现在仿品也很多,亲要注意分辨哦,不然买到质量不好的,也花了冤枉钱呢,您说是吗
对质量不满	对于质量问题您可以放心,我们的每一步工序都有专门严格的品控
不喜欢款式	如果您不是很喜欢这个款式,那么您也可以看一下这款,这在我们店卖得最好,客户的反映也很好哦

4) 识别客户:售前客服还需懂得识别客户,新客户、老客户和询问过未买的客户,售前客服都应将资料备注好,这会很大程度提升客户的购物体验。

(2) 售中服务:售中服务是指商品交易过程中为买家提供的服务,主要集中在客户付款到订单签收这个阶段,包括订单处理与跟踪、装配打包与物流配送等内容。

1) 订单处理与跟踪:订单处理是商家的一项核心业务,主要是指对订单进行修改,如修改价格、修改买家的地址和联系方式等。

从客户进店拍下商品开始,会产生很多订单节点,其中包括:等待买家付款的订单状态;等待发货的订单状态;已发货的订单状态;交易成功的订单状态;交易关闭的订单状态。我们称之为订单状态,每种状态下的订单都需要客服人员完成一定的工作。

2)装配打包与物流配送:客户完成付款后,客服人员就可以进行商品的打包和发货了。如果买家提出了特殊的包装要求,要根据情况予以满足。通过物流,把商品完好地送到客户手中,待客户签收后,商家才能顺利地收到货款。

(3)售后服务:售后服务是指买家在签收商品之后,客服人员针对商品的使用、维护等进行的服务。售后服务是整个交易过程的重点之一。良好的售后服务会在无形之中提高客户的满意度,客服人员提供售后服务的目的是让客户满意,从而使其最终成为店铺的忠诚客户。

1)信息确认与通知:售后首先要做的是确认交易信息,可以通过阿里旺旺确认,也可以通过邮件的方式确认信息,如图5-2-7所示。确认信息包括收货人、地址、物品、预计发货时间,如果可能,顺便绑定售后服务联系方式。

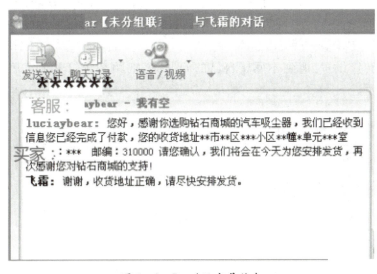

图5-2-7 确认交易信息

2)售后问题处理

● 退换货问题的处理:退换货处理在网店中非常常见,当客户对物品不满意或者尺码不合适时,都会申请退换货服务,客服应该根据实际情况快速做出相应处理。①退货:先了解退货原因以及是否符合退货要求,告知买家退货地址,请买家告知物流凭证,收到货物后退款。②折价:要求买家反馈商品问题,再根据商品的具体情况判断是否折价、折价多少等。③换货:判断商品是否符合换货要求,告知换货地址。

● 退款的处理:退款是网店发出商品后,客户在收到或未收到商品时,对商品感到不满意,要求网店退还其所消费的金额。如果客户已经收到商品,还应将商品退还给网店。任何一家网店都会出现退款的情况,这也是一种正常现象,客服人员需要认真对待、认真处理,做好售后服务,避免客户投诉,就不会受到处罚。

● 售后维修问题的处理:如果商品出现了质量问题,且在商家承诺的质保范围内,客户可将商品寄回给商家,让商家进行维修,维修费用由商家承担。如果客户在未联系商家的情况下自行拿去维修,维修费用由谁承担建议和商家协商确定。

如果商品是人为因素造成的损坏或者已经过了质保时间,无论是寄回给商家维修还是自行维修,维修费用均由客户承担。

● 纠纷处理的话术要点:对客户抱歉表示歉意;说明店铺所有评价都是真实的;说明店铺支持 X 天无理由退换货;虚心接受客户评价,并且说明世上没有任何一款产品能让全世界人满意;展示店铺亮点:注重客户口碑,信誉高,客户好评率高等;最后再次表示歉意;注意篇幅不要过长,简洁有力。

2. 网店客户服务岗位操作技能　在交易过程中,客服人员应帮助客户完成交易,因此网店客服人员需要运用淘系平台提供的千牛(卖家工作台)和客户进行交流,帮助客户选择商品,回答客户的问题。

千牛是网店客服人员使用的最重要的工具之一。除了聊天接单功能,千牛还具有其他多种强大的功能。通过千牛,网店客服人员可以进行交易管理、商品管理、评价管理、物流管理等操作。

(1)客服转接设置:遇到不属于自己的问题时,把顾客转给其他客服人员接待,如图 5-2-8 所示。

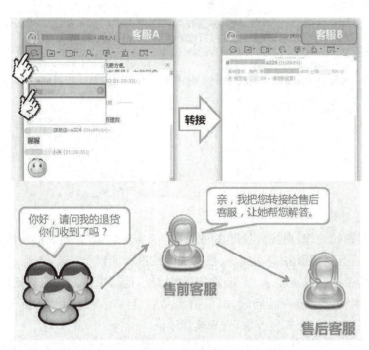

图 5-2-8　客服转接设置

(2)智能回复设置:客服人员每日会遇到很多类似提问,把这些问题的答案设成快捷回复，就可以节省很多打字和思考的时间。千牛工具的智能回复功能，包括设置自动回复、导入快捷话术、设置千牛机器人。

1）设置自动回复，如图 5-2-9 所示。

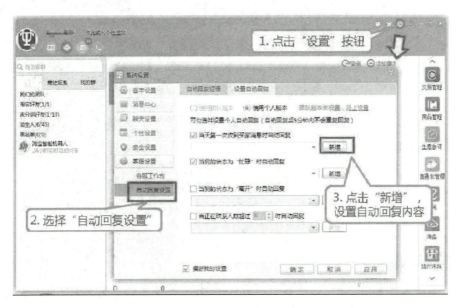

图 5-2-9　设置自动回复

2）导入快捷话术，如图 5-2-10 所示。

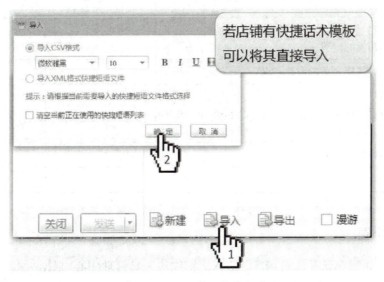

图 5-2-10　导入快捷话术

3）设置千牛机器人，如图 5-2-11 所示，可以根据买家的问题设置相应的自动回复语句。客服人员在接待量比较多或者较忙的时候可以使用机器人插件，让顾客尽快得到回复。

网店 运营推广

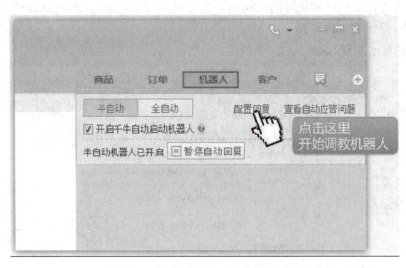

图 5-2-11 设置千牛机器人

任务评价

通过完成本任务的操作，请检查自己是否掌握了本任务的主要技能，如表 5-2-2 所示。根据评价表对学习效果进行检查与评估。

表 5-2-2 学生自评和教师评价表

鉴定评分点	分值	学生自评	教师评价
能根据网店店铺特点选择合适的物流发货方式并进行物流模板的设置	25		
能根据商品特点选择合适的商品包装	25		
能根据网店客户服务岗位工作总结岗位特点，能够运用平台提供的功能与客户进行交流，并设置快捷回复	30		
团队成员之间合作，共同完成任务	20		
总分	100		

能力拓展

1. **店铺物流模板设置应用训练** 进入店铺物流工具管理中心，根据所提供的快递公司信息选择并开通相应的快递服务。

2. **网店客户服务应用训练** 运用本任务的方法，登录卖家工作台，使用工具添加联系人，并跟客户进行聊天。完成客服相关操作。

项目五 营销转化

任务三 活动促销

学习目标

1. 熟悉目前主流电商平台网店促销的常见活动形式；熟悉电商平台主流的官方促销活动。

2. 掌握特价、秒杀、限时折扣、包邮、满就送等促销活动的应用要点；掌握官方促销活动的策划与实施；掌握网店促销活动的规则和流程，培养学生严谨细致、精益求精的工匠精神，能够立足岗位，服务社会。

任务描述

本任务从特价、秒杀、限时折扣、包邮、满就送等一系列促销活动掌握了主流电商平台网店促销活动的应用要点；通过淘系、京东电商平台活动报名要求、报名步骤、店铺要求、商品要求等官方促销活动进行介绍，掌握官方促销活动的策划与实施。

任务分析

在店铺运营中，促销活动是激活老客户、拉动新客户的有力手段，促销活动的实施不仅可以大大促进店铺销售转化，而且有助于商家迅速提升其品牌影响力。在网店运营的发展过程上，淘系、京东等官方平台促销活动运营已成为网店运营日常工作的一部分，促销活动运营的策划与实施已成为提升平台活跃度的常规手段，同时也是网店运营工作中重要的组成部分。

任务准备

为了达到更好的实训效果，熟悉电商平台店铺内日常促销活动及官方促销活动，掌握促销活动的正常进行，需要准备淘系平台、京东平台账户各1个，同时保证网络畅通、计算机设备等正常运行。

任务实施

一、网店内促销活动

网店内促销活动一般都是以给消费者提供优惠的形式刺激消费者购买，常见的促销方式包括包邮、特价、赠送优惠券、会员积分等形式。主要促销方式可归类为3点：刺激购买、促进多买、激励再买。

1. 刺激购买

(1) 特价:特价是指在节假日、店庆、购物活动等时间段,定时或定量为部分产品推出的特价优惠。利用消费者的节日消费心理,加上折扣力度,从而吸引大量消费者购物消费。例如每年的 11 月 11 日,以天猫、京东等为代表的大型电子商务网站一般会利用这一天进行一些大规模的打折促销活动,以提高销售额度。策划特价促销活动时,一般需要在商品价格上体现出价格的前后对比、活动时间以及商品数量等,让买家可以清楚地看到优惠,进而促进店铺的销量。

(2) 秒杀:秒杀是一种可以刺激消费者购物行为的有效方式。现在很多网店都会不定期推出商品的秒杀活动,提供固定数量的商品,在指定时间开启通道供用户抢购,如"1 元秒杀""10 元秒杀""前 3 分钟半价"等。

(3) 限时打折:限时打折是网店最常用的促销方式。主要展示方式是在商品一口价的基础上进行折扣设置或者减价,会在商品主图侧边的价格处直接展示折扣价格。用户在看到商品时,可以第一时间关注到商品的促销价格,如图 5-3-1 所示。同时限时打折也会给顾客一种紧迫感——时间一过商品就会更贵了,这也促使了顾客的购买欲。

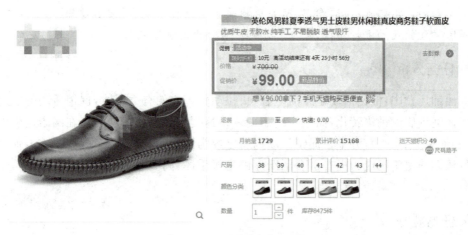

图 5-3-1　限时打折活动

2. 促进多买

> ★ 此知识点为网店运营推广职业技能等级标准(高级)考点。

(1) 包邮:开网店最常见的一种促销方式就是包邮活动——"满 xx 就包邮",如图 5-3-2 所示。这样的促销方式可以刺激顾客的购买欲望,提高销售金额。在开展满 xx 元包邮的促销活动时,需要考虑好设置满多少元才会包邮,还有一些偏远的地区是否同样包邮,商家可以选择便宜一点的快递降低运费支出,但是前提是这些快递公司是可靠的。

(2) 满就送(减):设置满就送(减)的活动,可以设置不同购买金额或者商品数量享受不同的优惠,刺激了买家的消费欲望,促使买家主动凑单,提升了店铺的客单价,如图 5-3-3

图 5-3-2 包邮活动

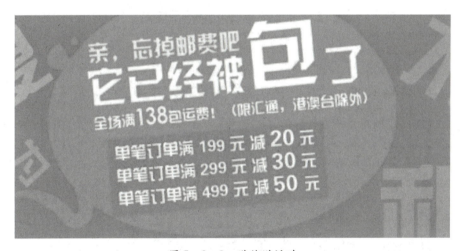

图 5-3-3 满就送活动

所示。但是这种满就送（减）的活动不能很直观地展示在商品价格中，店铺在设置好促销信息后，在店铺和商品详情页等用户可以看到的地方大力宣传活动，才能达到预期效果。

（3）赠品：赠品是指买家在店铺消费时可获得商家赠送的小礼品，赠送小礼品是网店经营者常用的一种方式，如图 5-3-4 所示。其目的是维护客户间的关系，赢得买家好感。除此之外，也可采用达到一定消费额度就赠送某商品的方式。

3. 激励再来

（1）优惠券：赠送优惠券是一种可以激励买家再次进行购物的促销形式，是最传统的促销活动之一，如图 5-3-5 所示。优惠券的种类很多，如抵价券、折扣券、现金券等，一般需标注消费额度，即消费达到指定额度可使用该优惠券，同时在优惠券下方还可以介绍优惠券的使用条件、使用时间、使用规则等。

（2）会员积分：各平台系统都为商家提供了会员管理的功能。通过该功能可为新老买

图 5-3-4 赠品活动

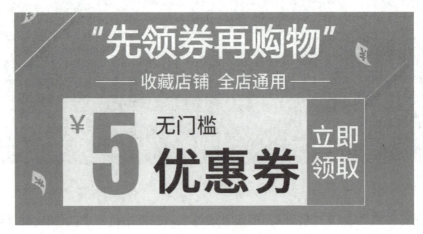

图 5-3-5 优惠券活动

家设置会员等级和会员优惠等,将买家的消费额转化为消费积分,当积分累积到一定数量时,即可换购商品,刺激买家进行重复消费,如图 5-3-6 所示。

二、官方平台促销活动

官方平台促销活动是指由网络平台组织商家开展的促销行为,一方面平台引导商家按要求参与各种活动,另一方面平台在站内主要栏目及站外进行宣传推广,拉动客户参与。由于平台拥有广泛的受众群体及活动宣传影响力,因此商家适度地参加活动对促进销量、积累客户、提升影响力方面都有明显的拉动效应。下面主要以淘系平台、京东平台为例,系统介绍官方的促销活动。

图 5-3-6　会员积分活动

1. 不同平台官方促销活动

（1）淘系平台官方活动

1）聚划算活动：聚划算是团购的一种形式，由淘宝网官方开发并组织的一种线上团购活动，日访客过千万。从 2010 年诞生到现在，聚划算几经变革，从前期隶属于淘宝网的一个频道到现在成为淘系的独立部门；从前期商家免费参加到后来的通过商家竞拍、付费方式参加，尽管聚划算活动不停地发生着变化，但它依然是淘系影响最大的官方活动之一，如图 5-3-7 所示。

★ 此知识点为网店运营推广职业技能等级标准（高级）考点。

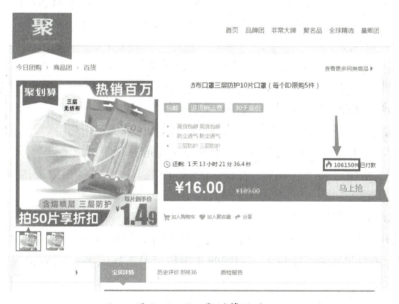

图 5-3-7　聚划算活动

参加聚划算能迅速提高店铺流量，单品销售量比没有参加聚划算的单品高出几倍甚至上千倍。所参加聚划算的商品单件销售达 10 万多件。参加聚划算一般都能让卖家的商品成为爆款。此外，聚划算还能使店铺快速曝光，让店铺的更多商品被买家看到，增加其他商品的销量。

- 报名要求

a. 商家基本资质

淘宝网卖家：从卖家提交申请到聚划算对其进行审核期间，需同时符合以下条件：除特殊类目外，店铺信用等级为五钻及以上；近半年店铺评分中"宝贝与描述相符""卖家的服务态度""卖家发货的速度"3项评分均达4.6及以上，特定类型卖家其"卖家发货的速度"的评分达4.5分及以上即可；店铺近半年的有效店铺评分数量达300次及以上；店铺创建时间为3个月及以上；店铺内非虚拟交易占比达80%及以上，虚拟、卡券类卖家除外。已加入淘宝网消费者保障服务；须提供品牌证明、品牌授权证明或进货证明。

天猫商家：从卖家提交申请至聚划算对其进行审核期间，须同时符合以下条件：店铺评分中"宝贝与描述相符""卖家的服务态度""卖家发货的速度"3项评分均达4.6及以上，特定类型卖家其"卖家发货的速度"一项的评分达4.5分及以上即可；店铺的有效店铺评分数量达300及以上；店铺创建时间为3个月及以上；店铺内非虚拟交易占比达80%及以上，虚拟、卡券类卖家除外。店铺已加入七天无理由退换货服务；非天猫旗舰店的商家需提供品牌授权证明或进货证明。

b. 商品基本资质：高危材质的商品应提供质检报告，特殊行业的商品应提供相应行业资质；品牌商品应提供该品牌的"商标注册证"或品牌授权书；从商品发布之日至聚划算审核之日，报名商品原价符合聚划算对商品历史销售记录的相关要求；报名商品的价格不得高于其在淘宝网/天猫的历史最低销售价格，淘宝网/天猫组织的大型促销活动的价格除外；报名商品的库存数量符合相关要求；报名商品的"宝贝与描述相符"评分达4.6及以上；特殊类目商品的其他特殊要求。

- 报名步骤：报名聚划算具体操作步骤详细图解请扫二维码。

a. 首先进入聚划算首页，单击顶部的"商户中心"。

b. 进入淘宝网商家聚划算页面，单击"我要报名"。

c. 进入营销活动中心，单击左侧的"活动报名"下面的"聚划算"。

d. 在这里可以选择一种聚划算活动"聚划算1元抢券频道"。

e. 单击"去报名"。

报名步骤
详细图解

2) "双11"活动

- "双11"活动要求

a. 店铺的要求：参加"双11"活动的网店是正规并且符合淘宝网规定的网店，开张时间在3个月以上并且星级为三级以上。店铺的非虚拟交易占比需要90%以上，店铺的近半年动态评分不低于4.6分，店铺在线商品数在10件以上，主营占比高于80%。限制严重违规b类卖家，以及假冒商品c类卖家参与"双11"活动。

b. 商品申报要求：参加"双11"活动的店铺商品库存保持在500件以上，1个月内成功交易量超过10件，活动价格低于1个月内成交最低价格，并且需要免邮费。另外，参加活动的商品所提交的素材需要保持原创度、禁止侵权素材。对于特殊类的一些产品，需要根据产品出示相同的资料。另外报名商品图片像素需要是480像素×480像素，图片的大小≤1 MB。图片需简洁、明了、美观，不会出现变形、拼接、水印、文字、标志等信息，手淘首页资源图必须为白底,支持 JPG、JPEG、PNG3 种格式。

● 发货要求:参加 2021 年"双 11"活动的卖家,接到在"双 11"当天消费的买家订单,需要在 11 月 14 日 24 点之前发货并有物流公司信息,需要在 11 月 19 日 24 点之前有物流信息,否则将会受到处罚。对于一些特殊类目的发货时间要求与普通类目的发货时间要求不同,一些定制预售类的要求以预约时间为准、家具建材之类需要在 20 日之内发货,生鲜类需要在 2021 年 11 月 19 日 24 点前发货。

(2)京东平台官方活动

1)"每日特价"活动,如图 5-3-8 所示。

图 5-3-8 每日特价活动

京东"每日特价"活动是由原"特价秒杀"活动正式升级而来的。升级后的"每日特价"活动专注于通过秒杀玩法为消费者提供具有极致性价比的商品,尤其是低线市场消费者青睐的爆款尖货。

● 报名入口:登录商家提报后台的网址或打开京东 App 首页找到"每日特价"后点击"营销活动-频道活动-京东秒杀-特价秒杀"即可。

● 店铺要求:商家店铺风向标排名须达到店铺所属主营二级类目的前 70%(即店铺风向标排名须超过店铺所属主营二级类目下 30%的商家);同一店铺每天最多提报 5 款不同三级类目商品;店铺开店时长不低于 1 个月。

● 商品要求:报名商品好评度不低于 90%,好评数不低于 10 个;必须支持包邮;必须符合《京东秒杀技术服务用户协议》中关于商品的约定;商品主 SKU30 天内日均销售件数不低于 1 件,动销天数不低于 7 天;报名商品在提报当期每日特价活动后,7 天内不得再次参加此活动;商品报名数量需符合商家实际库存或拿货能力,按照平台发货时效发货,如出现缺货、无货、超卖等影响消费者体验的行为,将按照《京东开放平台商家违规积分管理规则》处理,包括但不限于商品下架、限制提报营销活动、赔付等。

● 价格要求:报名商品的京东秒杀价需满足不高于提报前 30 天内最低售价的条件,如 30 天内最低售价即为秒杀价,则此次报名商品的秒杀价可以等于上次秒杀价(即该商品 30 天内的最低售价);如 30 天内最低售价为非秒杀价,则此次报名商品的秒杀价需小于该商品 30 天内的最低售价;报名商品的秒杀价应大于等于提报时的后台京东价的 3 折,小于等于提报时的后台京东价的 6 折,如部分类目有特殊要求,请以秒杀后台提报系统中的要求为准;报名商品的秒杀价在活动期内必须为京东 PC 端、移动端(包括但不仅限于微信端、手机 QQ 客户端等)中的唯一最低价;报名商品在活动结束后至少 7 天内,售价不得低于秒杀价。

● 活动名称、描述、图片要求:发布内容须符合京东开放平台信息发布要求;须明确品牌名称或产品名称、规格,展示字符在 30 个字符以内;主图须为白底商品图(特殊品类需有场景图背景的除外),除左上角的 Logo 外,不允许出现其他文案或细节图;促销运营语可选填,展示字符在 16 个字符以内;活动名称、活动描述及图片中禁止出现违禁词、违禁广告语,内容须符合《中华人民共和国广告法》等相关法律法规要求。

2)"618 年中大促"活动要求

● 商家合规要求:商家店铺风向标在所属主营二级类目的排名≥20%;商家店铺同行业近 30 天(前 5 天—前 34 天)交易纠纷因子排名率≥20%;商家店铺同行业近 30 天(前 3 天—前 32 天)物流履约因子排名率≥5%,方可报名参加此次活动。

● 商品品质要求:商品质量指数处于 D 级的商品将无法成功报名参加此次"618"活动。若提报的商品不符合活动的质量要求,将收到商品未达到商品质量指数门槛要求的提示,建议商家换成同品类质量指数等级较高的商品进行活动的报名。

● 商品价格要求:为了保障消费者在京东"618"活动期间的购物体验,针对参与"618"活动商品打标的商家(部分类目除外),将根据《京东开放平台"商品价格保护"服务规则》及《2022 年京东开放平台 618 主题活动招商规则》,在活动期间(5 月 23 日 20:00:00—6 月 20 日 23:59:59)统一为所有打标商品开通 30 天价保服务,活动结束后服务自动关闭。

同时针对活动期间价保订单直接赠送 30 天价保险(商家需自主开通价保险),对于价保周期大于 30 天或已开通价保险的情况,商品详情页将优先展示这两种服务标签。

三、活动促销策划

网店参加官方促销活动策划与实施,应该从确定活动目的、制定活动规划、团队准备、活动实施、活动总结等方面进行。

1. 明确活动目的　活动商品的营销目标不同,选品和定价也就各有差异,以清库存为目标的促销活动主要以清理积压商品和过季商品为主,为避免压货可以低价促销;以带动店铺业绩为目标的促销活动,可以选择店铺爆款,辅以适当优惠大量促销;以展示形象和新品预热为目标的促销活动,可以适当优惠,扩大新品影响力与提升客户体验,同时做好新品搭配促销或者全店推荐工作。

2. 制定活动规划

(1)准确把握每种活动特性,有选择地报名。"双 11""618 年中大促"等活动规模大、门槛高,对商家资质、综合运营能力要求较高,比较适合有一定基础的商家;"天天特卖""每日特价"等要求不高,比较适合中小型商家或者初级商家。从商品角度而言,流量大的活动如聚划算等,适合库存比较充足的商品参与。

(2)考虑不同活动对商品的要求,提前做好准备。不同的活动对目标商品有明确的指标要求,因此要提前做好店铺的销量、评价整理等准备工作,为保障报名顺利通过、后期在活动中赢取客户信任奠定基础。

（3）做好商品准备工作。由于大部分活动流量大、成交量大，且准备时间有限，因此商家要对库存、供应链有良好的预期，避免成交后出现供货不足的现象，造成客户投诉、店铺权重下降的问题。同时由于活动涉及出货，压制现金流大，还需要缴纳一定的保证金，所以需要提前做好资金准备和后续的资金周转工作。

（4）提前关注报名流程。做好报名工作中商品价格和标题的设置、图片、链接的提交工作，避免因提交的资料不合格而耽搁活动报名。

3. *团队准备*　为保障活动高效进行，需要提前对各部门进行分工，早做准备。各部门人员主要包括运营主管、设计美工、推广活动、客户服务和仓储物流。

（1）运营：运营部门需制定详细可行的活动规划，指定负责人和任务完成的时间节点。活动负责人随时待命，发现问题后应及时解决。

（2）客服：根据活动前流量预估，适当增加客服人员，合理安排排班时间，确保活动期间客服在线人数充足；对客服人员进行活动规则培训，熟知活动细则与要求，以便及时有效地解决客户的疑问。活动开始之后可能没有人看页面上的展示，如果此时准客户咨询客服人员，由客服人员告诉相关销售人员，以产生最大效果。

（3）设计：设计人员根据活动主题，指定符合活动要求的相关页面，做好视觉设计与维护工作。

（4）仓储：根据活动前的预估，提前准备好活动商品并对其进行预打包，或者将活动商品统一放置在容易打包的区域，节约拣货时间，提升发货速度。

4. *活动实施*

（1）营造活动氛围。营造活动氛围就是让客户感觉到活动即将开始，这项工作可以通过选色、文案告知。进行促销活动的时候，选色用红色比较多，文案可以用"活动开始倒计时"等字眼，让客户感觉活动即将开始。

（2）活动中营销推广支持。网店活动不仅是为了提升转化率，同时还必须注重流量导入。如果没有营销推广的配合，很可能因为进入网店的顾客人数不多而导致活动失败。所以，根据前期规划，必须有营销推广的支持。

5. *活动总结*　活动总结是营销活动中重要的一环，它可以帮助网店总结活动的经验与不足，找出团队自身的优势与劣势，在后期根据出现的问题，可以有针对性地对活动进行改进。活动总结需要在整个活动结束后的一周内完成，这样可以避免因时间过长而导致遗忘细节或总结不深刻等问题。一般来说，可以从以下几个方面进行总结。

（1）活动指标完成度。活动指标一般由以下指标构成：①流量指标：UV（独立访客数）、PV、首页访问数据、分类页访问数据等；②销售指标：销售额、客单价、销售排名前20位的商品数据；③转化指标：转化率、访问深度、停留时间、收藏量；④服务指标：DSR变动、客服响应速度、投诉量。

网店需要对以上数据进行汇总、分析，根据数据反映出的问题调整相应的工作。

（2）营销推广效果。根据活动前预备的推广资源，跟踪营销推广效果，找出推广投放上的不足，为下次的推广投放做相应的准备。

(3) 活动执行情况。根据活动方案,查看每个环节的执行情况以及所带来的实际效果,对活动执行情况进行综合评估,对团队进行简要考核。对活动前、活动中、活动后遇到的问题进行记录、分析、总结,吸取经验和教训。

(4) 活动效果对比。将活动后的效果与活动前的预估效果进行对比,找出差异产生的原因,可以为下次的活动预估提供更加准确的思路和方法。

一次活动的开展涉及很多方面,需要运营人员既要有宏观把控的能力,又要深入到工作细节中,让活动达到或超出预期效果。

任务评价

通过完成本任务的操作,请你按下表检查自己是否掌握了本任务的主要技能。如表 5-3-1 所示,根据评价表对学习效果进行检查与评估。

表 5-3-1 学生自评和教师评价表

评价内容	分值	学生自评	教师评价
能结合所学网店促销活动的应用要点,根据网店实际需求选择合适的店铺促销活动	20		
能根据不同官方平台促销活动的要求,仔细对比不同类型促销活动的差别,并了解促销活动报名渠道进行活动报名	30		
根据各电商平台营销活动规则,从确定活动目的、制定活动规划、团队准备、活动实施、活动总结 5 个方面,完成促销活动的策划工作	30		
团队成员之间合作,共同完成任务	20		
总分	100		

能力拓展

1. **网店促销活动策划的训练** 策划一场网店促销活动,对参与活动的买家实行会员积分,并根据消费额度赠送礼品或优惠券。

2. **京东平台促销活动策划的训练** 请根据《京东平台营销活动规则》,运用官方促销活动策划与实施步骤,撰写"618 年中大促"活动的策划方案。

项目六 复盘提升

项目说明

复盘提升是在商家运营一定周期之后,将自身运营的销售数据、财务报表、供应链及竞争数据进行分析,在对自身店铺经营状况进行全面掌握和了解的同时,分析竞争对手的相关数据,以更有针对性地降低商家运营成本、优化并解决存在的问题、提高自身竞争力,这对于任何商家都是极为重要的。

本项目将分别从销售数据分析、财务报表分析、竞争数据分析、供应链数据分析以及运营分析报告5个方面进行梳理,系统地讲解复盘提升的方法和流程。

本项目学习导航

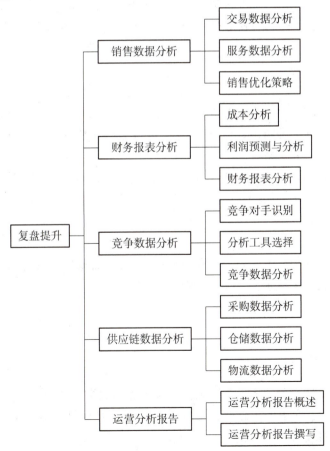

网店 运营推广

任务一

销售数据分析

学习目标

1. 熟悉交易数据相关定义。
2. 掌握影响店铺评分和客户服务考核的相关指标;掌握销售优化策略,并可以利用营销漏斗模型和动态竞争战略进行销售优化。
3. 在数据采集和分析过程中不泄露商业机密,能够保证正确的政治方向和价值取向。

任务描述

本任务将从认识销售额、客单价等简单定义入手,通过对店铺评分和客户服务考核指标对店铺的服务数据进行分析,讲解营销漏斗模型和动态竞争战略,以对店铺销售数据的优化和提升有所帮助。

任务分析

在数据复盘提升中,对销售数据进行分析是必不可少的一环,只有掌握销售数据构成,了解其影响因素,明确提升销售数据方法,才能准确分析销售现状和店铺经营状况,更好地优化、提升店铺销售额和交易量。

本任务将通过店铺基础数据分析,学习提升交易数据和服务数据方法,掌握多种优化销售数据的应用模型。

任务准备

为了熟悉交易数据、掌握运算方法和分析销售数据,需要准备计算器 1 个、淘宝或京东账户 1 个,同时保证网络畅通、计算机设备等正常运行。

任务实施

一、交易数据分析

1. 销售额 店铺运营的最终目的就是实现店铺的收益最大化。要想实现店铺的收益最大化,店铺经营者就必须分析影响店铺销售额的因素,并且通过不断优化影响销售额的因素,提升店铺的利润收入。

(1) 销售额:销售额是指纳税人销售货物、提供应税劳务或服务,从购买或接受应税劳务方或服务方收取的全部价款和价外费用,但是不包括向购买方收取的销项税额以及代为收取的政府性基金或者行政事业性收费。

电子商务中,运营与销售策略、方式和手段等都有别于实体行业。以网店为例,其销售额是点击量、转化率和客单价的乘积,即销售额=点击量×转化率×客单价,其中点击量=展现量×点击率。

(2) 提高销售额:根据销售额的公式:销售额=展现量×点击率×转化率×客单价,如果想要提升销售额,可以从以下4个方面着手。

★ 此知识点为网店运营推广职业技能等级标准(高级)考点。

1) 展现量由商品的搜索排名决定,这就要求店家做一些相应的店铺营销,例如积极参加站内的各项活动、购买"直通车"和参加"关键词竞价"等。

例如,许多经营者通常会借助各种购物平台官方的促销活动打造自己的爆款。爆款是指在商品销售中供不应求,销售量很高的商品。它的具体表现形式是高流量、高曝光量、高成交转化率。打造爆款是店铺的一种促销方式,它可以在最短的时间内给店铺带去大量的流量并提高成交转化率。

如图6-1-1所示,某淘宝店铺在最近25天内流量变化很大。5月1日—5月16日,店铺的流量比较低;该店铺在5月17日参加平台的"天天特卖"活动,成功打造了店铺的爆款;5月17日—5月19日,店铺的流量几乎呈直线上升趋势;5月20日—5月25日,流量的增加趋于稳态,总体趋势呈平缓上升。预测在未来的3~5天内,店铺的流量可能会有所下降。

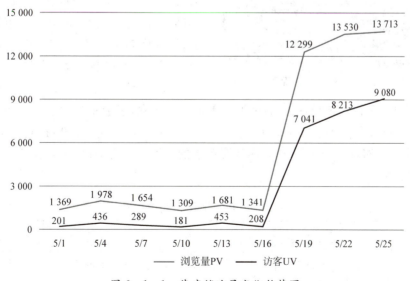

图6-1-1 某店铺流量变化趋势图

2) 点击率主要由商品的价格和主图设计决定,一方面产品价格决定了产品的定位和性价比,互联网的快速发展让"货比三家"变得更省时省力,当一款奢侈品价格过低时,就会让消费者怀疑产品的真伪,从而不会产生点击,与之对应,如果一件日用品价格过高,会让消费者认为该款产品性价比太低,从而去选择其他类似产品或替代品;另一方面,产品的主图设计是否具有美感也非常重要,它决定了该款产品能否在众多的产品主图中抓住消费者的眼球,使其产生兴趣并点击。

3)转化率受商品主图、店铺首页、商品详情页设计、文案撰写等因素影响。这就要求店主做好视觉营销,在做视觉营销时围绕字体(确定字体类型)、色彩(主色和辅助色)及构图(画面构图和文字对齐)3个方面综合考虑,同时需要突出主题(如价格、折扣、卖点和优势等)、美化产品和视觉设计。

图6-1-2 某产品详情页

如图片6-1-2中所突出的主题是新产品上市;字体均统一为英文、白色;色彩是以冷色调为主,以深蓝色作为主体,白色作为辅助色;构图为居中式构图,文字图片居中对齐。

4)商品定价、促销活动和购买数量等因素影响客单价。

2. 客单价

(1)客单价:客单价(average transaction value,ATV)是指商场(超市)每一个顾客平均购买商品的金额,客单价也是平均交易金额。客单价的本质是:在一定时期内,每位顾客消费的平均价格,离开了"一定时期"这个范围,客单价这个指标没有任何意义。根据定义可知客单价的公式为:客单价=销售总额(除去打折等优惠之后的钱)/顾客总数或客单价=成交金额/成交用户数。客单价是影响销售额的主要因素之一。

(2)提高客单价:店铺的销售额是由客单价和顾客数(客流量)所决定的,因此,要提升门店的销售额,除了尽可能多地吸引进店客流,增加顾客交易次数以外,提高客单价也是非常重要的途径。如表6-1-1所示,影响客单价的因素主要有商品定价、促销优惠、关联营销、购买数量等。

表6-1-1 影响客单价的因素

影响因素	具 体 影 响
商品定价	商品定价的高低基本上决定了客单价的多少,在实际销售中客单价只会在商品定价的一定范围内上下浮动
促销优惠	在大型促销优惠的过程中,客单价的高低取决于优惠的力度。另外,优惠力度的多少,包邮最低消费标准的设置,对客单价也有重要影响。例如,在"双11"活动中,某店铺设置的包邮最低消费标准为299元,那就是消费满299元才能免运费,

(续表)

影响因素	具 体 影 响
	这样的包邮规则,可以让买家选择凑单购买多件商品,这时的客单价与日常相比就会有所提升
关联营销	店铺一般会在商品详情页推荐相关的购买套餐,同时加入其他商品的链接,这是一种关联销售,起到了互相引流的作用。现在很多电商平台通过大数据的算法,在首页、搜索页、详情页、购物车页、订单页等各种页面中都会有关联商品的推荐
购买数量	购买数量会因商品类目的属性不同而不同。定价不同的商品,买家花费的时间成本与操作成本是不同的。所以,要想提高客单价,可以提高单个买家购物的种类,以及单个订单内商品的数量。目前许多电商平台上推出的"凑单"销售方式,原理就是如此

通过对上述因素的分析,我们可以知道通过提供附加服务、开展促销活动、产品详情页关联营销和客服推荐等方式能够有效提高客单价。

1) 提供附加服务:通过设置一定的消费金额或是满足一定消费数量后可以享受的服务,例如纪念用品可以提供"免费刻字"活动;需要安装的商品,可以提供"满多少免费上门安装"的活动,或者"消费多少免费提供多少日的免费维修服务"活动等。这些主要是通过提供附加服务来引导顾客多买多享。

2) 开展促销活动:开展适当的优惠活动,引起顾客的购买欲,提升客单价。不过这种运营方式需要店铺的商品种类多,款式多,这样搭配起来才会产生不错的效果。

如表6-1-2所示,某女装店铺发布优惠店庆活动,全场女装任意组合"2件9折,3件8折",进行了产品组合活动的数据预算。通过预算数据可以看出,2件套餐和3件套餐活动大大提升了单笔订单的客单价,在提升客单价的同时单笔的利润也得到了提升。

表6-1-2 某女装店铺价格表

商品名称	客单价(元)	成本(元)
韩版学院风衬衣	99	29.6
中长款半身裙	119	35.6
宽松休闲西服	199	59.6
2件9折衬衣+西服	268.2	89.2
2件9折衬衣+裙子	196.2	65.2
2件9折裙子+西服	286.2	95.2
3件8折衬衣+裙子+西服	333.6	124.8

每种促销方式获得的效果各有千秋,所以网店经营者要想通过促销活动取得好的效果就要提前对促销活动进行选择,如设置满X件包邮、第X件X折和提供SKU销售套餐等

活动。

3）产品详情页关联营销：适当地将互补的商品搭配进行关联销售，如经营男装的店铺，将衬衣和裤子搭配进行展示，当顾客在购买其中任意一种商品时，同时看到模特身上的搭配商品，就可能对关联商品产生兴趣。这种营销方式不仅减少了顾客自主搭配的烦恼，提高了顾客的购物体验，还可以提高客单价。

例如一家主营女装的淘宝店铺对店铺的衬衫和短裙进行了数据测试，在10月1日，卖家先采用"单件营销"，统计了10月的客单价变化情况，如表6-1-3所示。

表6-1-3 单件营销数据测试

开始测试时间	测试方法	测试商品	测试数据					
			时长	浏览量	访客数	人均购买数	单价	客单价
10月1日	单价营销	女士衬衫	1天	387	149	3	49	147
			7天	2 240	870	20	49	980
			15天	5 660	2 035	33	49	1 617
		女士短裙	1天	475	251	7	29	203
			7天	1 038	680	13	29	377
			15天	2 100	800	17	29	493

在11月1日，卖家改变了营销方法，采用"关联营销"，卖家将衬衫和短裙进行关联搭配，销售数据如表6-1-4所示。

表6-1-4 关联营销数据测试

开始测试时间	测试方法	测试商品	测试数据					
			时长	浏览量	访客数	人均购买数	单价	客单价
11月1日	单价营销	女士衬衫	1天	480	240	8	49	392
			7天	2 650	1 200	23	49	1 127
			15天	8 960	3 995	48	49	2 352
		女士短裙	1天	800	551	21	29	609
			7天	4 538	1 580	36	29	1 044
			15天	8 104	3 900	70	29	2 030

通过以上营销方式的对比可以得知：关联营销提升了商品的访问深度，带来更多的流量，商品搭配的销售方式，使商品的客单价得到了提升。

4）客服推荐：客服推荐是提高客单价的一个非常重要的方式。客服人员可以通过沟通直接影响顾客的购买决策，通过优质合理的推荐，提高客单价。例如经营母婴商品的店铺，新手妈妈在第一次购买母婴商品时会很愿意倾听客服人员的推荐，从而主动购买更多相关商品。

二、服务数据分析

1. 卖家服务评级　　在淘宝平台会有卖家服务评级，主要指的是其动态评分系统，如图6-1-3所示，3个评分维度分别是：商品描述相符度、卖家服务态度和物流服务，满分5分。淘宝平台会给出店铺的各项得分和其与同行业平均分数的对比表现。店铺评分＝每项店铺评分买家给予该项评分的总和（连续6个月）/买家给予该项评分的次数（连续6个月）。表6-1-5给出了DSR分数低的原因和改善方法。

图6-1-3　店铺动态评分示例图

表6-1-5　DSR低分的原因和改善方法

问题类型	DSR 低分原因	改善方法
客服服务问题	客服不及时回复客户、与客户产生矛盾、未能解答客户问题、态度差等	①设置快捷短语应答，提升客服人员的应答速度；②改善服务态度，安抚客户情绪，使客服人员用专业的态度去工作；③加强客服人员基本产品知识和店铺活动内容培训；④用制度对客服人员进行考核，对态度恶劣造成严重后果的客服人员进行辞退
物流问题	货品少件缺件、发货时间晚、货物破损、送货不及时等	选择优质的物流公司合作，提升物流服务
产品问题	产品质量差、产品与描述不符、产品低于客户预期等	①修改产品的描述，不夸大产品功能性的描述；②对客户差评进行针对性的解释，真诚的解释会让客户平息怒火

如表6-1-6所示为淘宝某文具店6个月的DSR评分情况和行业DSR平均评分。从表中可以看到店铺的物流评分低于行业平均分，说明需要调整店铺的承运商，以提高物流评分。

表 6-1-6　评分情况对比表

月份	商品与描述相符		卖家的服务态度		物流服务	
	店铺评分	行业平均分	店铺评分	行业平均分	店铺评分	行业平均分
7月	4.942↑	4.880	4.891↑	4.850	4.788↓	4.870
8月	4.941↑	4.880	4.891↑	4.850	4.788↓	4.870
9月	4.941↑	4.880	4.891↑	4.850	4.789↓	4.870
10月	4.942↑	4.880	4.892↑	4.850	4.789↓	4.870
11月	4.941↑	4.880	4.892↑	4.850	4.788↓	4.870
12月	4.942↑	4.880	4.892↑	4.850	4.789↓	4.870

> ★ 此知识点为网店运营推广职业技能等级标准（初级）考点。

2. 客户服务的考核指标　提高店铺的销售数据，需要加强服务管理，把店铺客服的效能释放到最大至关重要。实际上，客服已经不再是简单的"聊天工具"，他们的角色早已转变，成为网络营销中关键环节之一。对于网店经营者而言，首先应该认识到客服对整个店铺的重要性，然后根据店铺的实际情况制定科学的网店客服绩效考核制度，让客户服务产生更多的销售收益。

建立科学合理的关键绩效考核（key performance indicator，KPI）对于网店经营者而言非常重要。客服 KPI 考核制度把客服人员的业绩目标与店铺的整体运营目标相结合，及时发现潜在的问题，并及时反馈客服人员，引导店铺向正确的方向发展。

（1）咨询转化率：咨询转化率是指咨询客服并产生购买行为的人数与咨询客服总人数的比值，即咨询转化率＝咨询成交人数/咨询总人数。在直接层面上，咨询转化率会影响整个店铺的销售额。在间接层面上，咨询转化率会影响买家对店铺的黏性以及回头率，甚至是整个店铺的品牌建设和持续发展。

咨询转化率能直接反映出一个客服人员的工作质量。在同等条件下，咨询转化率越高，对店铺的贡献越大。

（2）支付率：支付率是指成交总笔数与下单总笔数的比值，即支付率＝成交总笔数/下单总笔数。支付率直接影响着店铺的利润，除此之外，店铺支付率在一定程度上也会影响店铺的排名。订单支付率是衡量店铺利润的指标之一，同时又和客服人员 KPI 考核息息相关。因此，网店经营者需要加大对店铺支付率的重视，采取"以点带面"的考核方法提升店铺支付率，通过提升客服人员的支付率，进而达到提升店铺支付率的目的。

（3）售后：客服人员 KPI 复合模型能够根据不同的指标对客服人员进行全方位的考核。除了相关的数据指标之外，还包括对客服人员的售后以及日常工作进行考核。例如退货率能直接反映出客服人员的服务质量，当客服人员与买家沟通的时候，应该注意方式与技巧，结合买家的喜好推荐商品。

（4）响应时间：响应时间是指当买家咨询后，客服人员回复买家的时间间隔。响应时间又分为首次响应时间和平均响应时间。响应时间是影响咨询成交转化率的因素之一,当买家通过咨询客服人员,表明买家对该商品比较感兴趣,客服人员的响应时间就会影响商品的咨询转化率,如果客服人员的响应时间短、回复专业、态度热情,那么,将会大大提升商品的成交转化率。

(5) 落实客单价:落实客单价是指在一定的周期内,客服人员个人的客单价与店铺客单价的比值,计算公式为:落实客单价=客服客单价/店铺客单价。落实客单价直接把客服人员个人客单价与店铺客单价联系起来,经营者可以很直观地看出在整个团队的水平,更容易及时发现问题,有利于整个团队 KPI 的提升。

三、销售优化策略

1. 营销漏斗模型　营销漏斗模型的 5 个层级,如图 6-1-4 所示,对应了店铺搜索营销的各个环节,反映了从展现、点击、访问、咨询,直到生成订单过程中的客户数量及流失情况。从最大的展现量到最小的订单量,一层层缩小的过程表示不断有客户因为各种原因离开,对店铺失去兴趣或放弃购买。

(1) 展现量:在漏斗模型的顶端,常见的问题是流量偏低,低于期望或者行业平均水平,导致推广不能完整覆盖受众人群,使店铺错失潜在客户。面对这种情况,首先要排除账户设置中可能出现的不合理因素,其次要诊断关键词本身可能存在的问题,通常会从如下 4 个方向作为切入点。

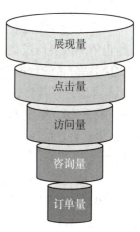

图 6-1-4　营销漏斗模型

1) 关键词:在选择关键词的时候,是否存在关键词类型单一或关键词数量不足的问题。如果有这类问题,则需要对关键词进行针对性的拓展,拓展受众来源。

2) 匹配方式:关键词匹配模式的选择是否不够灵活。如果仅使用精准匹配或短语匹配会错过相当一部分流量,建议使用"广泛匹配+否定匹配"的组合进行测试,观察效果。

3) 排名位置:关键词排名是否过于靠后。排名对于受众的影响是巨大的,如果排名靠后会直接导致网民对推广关注度的下降,若出现类似问题需要立即对创意的出价及文案进行调整。

4) 地域和时段:如对推广时段设置时间较短,错过了投放的最佳时机,推广预算分配不合理,导致计划提前下线等。

(2) 点击量:点击率低不仅会造成用户的流失,而且对于账户的质量度有巨大的负面影响。点击率低造成的推广点击量不足,降低了潜在受众接触到店铺主推产品的机会。我们应该从以下几方面找解决方法。

1) 相关性:需要考虑关键词与推广创意的相关性是否出现问题。是不是投放了很宽泛、流量很大的关键词,如销售防盗门的网店购买了关键词"门",因为该关键词含义宽泛,很难用一个推广创意涵盖所有的搜索需求,所以造成了点击率的低下。

2) 排名位置:观察推广的平均排名,是否处于受众不容易发现的位置,有针对性地对排名位置进行调整,对于点击率的提升会产生明显效果。

3)创意质量:推广创意是否过于平淡,没有突出产品的卖点及折扣信息,造成了与竞争对手的差异度不足,无法吸引用户点击。

(3)访问量:在点击量和访问量这两者之间出现一定的损耗是正常的,通常搜索损耗在20%~30%之间。如果这个损耗数值过大,就需要及时检查。

1)页面打开速度:检查页面的加载速度是不是过慢,最常见的是使用Flash页面,动辄十几秒几十秒的加载速度,会直接耗尽用户的耐心,导致用户的大量流失;检查网站是不是使用了跳转,跳转有可能会使访问的来源信息丢失,也可能会给网站的稳定性带来问题。

2)相关性:检查推广创意与着陆页面是否存在相关性低的问题。如果页面中的产品与创意描述的内容有极大差异,就可能造成页面监测代码未完成载入时用户就跳出页面。

(4)咨询量:咨询量低的问题与网站体验有着紧密联系。即使推广为网站带来了优质流量,也依然需要通过良好的网站体验促成最终的转化,所以在面对咨询量低的问题时,需要综合网站分析的数据做出有针对性的优化。

1)沟通途径:网站最重要的沟通途径是客服窗口,因此给用户创造一个便捷、直观的沟通途径最重要。客服窗口是否显现、是否让客户自主选择咨询、客服窗口是否弹出、弹出频率都会影响客户的感官。有些网站从用户进来到结束,一直弹出窗口,导致无法浏览整个页面,用户只有放弃。

2)创意文案:推广创意做了太多的承诺,导致用户期望值过高,但实际产品不能满足用户的期望,导致了用户流失。这种情况需要立即对创意文案做出调整,保证创意描述与产品功能的一致性。

(5)订单量:漏斗模型最下层是成交的关键。掌握漏斗模型转化数据能够提升转化率,将意向客户转化为成交客户。其中客服作用不可小觑,对整个店铺的产品及客户维护都有极大的影响,主要体现在以下4个方面:直接转化成单、帮助做产品市场调研、建立用户档案体系、收集意见或建议。

所有的店铺都应该对客服人员定制转化率,分析客服人员的销售能力和引导能力,并进行专业能力的培训。如客服人员是否对产品有深入理解,并且引导客户做出决定;是否能定期收集用户反馈,反馈给业务部或者产品部,确定是否优化,并告知详细的计划安排等。

2. 动态竞争战略 著名战略学者Michael A. Hitt(1999)将动态竞争定义为在特定行业内,某个(或某些)企业采取了一系列竞争行动,引起竞争对手的一系列反应,这些反应又会影响到原先行动的企业,这是一种竞争互动的过程。

全球化进程的不断加快、信息技术的不断进步、政府制度的不断完善、资源的全球配置、新兴市场的兴起、新旧竞争对手的不断更替,使得企业面临的竞争不断加剧,原本相对稳定的竞争环境变得复杂多变。企业战略的制定要能适应激烈的竞争和动态的环境变化。但是任何一个企业的优势都是暂时的,不可能长期保持。可能被竞争对手的反击和模仿行动所击败,所以竞争优势的持久性受到挑战。竞争和环境的不断变化使得企业原先做的长远规划和所形成的资源配置模式成为企业发展、改革和前进的负担,先前的优势转变为劣势,而且在短时间内这种劣势很难被克服,因而要求战略规划要符合竞争和环境的变化,从而呈现动态调整的趋势。

动态竞争中,企业的战略行动可以改变客观环境、市场结构和行业竞争。尤其是行业中的重要企业可以通过改变自己的行为而改变行业竞争的关键因素,提高或者降低行业动态竞争的水平,缩短或者延长产品生命周期。因此,在动态竞争中,企业制定战略的时候,主要精力要放在自己的战略上。

想要企业形成良好的动态竞争优势,需要考虑以下几个方面:首先是企业的创新能力,包括产品创新、过程创新、技术创新、管理创新、制度创新、组织创新和观念意识创新等;其次是企业规模大小,企业的规模和制定、实施动态战略具有很强的相关性。企业规模越大,企业实施动态战略的基础越雄厚,然而大企业也正是因为规模的问题而导致诸多管理问题,丧失灵活性和灵敏度,对市场变化、竞争者战略变化的调整能力和速度下降;最后是获取资源的能力,企业的资源包括有形的资源和无形的资源。有形资源包括企业所拥有的土地、资金、生产资料等;无形资源能够左右消费者偏好,给企业带来更多利益,例如管理能力、品牌、售后服务等。

任务评价

通过完成本任务的学习,请按表6-1-7所示,根据评价表对学习效果进行检查与评估。

表6-1-7 财务报表分析评价表

评价内容	分值	学生自评	教师评价
学会提高客单价方法	20		
掌握影响店铺评分和客户服务考核的相关指标	40		
熟悉销售优化策略,掌握销售数据分析方法	40		
总分	100		

能力拓展

现某家主营女装的淘宝店铺,有3名客服人员。经营者为了高效地管理整个客服团队,决定对客服人员采取KPI复合模型考核制度:将每个人的咨询转化率、支付率、售后及日常工作和落实客单价按照一定权重进行加权,如表6-1-8~表6-1-11所示,得到客服人员的分值,以对客服人员进行考核。

表6-1-8 咨询转化率考核表

KPI考核指标	计算公式	评分标准	分值	权重
咨询转化率(X)	咨询转化率=成交人数/咨询总人数	X≥41%	100	30%
		38%≤X<41%	90	
		35%≤X<38%	80	
		32%≤X<35%	70	
		28%≤X<31%	60	
		25%≤X<28%	50	
		X<25%	0	

表6-1-9 支付率考核表

KPI考核指标	计算公式	评分标准	分值	权重
支付率(F)	支付率=成交笔数/下单总笔数	F≥90%	100	30%
		80%≤F<90%	90	
		70%≤F<80%	80	
		60%≤F<70%	70	
		50%≤F<65%	60	
		F<50%	0	

表6-1-10 落实客单价考核表

KPI考核指标	计算公式	评分标准	分值	权重
落实客单价(Y)	落实客单价=客服客单价/店铺客单价	Y≥1.23	100	20%
		1.21≤Y<1.23	90	
		1.19≤Y<1.21	80	
		1.17≤Y<1.19	70	
		1.15≤Y<1.17	60	
		Y<1.15	0	

表6-1-11 月退货量考核表

KPI考核指标	评分标准	分值	权重
月退货量(T)	T<3	100	20%
	3≤T<10	80	
	10≤T<20	60	
	T≥20	0	

表 6-1-12～表 6-1-15 分别为某家主营女装淘宝店铺 3 名客服人员的咨询转化率、支付率、客服人员落实客单价和售后情况，根据相应的考核办法和计算公式则可以分别对 3 名客服人员的咨询转化率、支付率、客服人员落实客单价和售后进行赋分，最终针对 3 位客服人员目前存在的问题做出相应的改进，以提高客户服务。

表 6-1-12　客服人员咨询成交转化率统计表

客服人员	成交总人数	咨询总人数	转化率	得分	权重得分
A	88	275	32%	70	21
B	582	1 455	40%	90	27
C	232	800	29%	60	18

表 6-1-13　客服人员支付率统计表

客服人员	成交笔数	下单总笔数	支付率	得分	权重得分
A	228	240	95%	100	30
B	247	325	76%	80	24
C	198	225	88%	90	27

表 6-1-14　客服人员落实客单价统计表

客服人员	客服客单价	店铺客单价	落实客单价	得分	权重得分
A	78.23	66.3	1.18	70	14
B	76.9	66.3	1.16	60	12
C	82.8	66.3	1.24	100	20

表 6-1-15　客服人员售后统计表

客服人员	月退货量	月成交量	月均退货率	得分	权重得分
A	6	289	2.07%	80	16
B	23	423	5.43%	60	12
C	0	260	0%	100	20

综上所述，该网店经营者结合咨询转化率、支付率、落实客单价等数据指标对店铺的客服人员进行综合考察，考察结果如下：

根据表 6-1-16 可知：C 客服的综合水平最高，其次是 A 客服，最后是 B 客服。3 位客服人员的权重得分相差不大，但是根据各类数据指标分析，A 客服的综合水平位于中等，因为 A 客服的大部分数据都介于 B 客服、C 客服之间；B 客服的咨询转化率较高，但是退货率最高；C 客服的支付率较高，但退货率在 3 人中最低。

表 6-1-16 客服人员 KPI 权重得分

客服人员 KPI	A	B	C
咨询转化率	32%	40%	29%
支付率	95%	76%	88%
落实客单价	1.18	1.16	1.24
退货率	2.07%	5.43%	0%
权重得分	81	75	85

根据上述的分析，经营者综合 3 位客服人员的情况后，提出以下改进办法。

A 客服需要提升潜在的咨询成交转化率，同时，尽量降低退货率，和买家在交流沟通的时候注意方式方法。

B 客服亟须提升支付率，其转化率很高，但是支付率过低，严重影响个人的业绩考核，同时，提升售后服务能力和水平，逐步降低退货率。

C 客服需要提升咨询转化率，而影响咨询转化率很重要的一个因素就是响应时间，因此，C 客服目前应该缩短自己的服务响应时间。

思考：1. 客户服务数据分析对于网店经营者具有什么意义？
2. 作为网店经营者，结合今天学习的漏斗模型，我们平时还要多关注哪些指标和要素？

任务二 财务报表分析

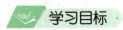

1. 熟悉淘宝店铺的成本构成及成本分析；熟悉财务报表的相关定义。
2. 掌握利润率的计算及利润预测的方法；掌握资产负债表、现金流量表和利润表的分析与运算，并可以根据该表掌握店铺的运营状况。
3. 通过对财务报表的分析，成为一名具有良好职业操守的财会专业人才。

项目六 复盘提升

任务描述

本任务将从认识商品成本、推广成本和固定成本学习店铺的成本分析,通过利润的构成学习利润率的计算和利润预测,最后从资产负债表、现金流量表和利润表对店铺的经营状况进行分析,以对店铺财务数据的优化和提升有所帮助。

任务分析

在店铺经营一定周期后,对财务报表的分析是非常有必要的。只有熟练掌握资产负债表、现金流量表和利润表,才会在数据复盘中更清楚地了解店铺自身的财务经营状况、降低店铺成本、提升所得利润。

本任务将通过对店铺的成本分析、利润分析和具体财务报表分析,掌握店铺财务数据分析方法,以在数据复盘产生显著的优化效果。

任务准备

为了熟悉财务报表、掌握运算方法和分析具体报表,需要准备计算器1个;同时为增加实训效果和体验,需另准备淘宝或京东账户1个,同时保证网络畅通、计算机设备等正常运行。

任务实施

一、成本分析

网店经营者要实现利润最大化,比较好的状态是提升成交额,降低总成本。一般情况下经营者会通过减少总成本来提升店铺利润。影响总成本的主要因素有商品成本、推广成本以及固定成本。

★ 此知识点为网店运营推广职业技能等级标准(高级)考点。

1. 商品成本 商品成本是网店总成本构成的关键。网店经营者在运营整个淘宝网店的过程中,关于成本的预测、分析、决策和控制都是必不可少的。而在决策和控制中需要先对商品成本进行预测和分析,如图6-2-1所示,根据网店之前的商品成本的相关数据进行研究。

图6-2-1 商品成本的构成

网店 运营推广

不同的进货方式的成本消耗率不同,根据统计的结果对网店进货方式进行调整;尽量把进货过程中的成本消耗率降到最低。

2. 推广成本 推广的深度决定了网店的后期发展速度。淘宝网店最常用的付费推广方式有直通车、淘宝客以及钻石展位,如表6-2-1所示,淘宝卖家需要定期对网店推广进行有效的数据分析,挖掘出对网店贡献最大的推广方式,再对网店的推广方式进行有目的、有方向的战略调整。

表6-2-1 不同推广方式的成本利润率

推广方式	成本(元)	成交额(元)	利润(元)	成本利润率
直通车	341.53	579.46	237.93	69.67%
淘宝客	155.49	263.15	107.66	69.24%
钻石展位	497.86	572.81	74.95	15.05%
其他	89.21	117.39	28.18	31.59%

从推广成本分析,钻石展位的成本最高,其次是直通车,再次是其他的付费方式,最后是淘宝客。再结合成本利润分析,钻石展位的成本最高,但是成本利润率却最低;直通车和淘宝客的成本相对较低,但是却获得较高的成本利润率。根据统计结果对店铺的推广方式进行相应的调整:首先,降低钻石展位的推广成本;其次,加大直通车和淘宝客的推广成本,尤其是淘宝客;最后也适当增加其他推广方式的成本。

3. 固定成本 固定成本又被称为固定费用,是指成本总额在一定时期和一定业务量范围内,不受业务量增减变动影响而能保持不变或者影响不大。针对淘宝网店而言,固定成本主要包括场地租金、员工工资、网络信息费以及相关的设备折旧等,如表6-2-2所示。

表6-2-2 固定成本数据统计

月份	场地租金(元)	员工工资(元)	网络信息费(元)	设备折旧(元)	合计(元)
4月	4 000	22 000	100	756.38	26 856.38
5月	4 000	21 600	100	270.42	25 970.42
6月	4 000	25 800	100	316.66	30 216.66

固定成本在短期内变化不大。网店无法通过缩减固定成本提升网店的利润,但是经营者可以制定员工的KPI绩效考核制度,不断提升员工为网店创造的利润和价值。另外,设备折旧的成本属于固定成本中最基础的成本之一,尽量降低人为损伤率能在一定程度上降低设备的折旧费用。

二、利润预测与分析

1. 利润与利润率 利润是指包括收入与成本的差额,以及其他直接计入损益的利得和损失。利润也被称为净利润或者净收益。如果用 P 代表利润,K 代表商品成本,W 代表收入,那么利润的计算公式为:

$$P = W - K。$$

利润率是指利润值的转化形式,是同一剩余价值量的不同计算方法。如果用 P' 代表利润率,K 代表商品成本,W 代表收入,那么利润率的计算公式为:

$$P' = (W - K)/K \times 100\%。$$

利润率分为成本利润率、销售利润率以及产值利润率,本任务主要讨论成本利润率。

从整体上分析,在网店的总成本变化不大的情况下,网店的利润与成交量和成交均价相关。成本利润率越高,说明网店为获得相应的利润需要付出的代价越小,所以,网店经营者需要在最大限度上提升成本利润率。

2. 利润预测 利润预测是指在网店运营历史数据和现有生产运营条件的基础之上,根据各种影响因素与利润的依存关系,对网店利润的变化趋势进行预测。

(1) 线性预测法:线性预测法是一种用来确定两个变量之间关系的一种数据建模工具。它是根据自变量 X 和因变量 Y 之间的变化关系,通过建立 X 与 Y 的线性回归方程进行预测的一种方法。由于线上网店利润的影响因素是多方面的,所以,网店经营者在运用线性预测法的时候,需要对影响利润的因素进行多方面的分析和研究。只有在众多的影响因素中,存在某一个因素对变量 X 的影响明显高于其他因素的变量,才能将这个变量作为自变量 X,运用线性预测法对网店进行预测。

(2) 指数预测法:指数预测法可以采用 Logest 函数进行预测。Logest 函数的作用是在回归分析中,计算出最符合数据的指数回归拟合曲线,并返回描述该曲线的数值数组。

(3) 图表预测法:图表预测法也是数据预测的方法之一。图表预测法的实质就是通过分析数据源,创建预测图表,并在图表中插入趋势线,通过趋势线预测数据的走向。卖家要使用图表预测法预测网店的利润,首先需要根据网店的实际运营情况创建成交量分析图,以网店的实际成交量为数据源创建图表,并且对图表进行分析。

(4) 移动平均预测法:移动平均预测法是一种最简单的自适应预测的方法。移动平均预测法是利用近期的数据对预测值的影响比较大,而远期数据对预测数据值影响较小的原理,把平均数进行逐期移动。而移动期数的大小视具体情况而定,移动期数少,能够快速地反映,但是不能反映变化趋势;移动期数多,能够反映变化趋势,但是预测值带有明显之后偏差。

三、财务报表分析

1. 资产负债表 资产负债表也称平衡表(balance sheet)或财务状况表,是反映企业在某一特定时期财务状况的会计报表。

资产负债表是企业的基本财务报表之一,它反映了企业在某一特定时期的财务状况。对资产负债表的解读和分析历来是财务报告分析的重点,尤其是对债权人与投资者进行偿债能力分析和资本保值分析有着重要意义。另外,对资产结构的考察也有助于判断企业的盈利能力。

> ★ 此知识点为网店运营推广职业技能等级标准(高级)考点。

(1) 资产:是指企业过去交易或事项形成的,由企业拥有或控制的,预期会给企业带来经济利益的资源,是任何单位、企业或个人拥有的各种具有商业或交换价值的东西。

1) 资产按其流动性(资产的周转、变现能力)可以分为流动资产、长期投资、固定资产、无形资产和其他资产:①流动资产是指可以在 1 年内或者超过 1 年的一个营业周期内变现或者耗用的资产,包括现金、银行存款、短期投资、应收及预付款项、待摊费用、存货等。②长期投资是指除短期投资以外的投资,包括持有时间准备超过 1 年(不含 1 年)的各种股权性质的投资、不能变现或不准备变现的债券、其他债权投资和其他长期投资。③固定资产是指企业使用期限超过 1 年的房屋、建筑物、机器、机械、运输工具,以及其他与生产、经营有关的设备、器具、工具等。④无形资产是指企业为生产商品或者提供劳务出租给他人,或为管理目的而持有的没有实物形态的非货币性长期资产。⑤其他资产是指除流动资产、长期投资、固定资产、无形资产以外的资产,如固定资产修理、改建支出等形成的长期待摊费用。

2) 资产按照其质量分类,可以分为以下几类:①按照账面价值等金额实现的资产,即货币资金,包括库存现金、银行存款和其他货币资金,简称现金。②按照低于账面价值的金额贬值实现的资产,包括存在发生坏账可能性的短期债券、存在一定的贬值风险的部分存货、被投资单位已严重亏损的部分长期股权投资和长期待摊费用等项目。③按照高于账面价值的金额增值实现的资产,包括大部分存货、部分对外投资、部分固定资产、采用成本模式计量的投资性房地产和账面上未体现的净值等。

(2) 负债:是指企业过去的交易或者事项形成的、预期会导致经济利益流出企业的现时义务。根据负债偿还速度或偿还时间的长短可以将负债分为流动负债和非流动负债。

1) 流动负债是指预计在一个正常营业周期中清偿,或者主要为交易目的而持有,或者自资产负债表日起 1 年内(含 1 年)到期应予以清偿,或者企业无权自主地将清偿推迟至资产负债表日后 1 年以上的负债。主要包括短期借款、应付票据、应付账款、预收账款、应付职工薪酬、应付股利(利润)、应交税费和其他应付款。①短期借款是指企业根据生产经营的需要,从银行或其他金融机构借入的偿还期在 1 年以内的各种借款,包括生产周转借款、临时借款等。②应付票据是指企业因购买材料、商品等而开出、承兑的商业汇票,包括银行承兑汇票和商业承兑汇票。此项负债在付款时间上具有法律约束力,是企业一种到期必须偿付的"刚性"债务。企业的应付票据如果到期不能支付,不仅会影响企业的信誉,影响企业以后资金的筹集,而且还会遭到银行的处罚。③应付账款通常是指因购买材料、商品或接受劳务供应等而发生的债务,是买卖双方在购销活动中由于取得物资与支付货款在时间上不一致而产生的负债。④预收账款是一种"良性"债务,其在偿付时不是以现金支付,而需要以实物(存货)支付,所以,预收账款的偿还一般不会对现金流量产生影响。对企业来说,预收账款越多越好。因为预收账款作为企业的一项短期资金来源,在企业发送商品或提供劳务前,可以无偿使用;同时,也预示着企业的产品销售情况很好,供不应求。另外,由于预收账款一般是按收入的一定比例预交,通过预收账款的变化可以预测企业未来营业收入的变动。⑤应付职工薪酬是指企业根据有关规定应付给职工的各种薪酬,包括职工工资、奖金、津贴和补贴,职工福利费,医疗、养老、失业、工伤、生育等社会保险费,住房公积金,工会经费、职工教育经费,非货币性福利等因职工提供服务而产生的义务。⑥应付股利(利润)是指企业根据股东大会或类似机构审议批准的利润分配方案确定分配给投资者的现金股利或利润。⑦应交税费是指企业应向国家税务机关交纳而尚未交纳的各种税金和专项收费。应交税费是企业应向国家和社会承担的义务，具有较强的约束力。⑧其他应付款是指企业除应付票据、应付账款、预收账款、应付职工薪酬、应交税费、应付股利等经营活动以外的其他各项应付、暂收的款项，如应付租入包装物的租金、存入保证金等。

2）非流动负债是指流动负债以外的负债，主要用于企业生产经营的投资建设，满足企业扩大再生产的需要，因而具有债务金额大、偿还期限长、分期偿还的特征。主要包括长期借款、应付债券、长期应付款、专项应付款和预计负债等。①长期借款是指企业向银行或其他金融机构等借入的期限在1年以上(不含1年)的各项借款。长期借款主要适用补充长期资产需要，相对于长期债券而言，长期借款具有融资速度快、借款弹性大、借款成本相对较低的优点，但同时有较多的限制和约束，企业必须严格按借款协议规定的用途、进度等使用借款，这在一定程度上会约束企业的生产经营和借款的作用。②应付债券是指企业为筹集长期使用资金而发行的债券。能够发行企业债券的企业只能是经济效益较好的上市公司或特大型企业，往往需要经过金融机构严格的信用等级评估。所以，持有一定数额的应付债券，尤其是可转换公司债券，表明企业的商业信用较高。另外，某些可转换债券可以在一定时期后转换为股票而不需偿还，反而减轻了企业的偿债压力。以上都是应付债券的优点。但需要注意的是，应付债券的规模应当与固定资产、无形资产的规模相适应。③长期应付款是指企业除长期借款和应付债券以外的其他各种长期应付款，包括应付融资租入固定资产的租赁费、以分期付款方式购入固定资产等发生的应付款项等。④专项应付款是企业取得的政府作为企业所有者投入的具有专项或特定用途的款项，可以看作一项"良性"债务。企业在收到该款项时将其作为负债，将该款项用于特定的工程项目，待工程项目完工形成长期资产时，专项应付款应转入资本公积。⑤预计负债是因或有事项而确认的负债。或有事项是指过去的交易或事项形成的，其结果需由某些未来事项的发生或不发生才能决定的不确定事项，如对外提供担保、未决诉讼、产品质量保证等。

(3) 所有者权益：所有者权益是指企业资产扣除负债后，由所有者享有的剩余权益。公司的所有者权益又称为股东权益。所有者权益是所有者对企业资产的剩余索取权，它是企业的资产扣除债权人权益后应由所有者享有的部分，既可反映所有者投入资本的保值增值情况，又体现了保护债权人权益的理念。所有者权益的来源包括实收资本(股本)、资本公积、盈余公积和未分配利润。

1) 实收资本(股本)是指投资者(股东)按照企业章程或合同、协议的约定，实际投入企业的资本。企业资本的来源及其运用受企业组织形式、相关法律的约束较多。

2) 资本公积是企业收到投资者出资额超出其在注册资本(或股本)中所占份额的部分(资本溢价或股本溢价)，以及直接计入所有者权益的利得和损失等。

3) 盈余公积是指企业从净利润中提取的公积积累，主要包括法定盈余公积、任意盈余公积。

4) 未分配利润是企业实现的净利润经过弥补亏损、提取盈余公积和向投资者分配利润后留存在企业、历年结存的利润。

2. 利润表 利润表反映了企业在一定期间发生的收入、费用和利润，是企业经营业绩的综合体现，它揭示了企业的未来前景和是否有能力为投资者创造财富。因此，对利润表的分析也是财务报告分析的重点。

利润表是反映企业在一定会计期间（如月度、季度、年度）经营成果的会计报表。利润表产生于企业独立核算盈亏的需要，由于它反映了企业在一定时期内的收益或亏损，因而又称为损益表。它可以解释、评价和预测企业的经营成果、获利能力、偿债能力，可以为企业管理者的经营决策提供重要参考，同时可据以评价和考核企业管理者的绩效。

(1) 利润相关公式

营业利润（经营利润、核心利润）＝营业收入－营业成本－营业税金及附加－期间费用

税前利润（earnings before tax，EBT）即利润总额＝表中营业利润＋非经常性收益－非经常性损失

息税前利润（earnings before interest and tax，EBIT）＝利润总额＋利息费用（息税前利润不受企业负债政策的影响，也与公司所得税负担的大小无关，因此它是考察公司获利能力的一个重要指标）

税后利润（earnings after tax，EAT）即净利润＝税前利润－所得税费用

(2) 利润表的解读与分析：首先要从有关收益项目总额之间的内在关系角度考察利润形成的持久性和稳定性；然后，再对利润表中各个收入、费用项目进行逐一解读，分析这些项目的真实性、完整性，从而对企业的收益质量进行判断。

1) 营业利润与非营业利润：营业活动是公司赚取利润的基本途径，代表公司有目的活动取得的成果。国内外大量的实证研究结果表明，营业利润的持续增长是企业盈利持久性和稳定性的源泉。如果一个公司的非营业利润占了大部分，则可能意味着公司在自己的行业中处境不妙，需要以其他方面的收入来维持收益，这是非常危险的。

2) 经常业务利润和偶然利润：经常性业务收入因其可以持续不断地发生，应当成为收入的主力。而一次性收入、偶然业务利润（如处置资产所得、短期证券投资收益、债务重组收益等）是没有保障的，不能期望它经常、定期发生，因而并不能代表企业的盈利能力。偶然业务利润比例较高的企业，其收益质量较低。

3) 内部利润和外部利润：内部利润是指依靠企业生产经营活动取得的利润，具有较好的持续性。外部利润是指通过政府补贴、税收优惠或接受捐赠等从公司外部转移来的收益。一般来说，外部收益的持续性较差，外部收益比例越大，收益的质量越低。

3. 现金流量表　现金流量表是反映企业一定期间内现金和现金等价物的流入和流出情况的会计报表。现金流量表能够在一定程度上说明企业一定时期内现金流入和流出的原因，从而有利于分析和评价企业经营、投资和筹资活动的有效性；另外现金流量表还能够说明企业的偿债能力、支付能力、未来获取现金的能力并有助于分析企业收益质量等。

(1) 流动性分析：①现金到期债务比＝经营活动现金流量净额/本期到期债务，当该数值≥1时，说明企业的到期债务可以顺利偿还。②现金流动负债比＝经营活动现金流量净额/平均流动负债，当该值≥0.5时，企业的短期支付能力就比较有保障。③现金债务总额比＝经营活动现金流量净额/平均负债总额，该值越大，企业承担债务的能力就越强，破产的可能性就越小。这3个指标分别从不同角度说明了经营活动所产生的现金净流量对到期债

务、流动负债和债务总额的保障程度。

（2）获取现金能力分析：①销售现金比＝经营现金净流量/营业收入，该值越大，说明该企业的销售收现能力越高。②每股营业现金净流量＝（经营现金净流量－优先股股利）/发行在外的普通股股数，当该值越大，说明企业支付股利的能力越强。③全部资产现金回收率＝经营现金净流量/平均资产总额，当该值越大，说明企业资产运营效率越高。

（3）财务弹性分析：财务弹性分析即对企业调度现金满足投资和股利支付需要的能力进行评价，可以从以下两个指标进行分析：①现金满足投资比＝经营现金净流量/资本性投资总额，当该值≥1时，说明该企业经营活动现金净流量完全能满足投资支出的需要；反之，＜1则说明可能要通过举债才能满足投资支出的需要。②现金股利保障倍数＝经营现金净流量/现金股利，该指越大，说明企业的现金股利占营业现金流量的比率越小，企业支付现金股利的能力越强。

（4）收益质量分析：收益质量比＝现金净增加额/净利润＝经营现金净流量/经营利润，该值反映了会计利润中流入了多少"真金白银"，一般来说，该值越大，则企业收益质量越好。

进行现金流量表分析，根本目的在于判断企业现金流量的质量。所谓现金流量的质量就是企业的现金能够按照企业的预期目标进行流转的质量。具有良好质量的现金流量应当具有如下特征：第一，企业现金流量的状态体现了企业发展战略的要求；第二，在稳定发展阶段，企业经营活动的现金流量应当与企业经营活动所产生的利润有一定的对应关系，并能够为企业的扩张提供支持。

对利润表而言，现金流量表反映的是企业利润的质量；而对资产负债表而言，现金流量表则是对其货币资金项目的详细说明。

三 任务评价

通过完成本任务的学习，请按表6-2-3所示，根据评价表对学习效果进行检查与评估。

表6-2-3 财务报表分析评价表

评价内容	分值	学生自评	教师评价
能够掌握利润率的计算	20		
能够根据店铺资产负债表掌握店铺运营状况	40		
能根据现金流量表分析企业收益质量	40		
总分	100		

能力拓展

1. 请说明经营一家网店，可能会拥有哪些资产，产生哪些负债，并归类。

2. 根据下面截取的某企业部分现金流量表，如表6-2-4所示，分析该企业的现金流入结构是否良好。

网店 运营推广

表 6-2-4 某企业部分现金流量表

项目	金额(元)	流入结构(%)	流出结构(%)	内部结构(%)
销售商品、提供劳务收到的现金	9 690 062.65			99.13
收到的税费返还	1 231.10			0.01
收到其他与经营活动有关的现金	83 860.79			0.01
经营活动现金流入小计	9 775 154.54	98.45		100.00
购买商品、接受劳务支付的现金	3 081 432.82			53.10
支付给职工以及为职工支付的现金	201 785.64			3.48
支付的各项税费	2 199 556.33			37.91
支付其他与经营活动有关的现金	319 812.77			5.51
经营活动现金流出小计	5 802 586.56		73.83	100.00
经营活动产生的现金流量净额	3 972 567.98			

任务三 竞争数据分析

学习目标

1. 熟悉竞争数据分析的工具。
2. 理解竞争数据分析的目的;掌握识别竞争对手的方法。
3. 遵守《中华人民共和国反不正当竞争法》,能够选择合适的方法手段对竞争数据进行分析;遵守职业道德,在进行数据分析时不弄虚作假。

任务描述

张某在淘宝网开设了一家女装店铺,主打淑女风。在经营一段时间后发现店铺的客户流失严重,很多客户跑到了竞争者的店铺,导致店铺的销量和业绩下滑严重。但是由于他不了解行业竞争格局,也不知道自己的竞争对手有哪些,更不知道从哪里入手进行分析。为了解决这个问题,更好地对竞争店铺和竞争商品进行分析,从而在后期能够制定有针对性的竞争战略,他需要学习识别竞争对手的方法,能够选择合适的工具和方法开展竞店和竞品分析。

任务分析

在店铺运营过程中,除了需要了解自身店铺的运营情况,还要了解竞争店铺的运营情况,正所谓"知己知彼,百战不殆"。本任务将主要学习如何识别竞争对手,如何选择竞争分析工具,以及如何进行竞店分析和竞品分析。

任务准备

为了达到更好的实训效果,熟悉平台竞争数据分析的方法和流程,需要准备淘系平台账户 1 个,并开通生意参谋竞争板块,需要注册店侦探账号,需要保证网络畅通、计算机设备等正常运行。电脑上需要安装 Word、Excel 等办公软件。

任务实施

一、竞争对手识别

1. 认知竞争对手 要想打败竞争对手,首先要了解竞争对手。竞争对手是指对网店发展可能造成威胁的任何企业,具体是指与网店生产销售同类商品或替代品,提供同类服务或替代服务,以及价格区间相近,目标客户类似的相关企业。

2. 界定竞争对手 那么谁会是竞争对手呢?有以下几种情形。

(1)销售同品类商品或服务的,并且价格区间相近,目标客户类似:即所谓的同业竞争,是最直接的竞争对手。

(2)销售替代类商品或服务:是指销售非同类商品但是属于可替代商品,同样构成竞争关系。

(3)销售互补类商品或服务:互补商品是指两种商品之间互相依赖,形成互利关系。

(4)争夺营销资源:在同时段、同一媒介投放广告的其他企业也是竞争对手。

(5)争夺物流资源:电子商务离不开物流,争夺物流资源的情况时常发生,这些企业互为竞争对手。

大家都知道竞争对手分析的重要性,但是如何准确锁定自己的竞争对手在运营网店的过程中尤为重要,是后期进行竞争对手分析的基础。如果连自己都不清楚自己的店铺和产品定位,那么你还没有竞争就已经输在起跑线上了。

3. 识别竞争对手 在识别竞争对手前,首先需要明确如何界定竞争对手,即销售同类商品或服务、互补类商品或服务的电商企业。接下来就是要进一步识别竞争对手,找到符合自己目标的竞争网店,即选择各指标(销量、定价、评论等)和自身网店相近的或比自身网店各项指标稍高,通过努力在短时间内可以达到的网店(注意:比自身水平高出很多的网店准确来说不是竞争对手,而应是学习的标杆)。

识别竞争对手可以通过关键词、目标人群、商品价格、商品销量、商品属性、推广活动、商品亮点等方面圈定。

★ 此知识点为电子商务数据分析职业技能等级标准(中级)考点。

(1)通过关键词识别竞争对手:可以通过在淘宝网输入关键词,了解整个行业的竞争格局,对整个行业目前的竞争激烈程度以及未来的走势进行分析和预判。张某的淘宝女装店铺主营的品类是连衣裙,风格为淑女风,所以可以在淘宝网中输入"淑女风连衣裙女",即可了解到"淑女风连衣裙女"的相关竞争店铺,如图6-3-1所示,相关竞争店铺有86791家。

图6-3-1　通过关键词识别竞争对手

(2)通过目标人群识别竞争对手:为了进一步明确识别竞争对手,还需要结合目标人群,有助于找到更为精准的竞争对手。张某店铺的目标人群为25~29周岁,所以设置好关键词"淑女风连衣裙女"后,可以继续设置筛选条件,例如可以设置年龄为"25~29周岁",如图6-3-2所示。

图6-3-2　通过目标人群识别竞争对手

（3）通过商品价格识别竞争对手：通过前面的操作，张某进一步缩小了竞争对手的范围，但还不能有效识别，还需要结合自身商品设置竞品售价范围。张某的商品定价为349元，所以他可以设置竞品的价格范围为299～399元，如图6-3-3所示。

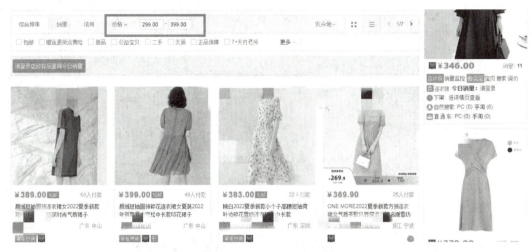

图6-3-3　通过商品价格识别竞争对手

另外还可以根据自身产品的类目去筛选价格带。对于淑女风连衣裙0～79元占比30%，79～255元占比60%，255～369元占比9%，超过369元的占比1%，根据价格带也可以筛选出我们真正的对手。

（4）通过商品销量识别竞争对手：以销量为维度在电商平台搜索页面找出相关卖家，然后找到店铺商品所在的排位，圈定销量最接近的店铺作为竞争对手。也可以通过各大电商平台后台数据分析锁定竞争对手，以淘宝后台生意参谋为例，通过"生意参谋—竞争—监控店铺/竞店识别"路径可以查看竞争店铺。通过竞店识别可以看到高增长高销量的店铺，以便及时发现竞争黑马店铺，调整店铺营销策略。

（5）通过商品属性识别竞争对手：通过以上步骤识别的竞争对手依然不够精准，因为连衣裙有很多的品牌、材质、样式等细分条件，如果想知道哪些是真正的竞争对手，还可以按照店铺产品的属性去筛选，最后筛出来的才是我们的竞争对手。我们可以从多维度对它进行分析。因此张某需要设置更多的筛选条件，如图6-3-4为其店铺当季主推的一款淑女风连衣裙的关键属性，可以结合图中的属性数据继续设置筛选条件。

（6）通过推广活动圈定竞争对手：根据自身店铺参与的平台线上活动或开展的促销活动，圈定参与同类型推广活动并且销售品类相近的店铺为竞争对手。我们可以通过搜索页面筛选参与同类推广活动的店铺，也可以进入其他店铺的首页去查看其店铺活动进一步圈定竞争对手，如图6-3-5所示。

（7）通过查看店铺的亮点圈定竞争对手：现在很多规模大的网店都会设置一些亮点，例如推出自制款、联名款商品等。在识别竞争对手的时候还应该关注这些店铺设置的亮点进一步圈定竞争对手，如图6-3-6所示。

图6-3-4 通过商品属性识别竞争对手

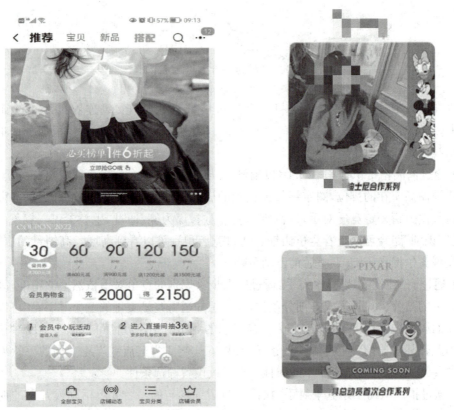

图6-3-5 通过推广活动识别竞争对手　　图6-3-6 通过店铺亮点识别竞争对手

　　对竞争对手进行识别分析,能够了解整个行业的竞争格局,能够对整个行业目前的竞争激烈程度以及未来的走势进行分析和预判。在分析整个行业竞争格局的基础上,把自身的竞争对手进行分层,在之后的运营中,向行业标杆竞争对手学习,并进一步锁定直接竞争对手,分析竞争对手的发展目标、拥有的资源、能力和当前的战略,取长补短,制定更有针对性的竞争战略。

二、分析工具选择

1. 生意参谋　生意参谋的竞争模块是一款为卖家量身打造的竞争数据洞察分析型产品，通过卖家自主配置竞争对象、系统基于海量数据精准识别竞争对象两种方式，挖掘竞争对手并分析，了解竞争环境，以帮助店铺制定品类规划、流量优化、差异竞争等经营策略。在实际使用时，可以登录到"千牛工作台"，打开"生意参谋"，点击"竞争模块"，就可以看到竞争店铺、竞争商品、竞争品牌、竞争动态、竞争配置等模块，如图6-3-7所示。

图6-3-7　生意参谋的竞争板块

生意参谋竞争模块具有以下几方面的功能。

（1）竞店分析：卖家可以通过关注竞争店铺，随时地了解竞争店铺的经营状况，可以时刻掌握这些店铺的成交金额以及成交商品的上涨和下降比率数据。

（2）竞品分析：卖家可以通过竞争模块快速地找出导致店铺流失买家的重要商品，同时也会针对每个商品做出详细流失的分析。通过商品的购买流失分析，就可详细查看该商品的购买流失金额人数和购买流失的竞争商品数量。

（3）购买流失的核心功能：购买流失的竞店数和竞店的关键指标对比及最近30天的趋势、竞店发现（流失用户最喜欢去的店铺）、购买流失的竞店概况、购买流失人数TOP商品。

2. 店侦探　店侦探是一款能全面跟踪天猫、淘宝店铺运营数据的工具，提供商品数据统计、关键词监控、查询商品排名、淘客计划、同款货源监控、竞品店铺监控等功能。店侦探的插件是安装在浏览器上的，在打开淘宝相关网站时候就显示商品的类目、价格浮动、下架时间，淘宝/天猫搜索直通车无线端展现词等功能。

店侦探可以分析竞店、竞品、展现关键词等，通过添加竞争店铺就能长期严密监控该店铺的一举一动（例如改价、改标题、换主图、上新、参加活动等信息），如图6-3-8所示。

总之，店侦探针对的是产品相关的数据分析，而生意参谋是对整个店的动态进行分析，两者的差异很大，店侦探着重在细节，而生意参谋着重在整体。

网店 运营推广

图 6-3-8 店侦探

三、竞争数据分析

1. 竞店数据分析 竞店分析需要围绕商品结构（主要分析商品类目构成）、销售数据、推广活动等进行综合分析。其中商品结构直接影响店铺的销售业绩，在不同的营销场景下，需要有相应的对标商品；销售数据比较直观，可以直接反馈自身店铺与竞店之间的差距；推广活动的布局也需要格外关注，这也会影响自身店铺的市场占有率。

> ★ 此知识点为电子商务数据分析职业技能等级标准（中级）考点。

竞店的任何一个变化都有可能影响店铺的销量。因此张某必须选定与自身店铺匹配度最高的竞店，进行竞店追踪分析，找出差距，了解竞店的玩法，便于之后完善和优化店铺并与竞争店铺进行错位竞争。

竞店分析的步骤包括以下几个方面。

（1）确定竞店数据采集工具：张某需要确定一家店铺层级相同且同样销售淑女风连衣裙的店铺为竞店，通过店侦探采集竞店的各项数据。首先注册店侦探，把需要监控的竞争店铺添加到监控店铺中，之后就可以查看想要监控店铺的各项数据，如图 6-3-9 所示。

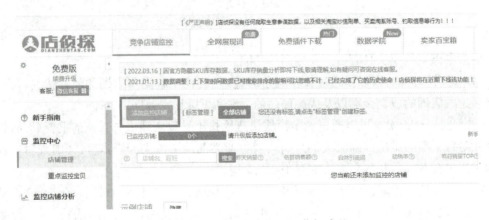

图 6-3-9 使用店侦探添加监控店铺

（2）竞店类目分析：查看并采集竞店的类目数据，获取竞店 8 月 16 日的类目数据，并将获取到的数据进行整理，如图 6-3-10、图 6-3-11 所示。

对比自身店铺类目数据和竞店店铺类目数据，可以发现，自身店铺的类目相对较少，也就是说产品线宽度较窄，而竞店的类目较多，产品线的宽度较宽。但是，对于大部分产品来说，自身店铺的商品数要比竞店多，也就是产品线深度较深，例如主营类目连衣裙、半身裙、裤子等产品（注意：在分析竞店商品类目时需要结合自身的优劣势，如果竞店的优势品类表

类目名称	宝贝数（个）
毛衣	20
卫衣	6
毛呢外套	7
衬衫	6
腰带	7
连衣裙	7
裤子	10
帽子	5
羽绒服	12
半身裙	5
T恤	4
风衣	3
棉衣/棉服	5
针织上衣	3

图 6-3-10 竞店类目数据

类目名称	宝贝数（个）
毛衣	21
卫衣	9
毛呢外套	8
衬衫	8
腰带	7
连衣裙	22
裤子	16
半身裙	8

图 6-3-11 自身店铺类目数据

现比较强势，对自身店铺造成威胁，那么我们要有意识地避开竞店的优势品类，可从竞店的弱势品类着力。此外还需收集竞店类目的销量，如果某一个类目在商品数或销售额等方面均呈现出比较明显的优势，那么在后期可避开这个类目的直接竞争，在其他类目提升竞争力）。

日期	销量	
	本店	竞店
2021/8/1	922	716
2021/8/2	1156	892
2021/8/3	1378	1530
2021/8/4	1289	2819
2021/8/5	1532	1726
2021/8/6	943	1589
2021/8/7	1728	2398

图 6-3-12 销售数据统计

（3）销售数据分析：在店侦探中点击左侧的“销售分析”选项，可采集竞店统计周期内的销售数据。张某需要在店侦探采集竞店最近 7 天的销售数据，并将同时间段自身店铺的数据进行整理，获取销售统计数据，如图 6-3-12 所示。

为了便于更清楚地观察两个店铺的销售趋势，张某使用 excel 制作了柱形图并插入趋势线直观展示销售数据的对比情况，如图 6-3-13 所示。

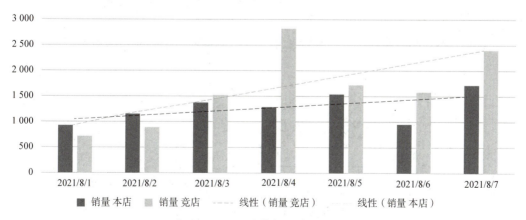

图 6-3-13 销售数据对比柱形图

通过观察数据表和图表,可以发现,在2021/8/1—2021/8/7日时间段,竞店整体呈现稳定上升趋势,而张某店铺整体销量比较平稳。在2021/8/1—2021/8/2日时间段张某店铺的销量略高于竞店销量。但是从2021/8/3日起竞店销量开始超过张某店铺。尤其是在2021/8/4日和2021/8/7日竞店销量远高于张某店铺。需要进一步查看和分析,找出竞店销量明显增长的原因。

(4) 推广活动分析:为了探明竞店销量上涨的原因,张某使用店侦探对竞争店铺进行活动分析。活动分析主要分析店铺到底开展了哪些活动、在哪些渠道开展活动、参加活动的商品数,并且持续追踪分析竞店促销推广活动的频度、深度和效果,再结合自身网店的实际情况开展活动。

张某通过店侦探统计发现,竞店8月初使用了直通车进行推广,并开展了"搭配减"免邮等活动,带动了店内其他商品的销量,而自身店铺在8月并未开展任何推广活动(注意:在对竞争店铺推广活动进行分析的时候,除了对比店铺在所在的电商平台开展的活动之外,还需要去看竞店是否在其他平台进行推广,例如现在比较火热的抖音、快手、微博等)。

(5) 综合分析:综合分析竞店与张某店铺情况,通过类目数据对比和销售数据的对比,可以发现竞店的产品线宽度较宽,张某店铺的产品线宽度较窄;相比较而言,张某店铺的产品线深度要高于竞店;由于竞店在8月初采取了推广措施和开展了"搭配减"免邮活动,导致观察期内竞店的销量上升幅度比较明显。张某店铺由于没有采取任何推广措施,导致整体销量比较平稳。通过综合分析竞店与张某店铺的类目、销量、推广活动,可以了解竞店的商品结构、销量变化,并追踪竞店在开展推广活动期间的各项数据变化,寻找自身店铺与竞店之间的差距,可使自身店铺做好充分的应对准备,找到可以提升的点,进行错位竞争。

> ★ 此知识点为电子商务数据分析职业技能等级标准(中级)考点。

2. 竞品数据分析　要想真正了解自己的竞争对手,仅仅分析竞店是远远不够的,电商企业在日常运营过程中,还需要进一步分析竞品,即直接造成自身客户流失的商品。竞品分析就是对竞争对手的商品进行分析。通过对竞争对手的商品进行多维度分析,能够有效提升自己店铺商品的流量和销量,并可以进一步预测商品未来的发展趋势。

在对竞品分析的时候首先需要找到竞品,然后分析竞品,进而采取有针对性的行动,如图6-3-14所示。

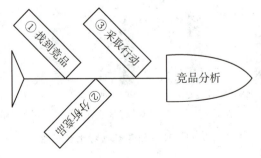

图6-3-14　竞品分析步骤

（1）找到竞品：竞品分析第一步就是找到竞品，然后给竞品分级。可把竞品分为核心竞品、重要竞品、一般竞品。

1）核心竞品：一般选择标准是与产品直接相关的细分市场内第一梯队的竞争对手。对于核心竞品需要持续关注和跟进。

2）重要竞品：一般选择标准是与产品直接相关的细分市场内排名第一的竞争对手。需要定期关注，重大改版要及时跟进。

3）一般竞品：一般竞品就是与产品直接相关的细分市场的其余产品。普通竞品面要全，仅需要定期梳理即可，不需要深入研究，以充分了解市场动向和潜在危机。

选择竞品最重要的两个原则：价位相近、款式（风格）相同。对于张某店铺来说其销售的是淑女风女装，对于其中一款爆款连衣裙来说，和其价格相近、款式相同就会直接形成竞争，这就是该商品的竞品（注意：竞店虽然是你的竞争对手，但是竞店的产品并不一定都是你的竞品；不是竞店的产品也可能是你的竞品）。

一般而言，淘宝上竞品分为两种：一种是直接抢了客户，这种是直接的竞争对手，在生意参谋中，对应的是"客户流失竞品"；另外一种，是有可能抢客户，在生意参谋中，对应的是"搜索流失竞品"。在分析竞品的时候，我们首先要找到的就是第一种竞品，这是网店商品最直接的对手，找到它并进行分析制定相应的防范措施，才能防止客户继续流失，降低流失率。对于第二种竞品，那是当我们做到比较好的时候，才会着重去考虑的，例如进入了 TOP100，就需要盯住前面的对手。前面那些对手，都是跟你抢流量的，可能不会直接导致你访客流失，但他们的存在，会导致了流量变少，因为任何一个类目，都存在流量天花板。

（2）分析竞品：找到竞品以后需要思考 3 个问题：竞品做起来的核心因素是什么？竞品通过什么方式做到了这个位置？竞品通过什么方式快速积累销量？

我们通过生意参谋监控竞品，可以看到竞品所有的核心数据。可以从三大维度分析。

1）单品核心数据分析：通过生意参谋查看自己产品每天的成交额、访客数、客单价、转化率、UV 价值、收藏加购率等数据，明确自己的核心数据和竞争对手数据的差距。

2）流量结构分析：查看竞品的流量，如图 6-3-15 所示，分析对手的流量都是通过什么渠道获得，这些渠道的引流能力如何，这些渠道我们是否也能操作。通过流量渠道的分析，我们就能知道自己接下来优化的方向。

流量结构可以分为两个部分：免费流量占比和付费流量的占比。如果产品已经处于成熟期，免费流量占比就会决定这个单位竞品的利润率。因为免费流量产生的订单才能称之为利润，付费流量产生的都叫成本。而付费流量的占比，决定成本的高低。这部分成本需要重点考虑。

3）自然搜索关键词分析：假如通过流量结构分析，发现自己主要的弱势在于手淘搜索渠道，那么需要进一步去分析手淘搜索的引流情况，分析引流词和成交词，如图 6-3-16 所示。

分析引流词是为了避免我们存在引流"盲点"——我们没有高流量关键词；成交词分析是为了确定转化率的高低，如果转化率低，那么在成交量上，我们就会远低于竞品。竞品的优质引流词、转化词中，哪些带来的数据效果好，上升空间大。使用时，需要考虑双方店铺的

图 6-3-15 流量结构分析

图 6-3-16 搜索词分析

权重是否相符,推广后是否能获得同样的流量。

4)竞品属性信息分析:属性信息分析即分析竞品的价格、功能、材质、颜色、卖点等,其中个性化内容工具无法完全抓取,需要人工进行观察采集。基本信息分析比较直观的方式是查看竞品的详情页。详情页对于竞品的各项信息进行了详细的展示,通过进入竞品详情页和自身店铺商品详情页,采集商品的基本信息。为了更直观地观察数据还可以设计竞品信息汇总表。通过竞品属性信息分析,提炼出自身产品能够引发客户偏好的差异性卖点,从而让自身的商品和竞品有效区分开来。

5)竞品主图分析:主图相当于"门面担当",主图的设计直接决定着消费者会不会去浏览你的详情页。一般来说,主图最好包含一些促销信息或者一些吸引人的文案而且最好是模特展示。在分析竞品主图之前,首先自己要对产品有明确的认知,对主图有基础判断,明确产品受众人群,买家对产品的关注点,买家的顾虑等。然后通过分析搜索量较大、买家复购率高、需求度高的竞品,分析越详细、越准确,越容易成功借鉴这些行业优秀产品的主图,优化自身产品的主图。

6）收藏量、加购量分析：收藏量从一个侧面反映了商品受客户喜爱的程度。可以通过店侦探工具采集竞品近一周的收藏量数据，并将同时间段自身商品的收藏数据进行整理。为了直观对比收藏量，可制作成收藏量折线图。通过收藏量变化趋势分析发现，如果自身商品的收藏量高于竞品，说明自身商品受欢迎程度较高；如果自身商品收藏量增长比较平稳，可能与开展活动有关。在商品的收藏量太少时，可以设置“收藏有礼”活动，如优惠券、小礼品等。

除了分析收藏量外，还可以分析加购数，通过生意参谋—品类—选择，查看加购商品的日期即可看到自己店铺商品加购的情况。

7）推广活动分析：通过店侦探的活动分析模块可以查看竞店的活动概况，进一步点击“详”可查看具体哪些竞品参加了活动，如图 6－3－17 所示。

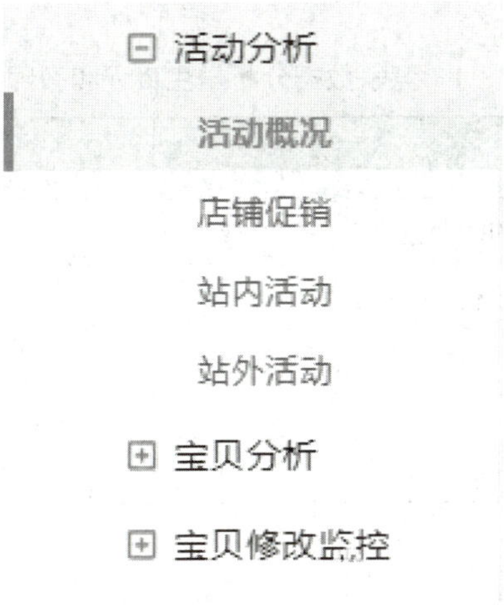

店铺促销	满减					
	搭配减	详(28)	详(28)	详(28)	详(28)	详(29)
	免邮	详(3317)	详(3349)	详(4)	详(5)	详(509)
店铺推广	直通车	详(34)	详(31)	详(26)	详(27)	详(23)
	聚划算	详(597)	详(599)	详(598)	详(598)	

图 6－3－17　店侦探推广活动分析

8）销售数据分析：进行竞品分析最重要的目的是提升自身网店商品的销量，因此，销量分析是竞品分析的重点。一般以周为维度，可以使用店侦探采集竞品一周内的销售数据，并将自身店铺的交易数据进行统计。为了更直观展示销量数据的变化趋势，可制作销售数据折线图。

9）评价分析：包括商品评价、店铺反馈等。评价和反馈是消费者购物过程中真实体验的反映，评论中出现的痛点要记录下来，作为优化商品的突破口。分析买家评论最好是抓取一段时间的评论,无论好评差评都需要仔细分析。只有详细分析这些评价,才能对后期的优化做到心中有数。

(3) 采取行动:客户进入电商平台的店铺时,更多的是搜索某个商品。客户对店铺的第一印象大多是通过某个单品产生,从这个角度来说,单品分析就显得尤为重要。所以网店卖家一定要把握住能够带给消费者第一印象的机会,进行竞品分析。对于竞品的优点,要学习和借鉴,根据自身商品的特点打造卖点;对于竞品的弱点,也要善于发现,把握住可能超越竞品的机会。

任务评价

通过完成本任务的学习,请你按表 6-3-1 所示,根据评价表对学习效果进行检查与评估。

表 6-3-1　竞争数据分析学生自评和教师评价表

评价内容	分值	学生自评	教师评价
能根据店铺的情况识别出自身的竞争对手	20		
能够使用店侦探进行竞店数据分析	40		
能够选择使用生意参谋和店侦探进行竞品数据分析	40		
总分	100		

能力拓展

请选择合适的工具采集淘宝店铺近 7 天内,某款商品及其竞争对手同款商品的数据,包括关键指标对比数据、流量结构数据、自然搜索关键词数据、商品属性数据、推广活动数据、销售数据、收藏加购数据、评价数据等,记录整理数据并进行对比分析。

任务四　供应链数据分析

学习目标

1. 熟悉网店采购数据分析维度,能够进行网店采购数据分析;熟悉网店仓储数据分析维度,能够进行网店仓储数据分析;熟悉网店物流数据分析维度,能够进行网店物流数据分析。

2. 具备良好的数据保密意识,尊重公民隐私,遵守职业道德,能够在供应链相关数据分析过程中坚持正确的道德观;具备良好的数据安全意识,以及较强的数据判断能力。

任务描述

张某在网店复盘提升过程中发现不能仅仅局限于店铺自身的数据分析,还需要对从供应商到客户之间有关最终产品和服务的一切业务活动进行分析,也就是需要对供应链数据分析。

本任务将通过对采购数据分析、物流数据分析和仓储数据分析完成对店铺供应链数据的分析。

任务分析

网店卖家通过对供应链数据的分析,可以帮助店铺完成采购成本控制、日常需求预测、订单时效监控以及异常物流诊断等,从而避免因库存和物流原因造成用户的投诉或用户的流失,进而指导卖家及时调整运营策略。

任务准备

为了达到更好的实训效果,熟悉平台供应链数据的分析工作,需要提前准备采购、仓储、物流数据报表,保证网络畅通、计算机设备等正常运行,需要安装 Word、Excel 等办公软件。

任务实施

本任务将通过采购数据分析、物流数据分析和仓储数据分析 3 个子任务,学习如何对网店供应链数据进行分析。

一、采购数据分析

1. 采购数据分析概述　采购是指一整套购买产品和服务的商业流程,是供应链管理必不可少的环节。从业务本身来说,采购要求在恰当的时间,以合理的价格、恰当的数量和良好的质量,从适合的供应商处采购物料、服务和设备,即采购管理的 5R 原则:适时(right time)、适质(right quality)、适量(right quantity)、适价(right price)和适地(right place)。

采购数据分析是优化供应链和采购决策的核心,具有极其重要的战略意义。采购是网店进销存中的重要环节,不仅涉及网店资金的使用,生产产品的原材料也通过采购而来,对于网店的财务、产品质量、营销环节等都有着重要的作用。因此,对采购数据进行分析对于网店来说很有必要,通过采购数据分析可以把握网店的历史采购情况,从而为新的采购计划提供数据依据。通过采购数据分析,可以解决以下问题:①供应商选择是否存在变动,这涉及供应商的稳定和竞争力。②采购价格是否合理,是否有异常变动,这涉及产品的采购成本。③退货比例是否合适,这涉及产品的质量和结构。④采购时间是否合适,这涉及资金的使用效益。

2. 采购数据分析维度　采购数据分析主要包括采购需求分析、采购成本分析、采购时间分析。

> ★ 此知识点为电子商务数据分析职业技能等级标准（中级）考点。

（1）采购需求分析：所谓采购需求分析，就是分析该买什么，买多少，什么时候买，花费多少钱，什么时候得到以及怎么样得到的问题。正确的采购分析，不仅可以保证及时获得合格的生产物资，也是控制成本的一项重要工作。

在供应链领域，可以将需求定义为"销售需求"，需求计划也称为"销售预测"。采购需求分析是基于实际销售数据，对未来的销售预测进行评估，通常有如下步骤：①对过去的销量进行数据统计，得出以 SKU 为颗粒度的销量统计表。②分别对日常销量和活动销量进行预判，得出需求预测。③基于时间维度进行需求预测汇总。④结合市场和销售策略，定期对所有需求进行符合事实的更新。

（2）采购成本分析：商品采购成本是店铺经营成本中的关键内容，对采购成本进行分析和控制是店铺持续发展和增加利润的重要保障，在店铺经营过程中发挥着重要的作用。卖家通过对商品采购成本分析，得出科学的依据，为制定和优化网店运营决策提供数据支持。采购成本对网店的利润水平有着非常重要的影响。如何降低成本压力，有效降低采购成本，提升网店的经营效益，是采购成本分析需要解决的主要问题。

商品的采购成本包括商品成本价格、相关税费、运输费、装卸费及其他可归属于采购成本的费用。

1）商品成本价格分析：商品的成本价格会受很多因素的影响，如供求关系、季节、交通等，因此商家在商品的采购过程中要注意采购时机，从而节约采购成本。由于商品的成本价格是随时间动态变化的，因此商家一般需要根据最新的成本价格进行趋势分析。

2）商品采购金额分析：在采购商品时，商家一般会按照几个大类进行采购，并根据各类商品的销售情况及时调整各类商品的占比，优化店铺的商品结构，从而获得更多的利润。

（3）采购时间分析：商品采购时间是指商品采购进货的时间。合理控制商品采购时间，有利于把握商机，取得可观的经营效率。商品的采购价格不是一成不变的，会受到很多因素的影响而上下波动，卖家要把握好采购的时机，争取最大限度地降低采购成本，进而提升店铺的销售利润。

1）确定采购时间的依据：首先要看商品销售规律，这是确定采购时间的重要依据，为此，应加强市场调查和预测，从中寻找和发现规律；其次要看企业库存情况，合理的采购时间既要保证有足够的商品以供销售，又不能使商品积压过多；另外还要关注市场竞争状况，有些商品率先投入市场可取得市场先机优势，需要提前采购。有些商品推迟采购，也能取得市场独有优势。

2）商品采购时间的分类：商品的采购时间可以分为定时与不定时两种。

● 定时采购：定时采购就是每隔一段时间采购一次商品，采购的数量不一定是经济批量，而是以这段时间销售掉的商品为依据计算。定时采购的特点：采购周期固定，采购批量不固定。

采购周期是根据采购该种商品的备运时间、平均日销售量及企业储备条件、供货商的供货特点等因素而定，一般 10～15 天不等。采购批量则必须通过每次采购前盘点，了解实际库存量，再订出采购批量。采购批量的计算公式为：

$$采购批量 = 平均日销售量 \times 采购周期 + 安全库存 - 实际库存量$$

公式中,安全库存是指防止由消费需求发生变化和延期交货引起脱销的额外库存量。

● 不定时采购:不定时采购是指每次采购的数量相同,采购的时间则根据库存量降到一定点来确定。不定时采购的特点:采购批量固定,采购时间不固定。

不定时采购的关键实际上是确定采购点的数据。采购点的计算公式如下:

$$采购点 = 平均日销售量 \times 平均备运时间 + 安全库存$$

3) 商品采购时间的计算方法

● 商品采购周期法:所谓商品采购周期是指两次采购相隔的时间,一般采用平均采购间隔天数来计算。根据经验,合理的商品采购周期一般应包括进货在途天数、销售储备天数、平均储存天数及机动保险天数。计算公式为:

$$商品采购周期(天) = 进货在途天数 + 平均储存天数 + 销售准备天数 + 机动天数$$

$$某经营周期内平均采购周期(天) = \frac{\sum(每次商品采购量 \times 每次进货间隔天数)}{经营周期内的采购总量}$$

● 商品采购点法:商品采购点法是把商品库存量下降到某一个限制点时作为商品采购进货的时间。其计算公式为:

$$采购点 = 商品日均销售量 + 平均采购间隔天数 \pm 安全储存量$$

公式中的安全储存量在供不应求的情况下相加,在供大于求的情况下相减,在供求关系正常的情况下可以不做考虑。

3. 采购数据分析实操——采购需求分析 进行采购需求分析,编制采购计划是为了降低采购成本,使采购部门事先有所准备,选择有利时机购入材料,提高采购商品的质量,规范采购流程,加快采购速度,降低库存成本,以便管理商品的购入数量和成本,更好地进行销售和经营。

2021年8月16日,某服饰旗舰店因部分连衣裙销售状况良好,现需要采购一批连衣裙,根据店铺采购管理规定,采用定期订货法进行采购,订货提前期为5日,订货间隔周期为30天,采购价格需为销售定价的45%(注:店铺目前无在途货运量和进行中销售订单)。采购需求分析操作步骤详细图解请扫二维码。

采购需求分析操作步骤详细图解

步骤1:下载并打开"某旗舰店销售报表"和"库存单"。

步骤2:选中"某旗舰店销售报表"中F-I列数据,将文本型数字转化为数字型。同样选中"库存单"中H列数据,将文本型数字转化为数字型。

步骤3:根据定时采购的计算公式:采购数量 = 平均日销售量 × 采购周期 − 实际库存量 + 安全库存,在K3单元格中输入公式"=F3*(5+30)−[库存单.xls]Sheet1!\$H3+20",使用公式计算需要采购的商品数量,然后使用填充柄向下拖动填充计算出所有商品需要采购的数量。

步骤4:筛选出采购数量大于0的商品,一共有7条记录,也就是此次需要采购的商品。

步骤5:在L4单元格中使用公式"=G4*0.45",计算商品的采购单价,然后使用填充柄向下拖动填充。

步骤6：在M4单元格中使用公式"=K4*L4"使用公式，计算商品的采购金额，然后使用填充柄向下拖动填充。

步骤7：对采购商品的数量和商品的采购金额进行求和，扫描二维码学习。

通过数据分析，能够找出需要采购哪些商品，进而掌握每种商品采购的数量、采购金额，为店铺商品采购提供科学的依据。

二、仓储数据分析

1. 仓储数据分析概述　"仓"即仓库，指具有存放和保护商品功能的特定场所；"储"即储存，指商品的收存保管、交付使用。"仓储"为利用仓库存放、储存未及时使用商品的行为。在电子商务环境中，仓储是指为有形商品提供存放场所并对存放物进行保管、存取与控制的过程，一般指的是库存。

供应链中库存的存在是为了解决供给与需求之间的不匹配。库存是电商运营中采购与销售的中转站，用于商品存取、周转和调度。它能保证商品的及时供应，防止供货短缺或中断。电商库存直接关系着店铺的正常运营，当商品热销时，如果库存不足，就会因来不及补货而耽误销售时机。相反，当库存多而商品滞销时，又会造成仓库资源和成本的浪费，导致资金流失。所以卖家需要定期对库存数据进行认真分析，制定出合理的库存管理策略，以保证商品供应的平衡。

2. 仓储数据分析的维度　仓储数据分析的意义不仅在于核对产品数量的对错，而且在于通过数据分析了解产品库存的情况，从而判断库存产品结构是否完整，产品数量是否适中，以及库存是否处于健康水平，是否存在经济损失的风险。

> ★ 此知识点为电子商务数据分析职业技能等级标准（中级）考点。

（1）**库存结构分析**：库存结构分析主要通过分析库存产品的占比情况，了解产品结构是否符合市场需求，从而及时调整销售策略。对店铺来说，只要控制好有效库存和无效库存就可以了，其中有效库存指可以销售的商品。无效库存则包含两种情况：一种是滞销商品、过季商品等对当前销售没有太大影响的库存，也被称为假库存；另一种是因残损、过期、下架等无法继续销售的库存，也被称为死库存。

（2）**库存数量分析**：商家分析电商库存数据的意义绝不仅是数量核对这么简单，而是通过分析了解库存的实际情况，从而判断库存结构是否合理，以便决策是否需要对商品进行补货或促销等。在电商运营过程中，产品库存数量要保持适中，既要保证产品供应充足，满足日常销售需求，又不能有太多积压，产生较多仓储成本，因此需要对库存数量进行分析，为下次入库数量提供数据支持。

（3）**库存健康度分析**：库存健康度分析是针对库存的实际情况，以一定的指标进行测验，判断库存是否处于健康水平，是否存在经济损失的风险。库存健康度一般通过库存周转率和库存天数等指标体现。库存周转率与库存天数等是存货管理最基本的对象，它们可以体现企业在存货管理环节的效率，是分析存货数据时必不可少的指标。

1）**库存周转率**：库存周转率对于企业的库存管理来说具有非常重要的意义。库存周转

率可以帮助商家从财务的角度监控库存安全,这个指标一般以月、季度、半年或年为周期,其计算公式如下:

$$库存周转率=销售数量\div[(期初库存数量+期末库存数量)\div 2]$$

库存周转率是反映库存周转快慢程度的指标。库存周转率越大,表明销售情况越好;反之,当库存周转率较低时,库存占用资金较多,库存费用相应增加,资金运用效率差,经营销售水平较低。因此,提高库存周转率对于加快资金周转、提高资金利用率和变现能力具有积极的作用。

2) 库存天数:库存天数可以有效衡量库存滚动变化的情况,是衡量库存在可持续销售期的追踪指标。库存天数的计算公式如下:

$$库存天数=期末库存数量\div(某销售期的销售数量\div 该销售期天数)$$

不同行业的库存天数和库存周转率都不同,没有绝对的评价标准,企业的运营能力、供应商的供应能力等因素都会影响这些指标。通常是同行业相互比较,或与企业内部的其他周期相比。如大型超市的库存大数一般为 30 天左右,快消品渠道商的库存天数一般为 45 天左右。服装零售商的库存大数一般为 60 天左右。在实际操作中,商家可以根据历史库存数据和销售数据来确定库存天数。

3. 仓储数据分析实操——库存周转率分析　库存周转率分析操作步详细图解请扫二维码。

步骤1:打开库存周转率分析表。

步骤2:在月份列后侧插入一列,将列字段命名为"天数",选择 B3 单元格,在编辑栏输入公式"=DAY(EOMONTH(A3,0))",并按"Enter"键确认,计算本月的天数,将鼠标指针置于 B3 单元格右下角,双击填充柄,填充公式到本列其他单元格中。

库存周转率分析操作步骤详细图解

步骤3:选择 B15 单元格,选择"开始"选项卡,在"编辑"组中单击"自动求和"按钮∑,并按"Enter"键确认。

步骤4:选择 C15 单元格,在编辑栏中输入公式"=SUMPRODUCT($B$3:$B$14,C3:C14)/$B$15",并按"Enter"键确认。

步骤5:向右拖动 C15 单元格右下角填充柄至 H15 单元格,填充数据。

步骤6:在 I1~N1 中输入"库存周转率"和"库存周转天数"字段。

步骤7:选择 I3 单元格,在编辑栏中输入公式"=C3*$B3/F3",并按"Enter"键确认,计算"连衣裙"本月库存周转率,并利用填充柄功能将 I3 单元格中的公式填充到其他单元格中。

步骤8:使用同样的方法,计算"半身裙"和"套装裙"的库存周转率。

步骤9:选择 I3:K15 单元格区域,在"数字"组中单击"百分比样式"按钮%,将库存周转率转化为百分比的形式。

步骤11:选择 L3 单元格,在编辑栏中输入公式"=ROUND($B3/I3,0)",并按"Enter"键确认,计算"连衣裙"本月库存周转天数,利用填充柄功能将 L3 单元格中的公式填充到其他单元格中。

根据以上数据即可进行库存数据分析,一般而言,库存周转率越高,周转天数越低,说明库存效益越好。就连衣裙来说,其12月份的库存周转率最高,周转天数也最低,说明12月份的库存效益比较好。

三、物流数据分析

1. 物流数据分析概述 物流是指物品从供应地向接收地的实体流动的过程,是电子商务活动中不可或缺的一个环节。物流水平直接影响着店铺DSR中的物流服务分数,对店铺权重有着非常重要的影响,物流服务的优劣也是用户选择下单与否的重要参考依据。

在电子商务环境下,物流活动伴随着物流数据的管理。通过物流数据分析,可以帮助电商企业完成实时物流订单追踪、订单时效监控以及异常物流诊断等,避免因为物流原因造成用户投诉和用户流失等,而企业却只能被动接受这一结果。

为了更好分析店铺物流运输效果,可以将物流数据指标大致分为物流成本、物流时效、异常物流和物流服务4个维度。

> ★ 此知识点为电子商务数据分析职业技能等级标准(中级)考点。

2. 物流数据分析维度

(1) 物流成本:物流成本作为卖家首要考虑的问题之一,这点毋庸置疑。但是运费并不是越低越好,而是要透明可控。这些可在与物流服务商洽谈时,让其列出各项收费项目及计费方式,这样更利于考察和选择。

(2) 物流时效:物流时效简单地说就是物流的快慢,是客户最关心的问题之一,会直接影响客户的购买体验。商品的发货时长、揽收时长、派送时长及签收时长都会影响物流时效。卖家或运营人员可以通过比较各物流公司的物流时效,选择更为合适的物流公司。物流时效是直接影响消费者体验的重点之一,它往往会决定买家对卖家服务的第一印象。但是,物流时效也并非越快越好,通常时效与价格成正比,时效越高的价格越贵。因此,能达到买卖双方预期的时效价格是最好的,时效稳定、价格相对合适就越好。

(3) 异常物流:异常物流包括发货异常、揽收异常、派送异常、签收异常以及包裹破损等问题,通过对物流异常原因相关数据的收集与分析,商家或运营人员可以对物流存在的问题做出针对性的改善,从而降低物流差评率。

(4) 物流服务:除了上述的物流成本、物流时效以及异常物流情况,卖家还需要仔细查看物流商的服务细节。物流服务主要有快递的包装问题、快递是否送货上门、快递到达网点时快递员是否及时联系客户、快递服务员是否认真小心对待客户包裹等。

3. 物流数据分析实操——物流时效分析 随着电商的发展,用户对物流时效的感知和要求越来越高。确定性的订单时效可以降低用户的心理期许,减少物流差评率,有效帮助商家提升订单转化率。为了能准确表达本店铺的订单时效,卖家需要从生意参谋中获取店铺近30天的物流数据,包括不同快递公司、不同地区的相关指标。然后利用Excel工具,一方面对物流时效进行均值计算,另一方面通过数据可视化处理,对比分析不同快递公司在不同地区的时效。通过订单时效分析,为店铺选择快递公司提供依据,为向消费者提供物流跟进和物流咨询回复提供参考,达到提升消费者物流体验的目的。

订单时效分析的操作步骤如下,详细图解请扫二维码。

步骤1:获取数据。使用Excel工具打开订单时效分析数据表。

步骤2:处理数据。"揽收包裹数(占比)"列中的数据不利于数据计算与分析,因此需要进行数据处理。清除"揽收包裹数(占比)"列中的数据占比,只保留包裹数。具体做法:以G列为辅助列,在G2单元格中输入公式"=LEFT(C2,SEARCH("(",C2)-1)",完成C2单元格中数据占比的清除,然后使用填充柄向下拖动,完成其他行的数据清除。

订单时效分析
操作步骤
详细图解

将G列数据的值复制到C列,转化为数字格式,修改字段名为"揽收包裹数",然后将辅助列G列删掉。

在H列中新建签收时长辅助列,使用LEFT函数,在H2单元格中输入公式"=LEFT(D2,SEARCH("小",D2)-1)",完成D2单元格中数据占比的清除,然后使用填充柄向下拖动,清除D列数据中的"小时"字符,最后删掉辅助列H列。

步骤3:清洗数据。"揽收包裹数"指标过小,数据分析没有意义,利用筛选工具将"揽收包裹数"值小于5的字段筛选出来并删掉。清洗后剩余35条数据。

步骤4:创建数据透视表。插入数据透视表,在右侧"数据透视图字段"编辑区拖动"物流公司"到列标签栏,拖动"收货地"到行标签栏,拖动"平均支付-签收时长"到值标签栏,并将值字段设置为平均值。

步骤5:计算数据:将步骤4中数据透视表的内容复制出来,并把订单时效的"小时"转化为"天",可以利用公式进行数据计算,输入公式"=IF(B3/24=0,"",B3/24)",计算结果保留1位小数,然后使用填充柄拖动填充其他行列数据。该结果可以作为真实的物流时效参考,提供给询问客户。

步骤6:分析订单时效:从最终的数据来看,店铺合作的物流公司有天天快递、邮政小包、圆通速递、韵达快递、中通快递,其中合作较多的是圆通快递和韵达快递,整体而言圆通快递效率更高。以江西省为例,时效最高是圆通速递,平均2.1天送达,邮政小包最慢3.5天送达,对于此地区而言,在客户没有具体制定且不考虑费用的情况下,可以优先选择圆通速递。

三 任务评价

通过完成本任务的操作,请检查自己是否掌握了本任务的主要技能,如表6-4-1所示。根据评价表对学习效果进行检查与评估。

表6-4-1 供应链数据分析学生自评和教师评价表

评价内容	分值	学生自评	教师评价
能够进行采购数据分析,找出网店采购环节中存在的问题并提出有针对性、切实可行的优化方案	30		
能够对仓储数据进行分析,找出网店仓储环节中存在的问题并提出有针对性、切实可行的优化方案	30		

（续表）

评价内容	分值	学生自评	教师评价
能对物流数据进行分析，找出网店物流环节中存在的问题并提出有针对性、切实可行的优化方案	40		
总分	100		

能力拓展

请根据表6-4-2物流时效数据表和表6-4-3物流投诉数据表，对表中数据进行对比分析，找出店铺物流存在的问题并提出优化建议，最后提交完成的分析与优化报告文档。

表6-4-2　2021年物流时效数据表

日期	活动	平均发货-揽收时长/小时	平均揽收-签收时长/小时	发货包裹数	签收成功包裹数	签收成功率	物流差评率
3.02—3.08	是	5.6	61.7	25 124	24 752	98.52%	26.35%
3.09—3.15	否	5.2	58.3	19 854	18 410	92.73%	26.42%
3.16—3.22	否	5.3	58.1	19 501	18 325	93.97%	26.71%
3.23—3.29	否	5.3	58.4	18 946	17 541	92.58%	27.00%
3.30—4.05	否	5.2	58.2	18 972	16 991	89.56%	27.20%
4.06—4.12	否	5.3	58.2	18 822	17 003	90.34%	27.11%
4.13—4.19	否	5.2	58.2	17 593	15 979	90.83%	27.56%
4.20—4.26	否	2.1	58.4	17 112	15 294	89.38%	27.51%

表6-4-2　2021年物流投诉数据表

投诉用户	投诉时间	投诉商品	错发	少发	派送异常	坏件
J＊＊＊＊＊1	3月3日	碎花连衣裙	√			
A＊＊＊＊＊＊＊＊8	3月4日	某碎花连衣裙	√			
看＊＊＊＊2	3月6日	护肤品礼盒				√
A＊＊＊1	3月10日	护肤品礼盒				√
X＊＊＊＊2	3月11日	护肤品礼盒				√
J＊＊＊＊2	3月11日	护肤品礼盒				√
A＊＊＊＊＊＊＊＊9	3月15日	某清雅连衣裙				√
V＊＊＊＊3	3月16日	护肤品礼盒				√

（续表）

投诉用户	投诉时间	投诉商品	错发	少发	派送异常	坏件
p＊＊＊2	3月17日	某淑女风连衣裙			√	
X＊＊＊3	3月18日	某清雅连衣裙				√
f＊＊＊＊3	3月22日	护肤品礼盒				√
Z＊＊＊＊＊＊10	3月25日	护肤品礼盒				√
从＊＊＊4	3月26日	护肤品礼盒				√
A＊＊＊3	3月29日	某秋语连衣裙			√	
X＊＊＊4	4月2日	护肤品礼盒				√
J＊＊＊＊4	4月3日	某清雅连衣裙				√
u＊＊＊＊＊＊11	4月4日	某清雅连衣裙				√
逆＊＊＊＊5	4月5日	护肤品礼盒				√
A＊＊＊4	4月5日	某清雅连衣裙				√

任务五

运营分析报告

学习目标

1. 了解运营分析报告的形式；熟悉运营分析报告的内容。
2. 能够结合数据分析结果撰写结论报告；具备严谨实事求是的工作态度。

任务描述

某天猫女装店铺在2022年第一季度陆续参与了平台"年货节""情人节""女王节""新风尚"4项重要活动。第一季度结束后，部门经理安排小张编写第一季度店铺活动数据通报，对店铺参与的活动进行总结，分析活动效果，反馈活动计划执行情况。

任务分析

日常数据通报是以定期数据分析报表为依据，反映计划执行情况，并分析其影响因素和形成原因的一种数据分析报告。这种数据分析报告一般是按日、周、月、季、年等时间阶段定期进行，所以也叫定期分析报告。某女装店铺需要对第一季度的店铺活动进行总结，分析活动效果,就需要在此目标下选择数据指标,确定时间维度,构建报告框架,统计对应数据,完成基础分析,进而完成店铺活动数据通报的撰写。

任务准备

为了熟悉搜索引擎优化的相关知识,需要准备的相关资源有天猫、淘宝、生意参谋账户。同时保证网络畅通、计算机设备等正常运行。

任务实施

一、运营分析报告概述

运营分析报告就是将网店运营工作进行呈现和总结,包括数据的呈现和图表的呈现。目前行业内对于运营分析报告并没有严格统一的格式,各平台商业模式存在差异、各网店类目五花八门以及各运营人员的工作侧重点不同都是造成网店运营分析报告差异的重要原因。

通常来说,运营分析报告是一种日常数据通报,是以定期数据分析报表为依据,反映计划执行情况,并分析其影响因素和形成原因的一种数据分析报告。这种数据分析报告一般按日、周、月、季、年等时间阶段定期进行,所以也叫定期分析报告。运营分析报告可以包含网店销售数据、流量数据、客服数据、商品数据等,将这几方面内容有机地结合在一起,为报表分析者全面仔细地了解网店经营状况、优化运营工作内容提供方便。

1. 运营分析报告的作用　运营分析报告是数据分析过程和思路的最终呈现,它的作用在于以特定的形式将数据分析结果展示给决策者,给他们提供决策参考和决策依据。

> ★ 此知识点为电子商务数据分析职业技能等级标准(中级)考点。

(1)展示分析结果:以某一种特定的形式将数据分析结果清晰地展示给决策者,使得他们能够迅速理解、分析、研究问题的基本情况、结论与建议等内容。

(2)验证分析质量:通过报告对数据分析方法的描述、对数据结果的处理与分析等几个方面检验数据分析的质量,并且让决策者能够感受到这个数据分析过程是科学严谨的。

(3)提供决策参考:大部分运营分析报告都具有时效性,因此所得到的结论与建议可以作为决策者在决策时的重要参考依据。

2. 运营分析报告的特点　运营分析报告具有以下特点。

> ★ 此知识点为电子商务数据分析职业技能等级标准(中级)考点。

(1)规范性:以比较规范的结构编写数据分析部门的例行报告,并定时向决策者提供。日常数据通报一般包括以下几个部分:反映计划执行的基本情况,分析完成或未完成的原因,总结计划执行中的成绩和经验,找出存在的问题,提出措施和建议。分析报告的标题也比较规范,为了保持连续性,标题只需要变动时间,如《××××年×季度销售数据通报》。

（2）进度性：由于日常数据通报主要反映计划的执行情况，因此必须把计划执行的进度与时间的进展结合起来分析，观察比较二者是否一致，从而判断计划完成的好坏。因此，需要进行一些必要的计算，通过一些绝对数据指标和相对数据指标突出进度。

（3）时效性：时效性由日常数据通报的性质和任务决定，它是时效性最强的一种分析报告。只有及时提供业务发展过程中的各种信息，才能帮助决策者掌握企业经营的主动权，否则将会丧失良机。

运营分析报告可以通过 Office 中的 Word、Excel 和 PowerPoint 系列工具表现，这 3 种软件各有优劣势，具体如表 6-5-1 所示。

表 6-5-1　Office 各种工具制作报告的优劣势对比

项目	Word	Excel	PowerPoint
优势	易于排版 可打印装订成册	可含有动态图表 结果可实时更新 交互性更强	可加入丰富的元素 适合演示汇报 增强展示效果
劣势	缺乏交互性 不适合演示汇报	不适合演示汇报	不适合大篇文字

3. 运营分析报告的撰写原则　一份完整的运营分析报告，应当围绕目标确定范围，遵循一定的前提和原则，系统地反映存在的问题及原因，从而进一步找出解决问题的方法。运营分析报告在撰写过程中需注意以下 4 项原则。

（1）规范性原则：运营分析报告要"以数据说话"，所使用的数据单位、名词术语规范、标准统一、前后一致。所使用指标的数据来源要有清晰的说明，从数据管理系统采集的要说明系统名称，现场测量的要说明抽样方式、抽样量和测量时间段等。

★ 此知识点为电子商务数据分析职业技能等级标准（中级）考点。

（2）突出重点原则：运营分析报告一定要突出数据分析的重点。在各项数据分析中，应根据分析目标重点选取关键指标，科学专业地进行分析。此外，针对同一类问题，其分析结果也应当按照问题重要性的高低分级阐述。

（3）谨慎性原则：运营分析报告的撰写过程一定要谨慎，基础数据必须真实、完整，分析过程必须科学、合理、全面，分析结果可靠，内容实事求是，不可主观臆测。

（4）创新性原则：创新对于分析报告而言，①要适时地引入新的分析方法和研究模型，在确保数据真实的基础上，提高数据分析的多样性，从而提高质量，一方面可以用实际结果验证或改进，另一方面也可以让更多人了解到全新的科研成果；②要倡导创新性思维，提出的优化建议在考虑企业实际情况的基础上，要有一定的前瞻性、可操作性、预见性。

此外，撰写运营分析报告还要注意：①数据分析要基于可靠的数据源；②运营分析报告尽量图表化，且风格统一；③运营分析报告分析结论要明确、精简、有逻辑；④站在读者的角度去写分析报告，让报告具有可读性。

二、运营分析报告撰写

卖家首先需要明确运营分析报告的目的是直观呈现过去一段时间内的网店运营效果，以方便对历史数据进行纵向对比，发现网店运营的问题，优化网店运营工作。因此，运营分析报告中需要将各部分数据按照一定的逻辑罗列出来，在必要的情况下对数据进行一定的计算处理。卖家可以参考杜邦分析法为网店设计撰写相应的运营分析报告。

杜邦分析法又称杜邦财务分析体系，是利用各主要财务比率指标间的内在联系，对企业财务状况及经济效益进行综合系统分析评价的方法。该体系是以净资产收益率为龙头，以资产净利率和权益乘数为核心，重点揭示企业获利能力及权益乘数对净资产收益率的影响，以及各相关指标间相互影响的关系。这种分析方法最早由美国杜邦公司使用，故名杜邦分析法。

网店运营过程围绕销售额进行，卖家撰写运营分析报告可以销售额为核心，销售额＝展现量×点击率×转化率×客单价，或者简化为：销售额＝访客数×转化率×客单价。另外，从网店和商品的角度来看，网店销售额等于各商品销售额之和，网店访客数等于各商品访客数之和。访客数还可以再细分为不同流量来源、不同访客特征的数据等。通过这些关系，卖家可以建立一个类似杜邦财务分析体系的庞大运营分析数据报表，如图6-5-1所示。

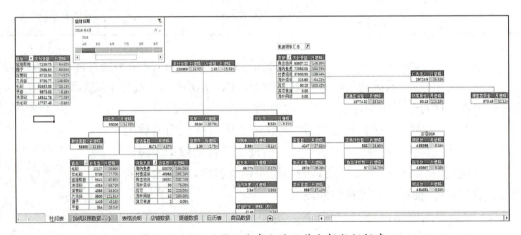

图6-5-1 用Excel建立的运营分析数据报表

在这个报表中，核心是支付金额，即销售额。支付金额除以总访客数就是平均每个访客能带来的支付金额，也就是UV（独立访客数）价值＝支付金额/访客数。客单价＝支付金额/订单数，订单数＝访客数×转化率。同时，将每个月的增幅情况也罗列在数据旁边，上涨（月增幅大于0）标为红色，下降（月增幅小于0）标为绿色。

根据网店支付金额的计算公式：支付金额＝访客数×转化率×客单价，卖家可以建立一个数据报表，如图6-5-2所示，可以直观看出各数据的月增长情况。例如，4月支付金额增长是靠访客量增长带动的，转化率和客单价都略有下降。

围绕网店支付金额和商品的关系，卖家可制作各商品的支付金额情况，如表6-5-2所示。从表中可以看到主要商品的支付金额及其月增幅，当卖家发现网店支付金额出现变动时，可以在各商品支付中寻找变动的主要原因，及时对商品的销售和库存等做出调整。

图 6-5-2　支付金额计算公式的数据报表

表 6-5-2　商品支付金额

商品	支付金额(元)	月增幅
玻璃胶枪	7 159.75	64.32％
锤子	2 989.85	－69.69％
滚筒刷	6 710.54	74.82％
六角扳	5 786.77	146.60％
毛刷	31 683.58	20.23％
手套	9 573.00	－8.16％
油漆刷	16 811.78	72.08％
长毛刷	17 737.48	－0.66％

卖家也可在网店访客数的子项目中做各商品访客数据的表格,如表 6-5-3 所示,既可以了解各商品访客数据对网店访客数的影响,也可以对比商品支付金额分析各商品支付金额变动的原因。例如,毛刷支付金额月增幅远高于毛刷访客数月增幅,在毛刷客单价基本不变的情况下,说明毛刷在 4 月的转化率有明显增长。

表 6-5-3　商品访客数

商品	访客数	月增幅
毛刷	12 127	20.99％
长毛刷	5 739	27.70％
玻璃胶枪	5 541	62.92％
油漆刷	4 384	60.70％

(续表)

商品	访客数	月增幅
滚筒刷	4 363	45.92%
六角扳	3 600	121.81%
锤子	1 420	40.18%
手套	534	20.54%

网店访客数的子项目中还有各流量来源的访客数及其月增幅,可以分析各流量来源的访客数变化情况对网店访客数的影响。同时,卖家也统计了各流量来源获得的支付金额及其月增幅。各流量来源的支付金额与网店支付金额月增幅的对比分析,可以得到各流量来源支付金额对网店支付金额的影响。在客单价基本不变的情况下,各流量来源支付金额与各流量来源访客数对比分析,可以分析各流量来源的转化率变化情况。

卖家将以上的数据定期更新到表格中,对每一个模块的数据分块描述,然后对比分析数据变化情况,找到变化原因,结合网店的现实情况提出优化建议,就可以完成运营分析报告。

三、任务实操——撰写运营分析报告

步骤1:组建网店运营与推广小组。

步骤2:通过网店后台或者生意参谋收集网店的单月支付金额及月增幅、访客数及月增幅。

步骤3:通过网店生意参谋收集商品的单月访客数及月增幅、支付金额及月增幅。

步骤4:对比以上数据得出结论,完成网店运营数据的初步分析报告。

步骤5:按照下面4个方面记录实训成果。

(1)填写任务记录单,如表6-5-4所示。

表6-5-4 任务记录单

实训时间	
实训地点	
小组成员姓名	

(2)收集网店单月支付金额及月增幅、访客数及月增幅,填入表6-5-5。

表6-5-5 网店数据

月份	访客数	访客数月增幅	支付金额(元)	支付金额月增幅

(3) 收集商品的单月访客数及月增幅、支付金额及月增幅,填入表6-5-6。

表6-5-6 网店商品数据

商品名称	访客数	访客数月增幅	支付金额(元)	支付金额月增幅

(4) 梳理数据间关系,对比以上数据得出结论,完成网店运营数据的初步分析报告。

任务评价

通过完成本任务的学习,请按表6-5-7所示,根据评价表对学习效果进行检查与评估。

表6-5-7 学生自评和教师评价表

评价内容	分值	学生自评	教师评价
能够准确收集网店数据	20		
能够准确收集商品数据	30		
能够分析数据间的关系,得出结论	30		
信息收集、分析、总结提炼能力	10		
团队成员之间合作,共同完成任务	10		
总分	100		

能力拓展

1. 某天猫女装店铺在2022年第一季度陆续参与了平台"年货节""情人节""女王节""新风尚"4项重要活动,请根据表6-5-8所提供的源数据,补充完善分析结果。

表6-5-8 某女装店铺2022年第一季度活动数据

月份	1月份	2月份	3月份	
重要活动	年货节	情人节	女王节	新风尚
目标产出(元)	1 000 000	160 000	1 000 000	600 000
主推品类	毛呢大衣	2022春款大衣	连衣裙	连衣裙

(续表)

主要活动形式	专区多件多折＋大额券	实付满送＋大额券	购物津贴＋多件多折	买三免一
营销渠道	直钻＋主题团	直钻	直钻＋主题团	直钻＋聚划算
销售实绩(元)	890 941.43	181 211.2	621 231.97	470 921.72
销售额完成度	89%	113%	62%	78%
直钻花费(元)	34 465.43	16 064.24	24 873.78	34 985.94
付费占比	4%	9%	4%	7%
活动方案	"年货节"活动方案:2件9折、3件8折、4件7折、1元秒杀大额券； "情人节"活动方案:实付满赠、店铺优惠券和限量秒杀优惠券； "女王节"活动方案:满300－30元购物津贴和全场3件9折、4件8折； "新风尚"活动方案:买三免一			
活动效果整体分析				

	支付件数				
活动数据	购物津贴	店铺优惠券	单品宝	店铺宝	全店
"年货节"	4 987	4 913	126	4 469	5 632
"情人节"	/	684	/	445	840
"女王节"	2 587	2 367	/	1 365	3 390
"新风尚"	/	1 965	/	785	2 271

	客单价			
活动数据	购物津贴	单品宝	店铺宝	全店
"年货节"	657.64	486.35	739.48	690
"情人节"	/	/	765.4	608.09
"女王节"	680.27	/	763.17	564.75
"新风尚"			809.97	794.13

各种活动类型带来的销量和客单价分析	

2. 案例学习(扫描二维码学习)。

案例学习

参 考 文 献

[1] 北京鸿科经纬科技有限公司. 网店运营[M]. 北京:高等教育出版社,2020.
[2] 北京鸿科经纬科技有限公司. 网店推广[M]. 北京:高等教育出版社,2019.
[3] 北京博导前程信息技术股份有限公司. 电子商务数据分析概论[M]. 北京:高等教育出版社,2019.
[4] 章玪玪,朱合圣. 网店运营与管理[M]. 北京:人民邮电出版社,2022.
[5] 刘莉萍,俞洋洋,葛存山. 网店运营与推广[M]. 北京:人民邮电出版社,2019.
[6] 商玮,段建. 网店数据化运营[M]. 北京:人民邮电出版社,2018.
[7] 王利锋. 网店运营实务[M]. 北京:人民邮电出版社,2017.

附录一 课程标准

一、课程名称

网店运营推广

二、适用专业及面向岗位

适用于电子商务、跨境电子商务等专业,面向网店运营、电商推广、电商数据化运营等岗位。

三、课程性质

该课程是电子商务专业的一门专业必修课。目标是让学生掌握市场调研、商品规划、商品标题优化、商品主图优化、商品详情页优化、店铺购物路径优化、网店推广、营销转化、复盘提升等网店运营与管理的基础知识与基本操作,初步具备网店运营工作的技术能力和职业素养。

四、课程设计

(一)设计思路

本课程以培养电商运营人才为主线,针对电子商务企业网店运营岗位实际工作设计教材内容,同时对接1+X证书——《网店运营推职业技能等级标准》《电子商务数据分析职业技能等级标准》的要求,旨在培养读者网店运营推广的实操能力。

(二)内容组织

本书内容涵盖网店运营推广岗位工作全流程,是网店经营的核心工作内容,从网店规划、商品规划、网店优化、网店推广、营销转化、复盘提升着手,对教材内容进行了项目化、流程化的设计。

五、课程教学目标

通过本课程的学习,学生在掌握淘宝、天猫、京东等平台店铺基本操作的基础上,能够了解和掌握这些平台店铺的运营知识,体验在真实环境中运营整体店铺的过程,为以后有效开展店铺运营分析、打造爆款等与实际岗位密切相关的工作打下坚实基础。

(一) 知识目标

(1) 理解行业调研的工具、方法。
(2) 掌握商品选品和定价的方法。
(3) 熟悉店铺商品优化的内容和方法。
(4) 熟悉店铺流量来源和路径。
(5) 理解店铺购物路径规划的内容。
(6) 掌握店铺运营数据的获取方法和分析工具。
(7) 理解店铺活动的评估方法。

(二) 能力目标

(1) 能够进行行业调研与分析。
(2) 能够进行商品的选品和规划。
(3) 能够完成店铺的开设。
(4) 能够进行电商平台 SEO 优化。
(5) 能够优化店铺商品。
(6) 能够优化店铺页面。
(7) 能够策划店铺活动。
(8) 能够优化店铺路径,提升店铺运营指标。
(9) 能够开展店铺日常推广工作。

(三) 素养目标

(1) 具备基本的职业道德和法律意识。
(2) 具备基本的信息获取能力和数据分析能力。
(3) 具备良好的方案策划能力。
(4) 具备良好的沟通能力与团队意识。
(5) 具备较强的竞争意识和创新意识。
(6) 具备较强的自主学习能力。

六、参考学时与学分

参考学时:64 学时,参考学分:4 学分。

七、课程结构

项目	学习任务	知识、技能、态度要求	教学活动设计	建议学时
网店规划	网店运营推广认知	1. 了解网店运营推广的概念 2. 熟悉网店运营推广的目标 3. 掌握网店运营推广的基本流程 4. 具备做电子商务与懂规则重要性的工作意识 5. 具备爱岗敬业的职业精神	理论讲授 实操演示 能力拓展	10
	网店市场分析	1. 了解网络零售行业总体情况 2. 掌握市场需求分析方法,整理获取信息,能够独立完成操作 3. 掌握市场供给分析方法,整理相关信息,能够独立完成操作 4. 掌握网络零售市场消费趋势分析方法 5. 树立正确的网店运营观,合理进行市场分析,掌握真实数据,做出恰当的趋势分析		
	竞争对手及消费人群分析	1. 熟悉自家网店及产品定位的方法 2. 掌握确定竞争对手的方法 3. 掌握竞争对手分析指标 4. 掌握消费人群分析要点 5. 弘扬"敬业、诚信"的社会主义核心价值观,对竞争对手进行良性分析		
	网店定位	1. 了解网店平台选择的注意事项、原则并熟悉各主流电商平台 2. 掌握网店经营类目选择的考虑因素及方法 3. 了解网店目标人群定位基本因素并掌握目标人群定位的方法 4. 掌握网店定位策略分析及定位方法 5. 树立服务社会、服务地方的理想信念,进行满足市场需求的网店定位		
商品规划	商品选择	1. 熟悉网店商品的一般特征 2. 能够对网店商品进行市场分析 3. 了解网店商品选取的原则 4. 能够选择适合网店销售的商品 5. 具备诚信经营的理念 6. 培养实事求是精神,尊重电商市场的商业规律	理论讲授 实操演示 能力拓展	8
	商品采购	1. 熟悉网店商品的产品定位 2. 了解网店商品的采购方式及流程 3. 掌握网店商品进货渠道 4. 能够选择合适的进货渠道完成网店商品采购 5. 培养责任担当意识,遵守采购行业规范		

（续表）

项目	学习任务	知识、技能、态度要求	教学活动设计	建议学时
网店优化	商品发布	1. 理解网店商品定价的原则 2. 能使用拍照设备和美化工具，根据店铺与产品定位，设计产品主图 3. 能够完成商品详情页的规划与文案设计 4. 了解不同平台商品发布的流程 5. 具备尊重知识产权的工作意识 6. 强化电子商务法律法规的意识	理论讲授 实操演示 能力拓展	12
	搜索引擎优化	1. 熟悉网店流量来源的主要渠道 2. 了解搜索引擎优化的含义 3. 掌握搜索引擎排序机制 4. 掌握SEO工作的技能 5. 具备踏实认真的工作作风、精益求精的工匠精神		
	商品标题优化	1. 了解标题优化对商品自然搜索的重要性 2. 掌握商品标题关键词的类型与挖掘方法 3. 掌握商品标题组合的原则 4. 掌握商品标题优化的技巧 5. 具备学习迁移能力，做到"知其然"，还要"知其所以然"		
	商品主图与详情页优化	1. 了解商品主图和详情页的重要性 2. 掌握商品主图设计的技巧 3. 掌握商品详情页卖点挖掘的方法 4. 了解商品详情页的内容和结构 5. 掌握商品详情页的设计方法 6. 遵守《中华人民共和国电子商务法》，不虚假宣传，诚信经营		
	网店购物路径规划	1. 掌握购物路径规划的概念 2. 掌握网店首页布局设计的原则 3. 掌握网店首页店招和导航设计的方法 4. 掌握关联销售的形式，能够完成关联销售的设计 5. 具备较强的审美能力和敏锐的观察能力		
网店推广	搜索类推广——直通车	1. 熟悉各平台搜索类直通车推广工具的工作环境 2. 掌握直通车推广的展现逻辑及其扣费原理 3. 掌握直通车的操作步骤，能够共同完成方案设计和实施 4. 正确理解数字资源的经济价值和社会价值	理论讲授 实操演示 能力拓展	12
	展示类推广——引力魔方	1. 熟悉引力魔方推广的工作原理，理解获取展示类流量的设计思路 2. 根据店铺特点和运营目标，正确选择定向人群，优选资源位，合理选择出价 3. 掌握图片和视频素材创意的制作和设置，完成新计划的建立 4. 能够在创意制作过程中勇于创新，精益求精		

（续表）

项目	学习任务	知识、技能、态度要求	教学活动设计	建议学时
	互动类推广——超级互动城	1. 理解超级互动城的含义及其分类 2. 能够完成竞价投放模式中店铺推广和直播推广的基本操作流程 3. 能够完成店铺流量保障、直播流量保障和短视频流量保障的基本操作流程 4. 能够灵活运用比较思维分析总结不同类型活动在目标决策、人群定位、出价调价、创意开发和营销效果等方面的区别与关联性		
	一站式智投推广——万相台	1. 理解万相台的开发原理和主要智能化场景的作用 2. 掌握拉新快、货品加速、活动场景和超级短视频的操作步骤，能够独立完成操作 3. 理解数智化经营在现代经济活动中的必要性和重要性		
营销转化	视觉营销	1. 了解视觉营销的定义及视觉营销流程 2. 掌握网店视觉营销要素 3. 掌握店铺首页、店铺详情页及店铺页尾模块的视觉营销设计要求和基本设计方法 4. 引导学生掌握具有中国特色的视觉要素，设计包含中国元素的店铺，增强学生爱国主义情怀	理论讲授 实操演示 能力拓展	10
	店铺服务	1. 熟悉网店常用的主要物流方式及商品包装的基本知识 2. 能够根据网店店铺特点选择合适的物流发货方式及进行物流模板的设置 3. 熟悉网店经营中常见的客户服务岗位工作内容 4. 掌握网店客户服务岗位操作技能 5. 掌握网店客户服务岗位的基本技能及素质要求，培养学生爱岗敬业的职业精神		
	活动促销	1. 熟悉目前主流电商平台网店促销的常见活动形式 2. 掌握特价、秒杀、限时折扣、包邮、满就送等促销活动的应用要点 3. 熟悉电商平台主流的官方促销活动 4. 掌握官方促销活动的策划与实施 5. 掌握网店促销活动的规则和流程，培养学生严谨细致、精益求精的工匠精神，能够立足岗位，服务社会		
复盘提升	销售数据分析	1. 熟悉交易数据相关定义 2. 掌握影响店铺评分和客户服务考核的相关指标 3. 掌握销售优化策略，并可以利用营销漏斗模型和动态竞争战略进行销售优化 4. 在数据采集和分析过程中不泄露商业机密，能够保证正确的政治方向和价值取向	理论讲授 实操演示 能力拓展	12

附录一 课程标准

（续表）

项目	学习任务	知识、技能、态度要求	教学活动设计	建议学时
	财务报表分析	1. 熟悉淘宝店铺的成本构成及成本分析 2. 熟悉财务报表的相关定义，掌握利润率的计算及利润预测方法 3. 掌握资产负债表、现金流量表和利润表的分析与运算，并可以根据该表清楚店铺的运营状况 4. 通过对财务报表的分析，能够成为一名具有良好职业操守的财会方面的人才		
	竞争数据分析	1. 理解竞争数据分析的目的 2. 掌握识别竞争对手的方法 3. 熟悉竞争数据分析工具 4. 能够选择合适的方法手段对竞争数据进行分析 5. 遵守《中华人民共和国反不正当竞争法》，在网店竞争数据分析时不逾矩 6. 遵守职业道德，在进行数据分析时不弄虚作假		
	供应链数据分析	1. 熟悉网店采购数据分析维度 2. 能够进行网店采购数据分析 3. 熟悉网店仓储数据分析维度 4. 能够进行网店仓储数据分析 5. 熟悉网店物流数据分析维度 6. 能够进行网店物流数据分析 7. 具备良好的数据保密意识，尊重公民隐私，遵守职业道德，能够在供应链相关数据分析过程中坚持正确的道德观 8. 具备良好的数据安全意识，以及较强的数据判断能力		
	运营分析报告	1. 了解运营分析报告的形式 2. 熟悉运营分析报告的内容 3. 能够结合数据分析结果撰写结论报告 4. 具备严谨实事求是的工作态度		

八、资源开发与利用

（一）教材编写与使用

教材编写要以岗位职业能力分析和职业资格考证为参考，体现"理实一体、突出实践"的原则，将教材内容与工作岗位对专业的知识要求、技能要求相结合，充分体现行动引领、理论与实践一体化、工学结合的思想，在此基础上编写活页式教材《网店运营推广》。

（二）课程资源的开发与利用

充分利用校企资源平台，校企共同开发、利用案例资源、教学课件、动画、微课等教学资源。线上和线下教学相融合,学员可利用手机移动端在线学习、答疑、知识考核评价等。

九、教学建议

根据本课程教学内容的特点,可考虑项目驱动教学法、竞赛激励法、角色扮演法和案例讲解法等教学方法的灵活运用。结合教材的项目实训以学生的实践操作为主,开展实战项目演练,着力培养学生掌握电子商务典型工作岗位的店铺运营技能。鼓励学生自己开设网上店铺和参与企业店铺运营工作,在学习中实践,在实践中提升。

十、课程实施条件

专业教师应该具备一定的电子商务实践经验;实训地点宜尽量安排在理实一体化教学的场所实施教学;实训设备要求,为每位学生配备一台性能较好的计算机,要求网速较快,计算机要安装 Office、Photoshop 等软件。

十一、教学评价

采用形成性考核结合期末考试的评价方法:形成性考核占学期总成绩的 50%,内容包括课堂考勤、课堂表现、作业成绩、线上学习等形式;期末考试占学期成绩的 50%,主要考核学生对网店运营知识的理解和掌握情况。

附录一 课程标准

图附表-1 网店运营推广课程内容结构图

主干目标：具备电商网店运营推广能力

网店规划
- 了解网店开设的基本流程。
- 熟悉网络零售市场消费趋势分析方法。
- 掌握网店运营推广的基本流程。
- 熟悉竞争对手分析指标。
- 了解竞争对手选择的考虑因素及方法。
- 掌握网店经营类目选择的考虑因素及方法。

能力要求：
1. 能够独立整理获取信息，完成市场需求分析。
2. 能够独立分析市场供给情况。
3. 能够对自家网店及产品进行定位，能够识别并分析竞争对手。
4. 能够定位网店目标人群。

商品规划
- 了解网店商品选取的原则。
- 了解网店商品的采购方式及流程。
- 理解网店商品定价的原则。
- 熟悉网店商品进行发布的流程。

能力要求：
1. 能够对网店商品进行市场分析，能够选择适合店铺销售的商品。
2. 能够选择合适的进货渠道完成网店商品采购。
3. 能够使用拍照设备和美化工具，设计产品主图。
4. 能够完成商品详情页的规划与文案设计。

网店优化
- 熟悉网店流量来源的主要渠道，掌握搜索引擎排名机制。
- 熟悉商品标题关键词的类型及挖掘方法。
- 掌握商品主图设计的技巧，了解详情页卖点挖掘方法。
- 熟悉网店首页布局、店招、导航和关联销售的设计方法。

能力要求：
1. 能够运用商品标题组合原则与优化技巧，挖掘关键词并优化标题。
2. 能够设计优化商品详情页。
3. 能够优化网店首页布局。
4. 能够设计店招、导航和关联销售。

网店推广
- 熟悉各平台搜索类直通车推广的展现逻辑及其扣费原理。
- 熟悉引力魔方推广的工作原理，理解获取展示类流量的设计思路。
- 熟悉万相台等应用推广的基本操作流程。
- 了解拉新快、货品加速、活动场景和超级短视频的操作步骤。

能力要求：
1. 能够团队协作完成直通车方案策划与实施。
2. 根据店铺特点和运营目标，正确选择定向人群、优质资源位，合理选择出价。
3. 能够灵活运用比较思维总结各不同类型活动在目标决策、出价调整、发布营销效果等方面的区别与关联。
4. 能够独立完成快、货品加速、活动场景、超级短视频的操作。

营销转化
- 能够运用视觉营销设计方法优化店铺首页、详情页及店尾模块。
- 熟悉网店经营中常见的客服岗位工作内容。
- 熟悉网店常用商品包装方式及商品主流的物流方式基本知识。
- 了解掌握网店视觉营销要素。

能力要求：
1. 能够运用视觉营销设计方法优化店铺首页、详情页及店尾模块。
2. 能够根据店铺特点，选择合适的物流模板及发货的设置。
3. 具备网店客户服务岗位操作能力。
4. 能够策划与实施店铺促销活动。

复盘提升
- 熟悉目前主流电商平台网店促销活动常见的形式，掌握特价、包邮、秒杀、限时折扣等活动的应用要点。
- 熟悉网店淘宝店铺的成本分析，熟悉财务报表的相关定义，掌握利润预测方法。
- 掌握影响网店计算毛利和客服务考核的相关指标。
- 熟悉运营分析内容。

能力要求：
1. 能够运用销售优化策略进行斗模型的动态竞争战略优化销售。
2. 能够分析计算资产负债表、现金流量表和可以根据该表清楚描述店铺运营状况。
3. 能够选择合适的方法，进行网店竞争数据、仓储物流数据分析。
4. 能够综合数据分析结果撰写总结报告。

网店 运营推广

附录二 职业技能证书考核试题精选

考核试题精选举例（更多试题及答案请扫描二维码）

1. 电子商务平台中搜索词拆解时，词性识别主要是对用户输入的关键词中的哪些词进行快速定位。（   ）
   A. 核心词、品牌词　　　　　　　　B. 核心词、属性词
   C. 属性词、品牌词　　　　　　　　D. 属性词、营销词

2. 对于自建网站，关键词密度区最好要控制在（   ）范围内。
   A. 2%～10%　　B. 5%～8%　　C. 2%～8%　　D. 5%～10%

3. 相关性是影响搜索排名的核心因素之一，它主要是指_____与_____之间的相关性匹配程度，用于反映两者以上要素之间的关联性。（   ）
   A. 搜索关键词 网店要素　　　　　B. 搜索关键词 DSR
   C. 商品 网页　　　　　　　　　　D. 网店要素 商品要素

4. 以下关键词中，属于属性词的是（   ）。
   A. 针织裙　　　B. 2020年新款　　C. 蕾丝　　　D. 正品

5. 在对新品/滞销品进行标题优化时尽量选择哪类关键词能获得比较精准的搜索流量。（   ）
   A. 核心词　　　B. 热词　　　　　C. 长尾词　　D. 营销词

6. 在针对爆款商品进行标题优化时，要更倾向于选择哪类关键词。（   ）
   A. 热词、短词　B. 长尾词　　　　C. 营销词　　D. 属性词

7. 以下不属于标题制作误区的是（   ）。
   A. 直接复制爆款标题　　　　　　　B. 根据生意参谋提示撰写标题
   C. 堆砌关键词　　　　　　　　　　D. 盗用知名品牌词

8. SEM账户结构大致分为四个层级，从高到低依次是（   ）。
   A. 推广计划、账户、推广组（推广单元）、关键词与创意
   B. 推广计划、推广组（推广单元）、账户、关键词与创意
   C. 账户、推广计划、推广组（推广单元）、关键词与创意
   D. 账户、推广组（推广单元）、推广计划、关键词与创意

9. 以下对"核心词"的相关描述不正确的是（   ）。
   A. 核心词是指与商品有紧密联系的，能精准表达商品的关键词
   B. 核心词是标题的重要组成要素
   C. 标题中的其他相关关键词往往可以围绕核心词延伸出来
   D. 一般核心词字数较少，多为行业内的短词、热词和大词，搜索量和词的数量都非常多

10. 商品每次被点击时，你所愿意支付的最高金额称为（   ）。
    A. 标准出价　　B. 主动出价　　　C. 最高出价　　D. 默认出价

图书在版编目(CIP)数据

网店运营推广/干冀春,肖静主编. —上海:复旦大学出版社,2024.1
电子商务专业校企双元育人系列教材
ISBN 978-7-309-16526-5

Ⅰ.①网… Ⅱ.①干…②肖… Ⅲ.①网店-运营管理-教材 Ⅳ.①F713.365.2

中国版本图书馆 CIP 数据核字(2022)第 193774 号

网店运营推广
干冀春 肖 静 主编
责任编辑/高 辉

复旦大学出版社有限公司出版发行
上海市国权路 579 号 邮编:200433
网址:fupnet@fudanpress.com http://www.fudanpress.com
门市零售:86-21-65102580 团体订购:86-21-65104505
出版部电话:86-21-65642845
上海四维数字图文有限公司

开本 787 毫米×1092 毫米 1/16 印张 17.25 字数 398 千字
2024 年 1 月第 1 版第 1 次印刷

ISBN 978-7-309-16526-5/F·2930
定价:54.00 元

如有印装质量问题,请向复旦大学出版社有限公司出版部调换。
版权所有 侵权必究